新时代

中国对外经济战略研究

冯德连 邢孝兵 丁宁 等著

中国财经出版传媒集团

经济科学出版社

Economic Science Press

图书在版编目（CIP）数据

新时代中国对外经济战略研究／冯德连等著．—北京：经济科学出版社，2020.7

ISBN 978 - 7 - 5218 - 1703 - 4

Ⅰ.①新…　Ⅱ.①冯…　Ⅲ.①对外经济 - 经济发展 - 经济战略 - 研究 - 中国　Ⅳ.①F125

中国版本图书馆 CIP 数据核字（2020）第 126211 号

责任编辑：凌　敏
责任校对：齐　杰
责任印制：李　鹏　范　艳

新时代中国对外经济战略研究

冯德连　邢孝兵　丁　宁　等著

经济科学出版社出版、发行　新华书店经销

社址：北京市海淀区阜成路甲 28 号　邮编：100142

教材分社电话：010 - 88191343　发行部电话：010 - 88191522

网址：www. esp. com. cn

电子邮件：lingmin@ esp. com. cn

天猫网店：经济科学出版社旗舰店

网址：http：//jjkxcbs. tmall. com

北京密兴印刷有限公司印装

710×1000　16 开　19.25 印张　320000 字

2020 年 12 月第 1 版　2020 年 12 月第 1 次印刷

ISBN 978 - 7 - 5218 - 1703 - 4　定价：78.00 元

前　言

　　习近平新时代中国特色社会主义思想是指导我国对外经济工作的行动指南，更是学术界研究中国对外经济战略的指导思想。研究新时代中国对外经济战略必须准确把握中国新时代对外经济战略的战略定位、战略措施和战略理念。

　　从战略定位看，开放经济战略是经济全球化背景下我国高质量发展的必然选择。中国经济开放是主动开放、高层次开放、全面开放和公平开放。2014 年，习近平在主持中共中央政治局集体学习时强调，必须适应经济全球化的新趋势、准确判断国际形势新变化、深刻把握国内改革发展新要求，以更加积极有为的行动，推进更高水平的对外开放，加快实施自由贸易区战略，加快构建开放型经济新体制，以对外开放的主动赢得经济发展的主动、赢得国际竞争的主动。党的十九大报告提出了"三步走"的战略目标，即到 2020 年，全面建成小康社会；到 2035 年，基本实现社会主义现代化，经济实力和科技实力跻身创新型国家前列；到 2050 年，把我国建成富强民主文明和谐美丽的社会主义现代化强国，成为综合国力和国际影响力领先的国家。中国开放经济战略目标是中国"三步走"战略目标的组成部分，主要包括三个方面。一是贸易强国。2014 年，习近平在主持中共中央政治局集体学习时强调，要加快从贸易大国走向贸易强国。党的十九大报告更是明确指出

"推进贸易强国建设"。我国已经成为世界货物贸易出口国第一和进口国第二，是名副其实的贸易大国，但是，还不是贸易强国。贴牌生产仍有较大的份额，出口产品附加值不高。二是产业迈向全球价值链中高端。通过国际贸易、国际投资、国际技术转让、国际人才流动等路径促进我国产业迈向中高端，不断提升我国企业国际竞争力。三是构建开放型经济新体制。例如，扩大服务业对外开放，加大西部开放力度，建设自由贸易港。

实现战略目标，必须有切实可行的战略措施。新时代中国对外经济战略措施主要包括两个方面。一是对外经济合作措施。例如积极推进"一带一路"国际合作，促进国际产能合作，以及促进自由贸易区建设。党的十九大报告明确提出，创新对外投资方式，促进国际产能合作，形成面向全球的贸易、投融资、生产、服务网络，加快培育国际经济合作和竞争新优势。二是对外经济竞争措施。例如培育世界级先进制造业集群，培育具有全球竞争力的世界一流企业，培育贸易新业态新模式，以及培育国际经济竞争新优势。高质量对外经济发展迫切需要竞争优势由成本、价格优势为主向以技术、标准、品牌、质量、服务为核心的竞争新优势转变。党的十九大报告指出，促进我国产业迈向全球价值链中高端，培育若干世界级先进制造业集群。深化国有企业改革，发展混合所有制，培育具有全球竞争力的世界一流企业。2014 年，习近平在两院院士大会上指出，要着力以科技创新为中心，全方位推进产品创新、品牌创新、产业组织创新、商业模式创新。

从战略理念看，战略理念指导战略行动。中国对外经济战略理念主要有三个方面。一是推动构建人类命运共同体。人类正处在一个挑战层出不穷、风险日益增多的时代。2017 年，习近平在联合国日内瓦总部的演讲中指出，世界经济增长乏力，金融危机阴云不散，发展鸿沟日益突出，兵戎相见时有发生，冷战思维和强权政治阴魂不散，恐怖主义、难民危机、重大传染性疾病、气候变化等非传统安全威胁持续蔓延。解决这些问题的"中国方案"是构建人类命运共同体，实现共赢共享。习近平提出的两个"倡议"，一个倡议是建立以合作共赢为核心的新型国际关系，以合作取代对抗，以共赢取代独占，推动各国实现互利合作、共同发展；另一个倡议是以不结盟原则为基础建立遍布全球的伙伴关系网络。伙伴关系网络没有主从之分、阵营之别，志同道合是伙伴，求同存异是伙伴。2017 年，第七十二届联合国大会裁军与国际安全委员会会议，把中国提出的关于"构建人类命运共同体"的理念写入了联大一委有关决议。二是推动构建新型国际关系。2013 年，国家主席习近平在接见联合国秘书长潘基文时指出，零和思维已经过时，我们必须走出一条和衷共济、合作共赢的新路子。党的十九大报告明确指出，中国"奉行互利共赢的开放战略"。2016 年，习近平在庆祝中国共产党成立 95 周年大会上强调，各国人民同心协力，变压力为动力，化危机为生机，以合作取代对抗，以共赢取代独占。三是积极参与全球经济治理体系改革和建设。2013 年，习近平在主持中共中央政治局集体学习时强调，努力提高国际话语权是提高国家软实力的措施。2014 年，习近平在主持中共中央政治局集体学习时指出，我们不能当旁观者、跟随者，而是要做参与者、引领者，善于通过自由贸易区建设增强我国国际竞争力，在国际规则制定中发出更多中国声音、注入更多中国元素，维护和拓展我国发展利益。

本书包括四个部分，共十五章，第一部分新时代中国对外经济战略定位：第一章推进贸易强国建设（董桂才撰写）；第二章促进中国产业迈向全球价值链中高端（杨志远撰写）；第三章扩大服务业对外开放（万红先撰写）；第四章加大西部开放力度（武云亮撰写）；第五章建设自由贸易港（魏彦杰撰写）。第二部分新时代中国对外经济合作措施：第六章积极推进"一带一路"国际经济合作（张如庆撰写）；第七章促进国际产能合作（沙文兵撰写）；第八章促进自由贸易区建设（周经撰写）。第三部分新时代中国对外经济竞争措施：第九章培育世界级先进制造业集群（冯德连撰写）；第十章培育具有全球竞争力的世界一流企业（杨莲娜撰写）；第十一章培育贸易新业态新模式（丁宁撰写）；第十二章加快培育国际经济竞争新优势（徐洁香、邢孝兵撰写）。第四部分新时代中国对外经济战略理念：第十三章"人类命运共同体"彰显中国改革开放的世界影响（岳汉景撰写）；第十四章推动构建新型国际关系（宋效峰撰写）；第十五章积极参与全球经济治理体系改革和建设（刘国晖撰写）。

　　深刻领会习近平新时代中国特色社会主义思想任重道远，学懂弄通做实党的十九大报告精神任务艰巨，期望本书能为此做些工作。本书的写作和出版得到了安徽财经大学、铜陵学院、经济科学出版社的指导和帮助。参考了国内外许多专家学者的论文、著作与教材，书后虽然罗列了参考文献，但并不全面。在此，我们深表敬意与谢意。我们也诚惶诚恐地交上这份答卷，敬请领导、专家、读者批评指正。

冯德连

2020 年 2 月

目　录

| 第一章 |

推进贸易强国建设

根据世界贸易组织的统计，2017 年中国货物贸易进出口总额 4.1 万亿美元，占全球货物贸易额的 11.5%，仅次于美国成为世界第二大贸易国。其中，出口 2.26 万亿美元，进口 1.84 万亿美元，贸易顺差 0.42 万亿美元。因此，中国是贸易大国这一点没有异议。但是，美国的芯片禁令立刻导致中兴通讯进入"休克状态"，被迫支付 11.92 亿美元的罚款和一系列整改措施换取美国解除禁令，说明中国在国际贸易当中缺乏核心技术，因此说中国不是贸易强国这一点也没有异议。但何为贸易强国，中国如何才能从贸易大国转变为贸易强国，这个问题则具有很大的争议。

目前，国内有很多学者从定性和定量两个方面对贸易强国的内涵进行探讨①。在定性方面，魏浩（2003）认为贸易强国是贸易规模大，具有拉动本国经济和世界经济增长的机制，而且在研发、品牌方面占有优势，并且掌握利益分配决定权的经济实体。同时，他提出决定利益分配的一些关键因素掌握在自己手中是贸易强国应具备的重要条件，在进口方面强调对资源性、能源性等要素产品的控制力或影响力；在出口方面，通过高附加值、深加工产品的出口来延长产业内的链条，把更多的附加值留在国内。陈飞翔、吴琅（2006）认为贸易强国具有以下特点：出口商品和服务中高级生产要素含量高；以价值型贸易为主体；能在国际贸易中获得主要利益。在定量分析方面，张亚斌、李峰、曾铮（2007）基于全球网络构建了贸易强国指标体系，并运用因子分析法进行实证研究，证明中国是贸易大国而不是贸易强国。赵

---

① 莫兰琼. 迈向世界贸易强国的中国实践 [J]. 上海经济研究，2017（3）：49-57.

蓓文（2013）总结了贸易强国的数量和质量标准，强调贸易大国仅在数量指标上达标，贸易强国则需要在两种指标上均世界领先。盛斌（2015）考察了600多年以来的近现代贸易史，总结出贸易强国的10个共同特征，对比以往研究，其学术增量是把国际经贸规则与领导力、营商环境、抵御风险的能力纳入标准的视角。裴长虹、刘洪愧（2017）认为，在全球经济、金融、贸易、生产和投资一体化时代，贸易强国应该是一个综合的概念，贸易强国不仅包括传统的商品和服务，还包括货币、规则、技术以及产品标准。

综上所述，在贸易强国内涵方面，尽管不同学者从不同角度给出了不同的指标体系，但核心指标都包括两个，即贸易规模和贸易结构。其中，在贸易结构方面，更强调高附加值、高技术产品以及服务贸易的比重。在如何实现贸易强国路径方面，现有文献缺乏来自中国贸易强国发展历史的实证分析。众所周知，改革开放以来，中国对外贸易从小到大、从弱到强不断发展，因此总结中国对外贸易发展的成功经验，对于实现党的十九大报告提出的"建设贸易强国"任务，具有十分重要的现实意义。

一、中国与贸易强国的差距

尽管现有文献对贸易强国的指标各有侧重，但核心指标都包括贸易规模和贸易结构。其中，在贸易规模方面，更强调人均贸易额；在贸易结构方面，更强调高附加值、高技术产品以及服务贸易的比重。因此，综合现有文献，为更好地测量中国与贸易强国的差距，或者分析中国贸易强国建设的现状，使用人均贸易额、人均高技术产品出口额、人均服务贸易额、人均知识产权贸易额等指标进行分析。另外，为进一步分析中国与贸易强国的差距，以美国为基准进行比较分析，即各项指标都以美国的指标为分母进行标准化处理。

（一）中国与贸易强国人均出口额的差距

在贸易强国的建设过程中，贸易规模的扩张是贸易结构优化的基础，因此，贸易强国的核心指标之一就是贸易规模。但由于国家规模方面的差距，单纯从国家角度测量的贸易规模难以进行客观的横向比较，因此学术界更强调人均贸易规模在贸易强国建设中的重要性。

作为世界唯一的超级大国，美国无疑是一个贸易强国。因此，以美国为标准，设计相关的贸易强国指标，进行横向比较，进而定量分析我国距离贸易强国的差距。当然，美国未必在所有的贸易强国指标中都处于世界第一的位置，但这并不影响本章构造的贸易强国指标的应用价值。

$$T_i = \frac{PerTrade_i}{PerTrade_{us}} \qquad\qquad (1-1)$$

式（1-1）中 T_i 代表 i 国与美国人均出口额的差距。$PerTrade_i$ 代表 i 国的人均出口额，$PerTrade_{us}$ 代表美国的人均出口额。因此，式（1-1）的含义是，以美国为标准测量世界其他国家人均出口额的多少问题，或距离世界贸易强国的距离问题。如果 $T_i > 1$，说明 i 国人均出口额大于美国的人均出口额，i 国在人均出口额这一贸易强国指标上达到或超过世界贸易强国的水平；反之，则相反。

美国等七国集团是公认的世界强国，当然也是贸易强国的典型代表。金砖国家是发展中国家的代表，某种程度上代表追赶贸易强国的发展中国家。根据式（1-1）计算的七国集团和金砖国家人均出口额方面的差距列于表 1.1。从表 1.1 中可以看出，七国集团历年的数据都大于或等于 1，而金砖国家历年的数据都小于 1，说明发展中国家和发达国家相比，在贸易强国建设方面还存在较大差距。

表 1.1　　2008～2017 年金砖国家与七国集团各国与美国人均出口额差距

国家	2008 年	2009 年	2010 年	2011 年	2012 年	2013 年	2014 年	2015 年	2016 年	2017 年
美国	1	1	1	1	1	1	1	1	1	1
德国	4.16	3.97	3.72	3.86	3.54	3.59	3.63	3.47	3.61	3.69
加拿大	3.24	2.73	2.76	2.76	2.66	2.61	2.64	2.44	2.40	2.42
法国	2.26	2.18	1.95	1.92	1.76	1.76	1.72	1.62	1.67	1.68
意大利	2.18	2.00	1.83	1.85	1.71	1.72	1.71	1.61	1.70	1.76
英国	1.80	1.66	1.60	1.68	1.51	1.69	1.54	1.51	1.39	1.41
日本	1.44	1.32	1.45	1.35	1.27	1.12	1.07	1.05	1.13	1.16
俄罗斯	0.78	0.62	0.68	0.77	0.75	0.73	0.68	0.51	0.43	0.52

续表

国家	2008 年	2009 年	2010 年	2011 年	2012 年	2013 年	2014 年	2015 年	2016 年	2017 年
南非	0.38	0.35	0.43	0.44	0.38	0.36	0.34	0.31	0.30	0.33
巴西	0.24	0.23	0.25	0.27	0.25	0.24	0.22	0.20	0.20	0.22
印度	0.04	0.04	0.04	0.05	0.05	0.05	0.05	0.04	0.04	0.05
中国	0.26	0.26	0.29	0.30	0.31	0.33	0.34	0.35	0.34	0.34

资料来源：根据世界贸易组织数据库（http：//stat. wto. org/CountryProfile）和世界银行数据库（https：//data. worldbank. org. cn/country/）数据计算而得。

具体到中国而言，2008 年中国人均出口额仅相当于美国人均出口额的 1/4，但是到 2017 年已经增长到美国的 1/3，说明中国在贸易强国建设方面，虽然与美国相比还存在巨大差距，但这种差距在不断缩小，而且从历年的数据趋势分析，这种缩小的趋势是明确和稳健的。

（二）中国与贸易强国人均高技术产品出口额的差距

高技术产品出口是贸易强国的重要特征。高技术产品出口比重也是影响一国贸易结构的重要因素。结合贸易规模方面的考虑，把人均高技术产品出口额纳入贸易强国的核心指标，并以美国作为参照进行国际上的横向比较。

$$HT_i = \frac{Htech_i}{Htech_{us}} \qquad (1-2)$$

式（1-2）中 HT_i 表示 i 国人均高技术产品出口额与美国人均高技术产品出口额的差距（以倍数表示），$Htech_i$ 表示 i 国人均高技术产品出口额，$Htech_{us}$ 表示美国人均高技术产品出口额。因此，式（1-2）的含义是，i 国人均高技术产品出口额是美国人均高技术产品出口额的倍数，如果 $HT_i > 1$，说明 i 国人均高技术产品出口额大于美国的人均高技术产品出口额，进而说明该国在人均高技术产品出口额这一指标上达到或超过贸易强国的水平；反之，则相反。

七国集团与金砖国家人均高技术产品出口额方面的差距列于表 1.2，从中可以看出，一是以七国集团为代表的发达国家人均高技术产品出口额普遍较高，其中德国人均高技术产品出口额大约是美国的 4 倍左右，2009 年以来意大利人均高技术产品出口额与美国大致相当。二是以金砖国家为代表的发展中国家人均高技术产品出口额与发达国家相比，存在相当大的差距，其中印度人均高技术产品出口额仅相当于美国的 2% 左右，南非在 7% 左右。三是与贸易强国相比，中国人均高技术产品出口额虽然还存在一定差距，但这种差距在不断缩小，中国已经快达到意大利的水平，2013 年中国人均高技术产品出口额达到美国的 88%。由于国际产品内分工的因素，中国许多高技术产品出口中包含进口的关键零部件，因此传统统计方法有高估中国高技术产品出口的问题，这一点应该有清醒的认识。

表 1.2　　　　　2007～2016 年金砖国家与七国集团各国与美国人均高科技产品出口额差距

国家	2007 年	2008 年	2009 年	2010 年	2011 年	2012 年	2013 年	2014 年	2015 年	2016 年
美国	1	1	1	1	1	1	1	1	1	1
德国	2.58	2.68	3.96	4.11	4.89	4.92	5.12	5.05	4.72	4.86
加拿大	1.10	1.11	1.60	1.49	1.56	1.77	1.76	1.53	1.53	1.40
法国	1.70	1.97	2.96	3.25	3.46	3.50	3.65	3.54	3.26	3.28
意大利	0.63	0.67	0.98	0.94	1.12	0.98	1.05	1.04	0.92	0.97
英国	1.39	1.35	1.77	2.03	2.35	2.25	2.30	2.24	2.22	2.20
日本	1.27	1.29	1.72	2.02	2.12	2.05	1.76	1.62	1.50	1.54
俄罗斯	0.04	0.05	0.07	0.08	0.08	0.10	0.13	0.14	0.14	0.10
南非	0.05	0.05	0.06	0.08	0.09	0.09	0.09	0.09	0.07	0.07
巴西	0.07	0.07	0.09	0.09	0.09	0.09	0.09	0.08	0.09	0.10
印度	0.01	0.01	0.02	0.02	0.02	0.02	0.03	0.03	0.02	0.02
中国	0.32	0.35	0.54	0.64	0.73	0.79	0.88	0.84	0.83	0.76

资料来源：根据世界贸易组织数据库（http：//stat. wto. org/CountryProfile）和世界银行数据库（https：//data. worldbank. org. cn/country/）数据计算而得。

（三）中国与贸易强国人均服务贸易额的差距

国际服务贸易出口额及其比重也是测量贸易强国的重要特征之一。因此，结合贸易规模以及国际横向比较等方面的考虑，把人均服务贸易出口额纳入贸易强国的核心指标之中，并以美国作为参照。

$$ST_i = \frac{Service_i}{Service_{us}} \qquad (1-3)$$

式（1-3）中 ST_i 表示 i 国人均服务贸易出口额与美国人均服务贸易出口额的差距（以倍数表示）。$Service_i$ 表示 i 国人均服务贸易出口额，$Service_{us}$ 表示美国人均服务贸易出口额。因此，式（1-3）的含义是，i 国人均服务贸易出口额是美国人均服务贸易出口额的倍数，如果 $ST_i > 1$，说明 i 国人均服务贸易出口额大于美国的人均服务贸易出口额，进而说明该国在人均服务贸易出口额这一指标上达到或超过贸易强国的水平；反之，则相反。

七国集团及金砖国家人均服务贸易出口额差距列于表1.3，从中可以看出，一是在七国集团中，日本的人均服务贸易出口额相对较低，仅相当于美国的60%多，但是也明显高于金砖国家的人均服务贸易出口额；在七国集团中，美国的人均服务贸易出口额并不是最高的，德国、法国和英国历年来人均服务贸易出口额都高于美国。二是在金砖国家中，俄罗斯和南非的人均服务贸易出口额相对较高，而巴西、印度和中国的人均服务贸易出口额则大体相当，大约相当于美国人均服务贸易出口额的6%左右。三是从时间序列上看，中国在人均服务贸易出口额方面的改善有限，没有人均货物出口额和人均高技术产品出口额表现出色。

表1.3　　　2007～2017年金砖国家与七国集团各国与美国人均服务贸易出口额差距

国家	2007年	2008年	2009年	2010年	2011年	2012年	2013年	2014年	2015年	2016年	2017年
美国	1	1	1	1	1	1	1	1	1	1	1
德国	1.59	1.68	1.63	1.53	1.56	1.50	1.53	1.59	1.44	1.49	1.56
加拿大	1.33	1.30	1.23	1.24	1.23	1.23	1.16	1.07	0.97	0.98	0.99
法国	1.90	1.99	1.79	1.70	1.80	1.71	1.74	1.77	1.54	1.51	1.65
意大利	1.35	1.28	1.11	1.05	0.99	0.87	0.83	0.81	0.71	0.74	0.79
英国	2.16	2.01	1.77	1.62	1.52	1.47	1.47	1.48	1.42	1.40	1.41
日本	0.76	0.80	0.73	0.71	0.68	0.69	0.60	0.65	0.60	0.63	0.63
俄罗斯	0.19	0.23	0.19	0.19	0.20	0.21	0.22	0.20	0.15	0.15	0.17
南非	0.18	0.16	0.15	0.17	0.16	0.16	0.14	0.13	0.12	0.11	0.12
巴西	0.08	0.09	0.09	0.09	0.09	0.09	0.08	0.08	0.07	0.07	0.07
印度	0.05	0.05	0.05	0.05	0.06	0.06	0.05	0.05	0.05	0.05	0.06
中国	0.06	0.06	0.06	0.05	0.07	0.07	0.07	0.07	0.07	0.06	0.06

资料来源：根据世界贸易组织数据库（http://stat.wto.org/CountryProfile）和世界银行数据库（https://data.worldbank.org.cn/country/）数据计算而得。

（四）中国与贸易强国人均知识产权出口额的差距

从某种意义上说，高额的知识产权贸易是贸易强国的最重要特征。因此，结合贸易规模以及国际横向比较等方面的考虑，把人均知识产权出口额纳入贸易强国的核心指标，并以美国作为参照。

$$PT_i = \frac{Property_i}{Property_{us}} \qquad (1-4)$$

式（1-4）中 PT_i 表示 i 国人均知识产权出口额与美国人均知识产权出口额的差距（以倍数表示）。$Property_i$ 表示 i 国人均知识产权出口额，$Property_{us}$ 表示美国人均知识产权出口额。因此，式（1-4）的含义是，i 国人均知识产权出口额是美国人均知识产权出口额的倍数，如果 $PT_i > 1$，说明 i 国人均知识产权出口额大于美国的人均知识产权出口额，进而说明该国在人均知识产权出口额这一指标上达到或超过贸易强国的水平；反之，则相反。

七国集团以及金砖国家人均知识产权出口额差距列于表1.4，从中可以看出：一是美国是世界知识产权出口第一强国，德国和法国人均知识产权出口额仅相当于美国的60%左右，德国在大部分年份里还达不到美国的50%。美国作为世界唯一的超级大国和贸易强国，其主要优势和核心竞争力主要体现在知识产权贸易上。二是金砖国家在人均知识产权出口额方面，与发达国家存在巨大差距，只有俄罗斯的人均知识产权出口额大致相当于美国的1%。三是在大部分的年份里，中国人均知识产权出口额仅相当于美国的0.1% ~ 0.2%，而且多年徘徊，没有显著改善。因此，中国建设贸易强国之路的关键就在于提高知识产权贸易方面的竞争力。

表 1.4　　　　　2007~2017 年金砖国家与七国集团各国与美国人均
知识产权出口额差距

国家	2007 年	2008 年	2009 年	2010 年	2011 年	2012 年	2013 年	2014 年	2015 年	2016 年	2017 年
美国	1	1	1	1	1	1	1	1	1	1	1
德国	0.236	0.266	0.274	0.291	0.337	0.323	0.415	0.468	0.488	0.573	0.620
加拿大	0.359	0.370	0.334	0.238	0.246	0.286	0.321	0.329	0.296	0.302	0.309
法国	0.648	0.716	0.610	0.603	0.593	0.490	0.493	0.539	0.583	0.601	0.627
意大利	0.422	0.366	0.324	0.318	0.281	0.237	0.221	0.209	0.183	0.201	0.200

续表

国家	2007 年	2008 年	2009 年	2010 年	2011 年	2012 年	2013 年	2014 年	2015 年	2016 年	2017 年
英国	0.461	0.548	0.460	0.444	0.443	0.366	0.380	0.396	0.513	0.519	0.513
日本	0.401	0.426	0.410	0.422	0.379	0.393	0.346	0.404	0.346	0.414	0.429
俄罗斯	0.008	0.008	0.008	0.008	0.010	0.012	0.013	0.011	0.013	0.010	0.013
南非	0.005	0.005	0.005	0.006	0.007	0.006	0.006	0.005	0.005	0.005	0.005
巴西	0.005	0.007	0.007	0.003	0.004	0.003	0.004	0.005	0.007	0.008	0.008
印度	0.000	0.000	0.000	0.000	0.001	0.001	0.001	0.001	0.001	0.001	0.001
中国	0.001	0.001	0.001	0.002	0.001	0.002	0.002	0.001	0.002	0.002	0.009

资料来源：根据世界贸易组织数据库（http：//stat. wto. org/CountryProfile）和世界银行数据库（https：//data. worldbank. org. cn/country/）数据计算而得。

综上所述，中国在人均高技术产品出口额方面距离发达国家最近，其次是人均出口额；差距较大的指标是人均服务贸易出口额和人均知识产权出口额，尤其是人均知识产权出口额还不到美国的 1%。由此可见，中国虽然是贸易大国，但距离贸易强国还有相当大的差距。

二、中国贸易强国建设的影响因素

前面从人均出口额、人均高技术产品出口额、人均服务贸易出口额、人均知识产权出口额 4 个指标，分析了中国与贸易强国之间的差距，初步回答了中国贸易强国建设当前处于什么状况或水平的问题。为进一步回答中国贸易强国建设的影响因素，拟采用中国改革开放以来省级行政区的面板数据进行实证分析。

众所周知，中国省级行政区在面积、人口、经济规模、对外贸易质量等方面存在较大差别，而且改革开放以来各地区对外贸易质量也经历了不同的发展历程，因而为本章的研究提供了丰富的样本。尽管学术界对贸易强国的指标体系及其应用研究较为丰富，但使用中国数据实证分析贸易强国影响因素方面的文献还较为缺乏。

（一）变量选择及其测度

本部分要回答的核心问题是如何实现贸易强国，或者说贸易强国的影响因素是什么。因此，被解释变量就是贸易强国的代理变量。选择人均出口额作为测量贸易强国的代理变量，其原因在于：贸易规模是贸易强国的重要指标，人均出口额是经过人口规模标准化处理后的贸易规模；虽然贸易结构更能反映贸易强国的内涵，但贸易规模扩张是贸易结构优化的重要基础和前提，历史的经验显示，当今的贸易强国都是从贸易规模的扩张开始逐步强大。因此，在使用中国地区面板数据实证分析贸易强国影响因素的模型中，人均出口额作为模型的被解释变量，记为 EX。

关于贸易强国的影响因素，经典贸易理论各有侧重。要素禀赋理论强调丰富的高级生产要素；新贸易理论认为规模经济、产品差异化优势是最重要的影响因素；异质性企业贸易理论认为生产率越高的企业出口概率越高、出口规模越大，由此推论出微观企业的生产率是贸易强国的重要特征，而生产率的重要来源是企业的生产技术和创新能力。因此，在经典贸易理论的框架下，选择以下因素作为我国贸易强国建设的影响因素，并进行实证检验。

1. 经济发展水平

一个国家或地区的经济发展水平越高，则意味着高级生产要素越丰富，因此在高级生产要素密集型商品的生产上就具有比较优势，这是要素禀赋理论的核心内容。而贸易强国的重要特征就是资本和技术密集型商品的出口竞争力和出口比重较高。因此经济发展水平是贸易强国的重要影响因素，实际上贸易发展水平是经济发展水平在对外贸易方面的反映。因此，把经济发展水平作为贸易强国建设的影响因素，并使用人均国内生产总值（GDP）作为测量指标，纳入计量模型进行实证检验，记为 GDP。

2. 创新和技术水平

创新和技术密集型产品大量出口是贸易强国的显著特征，因此可以把地区创新和技术水平纳入计量模型，实证检验创新和技术水平对我国贸易强国建设的实际贡献。在如何测量创新和技术水平方面，经济学通常采用两种方法：一是投入法，即用研发投入总额或研发强度来测量；二是产出法，即用专利技术数量来测量。同时采用两种方法，前者记为 Innovation1，后者记为 Innovation2。

3. 规模经济

规模经济因素在国际贸易中的作用越来越重要①。从当代国际贸易的发展看，规模经济、不完全竞争、产品差异已跃居当代国际贸易发展的主导因素。特别是在区域内和产业内贸易中，规模经济的作用甚至超过了常规的比较利益。一般而言，规模经济显著的跨国公司越多的国家，贸易实力越强，实际上在目前的贸易强国指标之中就有跨国公司是数量。为了实证测量规模经济对我国贸易强国建设的影响，选择两个代理变量：一是各地区上市公司数量，记为 Scale1；二是各地区"规模以上工业产值"占地区 GDP 的比重，记为 Scale2。

4. 人力资本

一国的贸易模式与其人力资本禀赋的存量是相关的②。一般来说，人力资本密集型商品出口数量和比重越高，越说明该国的贸易实力越强。我国幅员辽阔，各地区人力资本禀赋差异较大。为检验人力资本禀赋对我国贸易强国建设的影响，把人力资本变量纳入实证模型，并以各地区专业技术人员数占总人口的比重（HR1）和大专以上人口占总人口的比重（HR2）作为指标进行测量。

5. 市场化程度

市场化程度是指市场在资源配置中所起作用的程度。综观世界贸易强国，都是市场经济国家，最为典型的就是西方七国集团，市场化程度较高。改革开放以来，我国各地区经济市场化程度和经济发展水平并不相同，为实证检验市场化程度对我国贸易强国建设的影响提供了很好的样本。因此，把市场化程度纳入计量模型，并选择王小鲁和樊纲等编制的市场化指数作为代理变量，记为 Market。

---

① 谢兰璋. 规模经济贸易学说的理论价值与实践意义 [J]. 山东科技大学学报（社会科学版），2007（2）：55 – 58.

② 綦建红，李鸿. 人力资本与国际贸易关系研究评述 [J]. 经济学动态，2008（1）：103 – 106.

6. 外商直接投资

资本越丰富的国家，资本密集型商品的贸易竞争力越强，越成为贸易强国。资本来源分为内部积累和外部引进，在内部资本积累到一定规模的情况下，外商直接投资越多，则资本存量就越丰富，资本密集型商品的外贸竞争力越高。另外，外商直接投资在带来资本的同时，一般还会带来先进技术和管理，以及发达国家新的观念，这些因素都有利于贸易强国建设。因此，为实证检验外商直接投资对我国贸易强国建设的影响，把外商直接投资也纳入计量模型，记为FDI。

（二）实证模型和数据

综上所述，实证检验我国贸易强国建设影响因素的模型设定如下：

$$\ln EX_{it} = \beta_0 + \beta_1 \ln GDP_{it} + \beta_2 \ln Innovation_{it} + \beta_3 \ln Scale_{it}$$
$$+ \beta_4 \ln HR_{it} + \beta_5 \ln Market_{it} + \beta_6 \ln FDI_{it} + \mu_{it} \qquad (1-5)$$

模型（1-5）中，i 和 t 分别表示地区和时间（年），被解释变量 EX 表示人均出口额，该指标是贸易强国的核心指标之一；解释变量 GDP、$Innovation$、$Scale$、HR、$Market$、FDI 分别表示经济发展水平、研发经费投入、规模经济、人力资本、市场化程度以及外商直接投资；μ 为误差项。

模型所涉及的各指标变量需要的地区数据包括：出口额、人口、GDP、研发经费投入、专利数量、规模以上工业产值、专业技术人员数量、大专以上人口数量、外商直接投资等数据全部来自国家统计局国家数据"分省年度数据"；各地区上市公司数量来自上海证券交易所和深圳证券交易所上市公司数据；市场化指数来自王小鲁和樊纲编写的《中国市场化指数2010》和《中国分省份市场化指数报告（2016）》。对出口额、GDP 研发经费、规模以上工业产值、外商直接投资等数据用历年通货膨胀率进行平减，最终用2005年不变价格表示，模型数据为2005～2016年的面板数据。

（三）模型回归结果与分析

1. 加权最小二乘法的回归结果

数据样本既包括上海、北京、广东等人均出口额较大的地区，也包括西藏、新疆、贵州等人均出口额较小的地区。以 2016 年为例，上海人均出口额 1.67 万美元，而西藏只有 0.02 万美元，因此模型异方差问题不容忽视。为了进一步消除异方差问题，我们先使用普通最小二乘法（OLS）进行回归，然后以 OLS 回归的残差作为权重，再使用加权最小二乘法（WLS）进行回归。考虑到有些影响因素采用两个指标进行测量，把所有指标都纳入模型进行回归，然后根据显著性水平选择合适的指标重新进行回归。回归结果列于表 1.5 第（1）和第（2）列。

表 1.5　　　　　　　　　贸易强国影响因素的回归结果

影响因素	指标	WLS 方法 (1)	WLS 方法 (2)	GMM 方法 (3)	GMM 方法 (4)
经济发展水平	人均 GDP	2.37 * (1.70)	2.06 ** (2.14)	1.72 * (1.63)	2.16 *** (2.52)
创新和技术水平	人均研发经费投入（R&D）	1.61 (1.44)		1.54 * (1.68)	1.43 * (1.94)
	人均专利数	1.80 * (1.76)	1.63 * (1.92)	1.60 (1.45)	
规模经济	上市公司数	2.11 (1.52)	1.77 ** (2.19)	1.92 (1.35)	1.99 ** (2.15)
	规模以上工业产值占 GDP 比重	1.98 (1.56)		1.84 (1.24)	
人力资本	专业技术人员比重	0.76 (1.55)		0.80 * (1.78)	0.71 * (1.92)
	大专以上人员比重	0.60 * (1.66)	0.81 ** (1.97)	0.79 (1.52)	
市场化程度	市场化指数	1.02 (1.59)	0.95 * (1.86)	0.81 * (1.77)	0.90 * (1.94)

续表

影响因素	指标	WLS 方法（1）	WLS 方法（2）	GMM 方法（3）	GMM 方法（4）
外商直接投资	人均 FDI	0.94 * (1.71)	1.04 ** (2.03)	0.99 * (1.70)	1.07 ** (2.04)
常数项		0.88 * (1.68)	0.57 * (1.90)	0.73 * (1.69)	0.65 * (1.87)
判定系数 R^2		0.83	0.76	0.82	0.75
样本数		372	372	372	372

注：估计系数下方括号内的数字为系数估计值的 t 统计量，其中 *、** 和 *** 分别表示 10%、5% 和 1% 的显著性水平。

在表 1.5 第（1）列中，把贸易强国各影响因素的所选指标全部纳入模型进行回归，但由于这些指标存在一定的多重共线性，所以多个指标的 t 统计量不显著。因此，删除相关指标重新回归，保留指标都通过了 10% 以上的显著性检验。回归结果显示，以人均 GDP 为代表的地区经济发展水平、以人均专利数量为代表的地区创新和技术水平、以上市公司数量为代表的规模经济、以大专以上人口比重为代表的人力资本、以市场化指数测量的市场化程度以及外商直接投资等因素，都有助于一个地区人均出口额的提高，即有助于贸易强国建设。

2. 系统广义矩的回归结果

加权最小二乘法虽然能处理异方差问题，但却不能解决内生性问题。在计量模型中，被解释变量人均出口额和解释变量人均 GDP 等变量可能存在相互影响，即内生性问题。为此，进一步选择能够较好处理内生性问题的系统广义矩方法（GMM），对计量模型进行回归，以考察模型回归结果的稳健性。回归结果列于表 1.5 第（3）和第（4）列，从中可以看出，尽管在具体指标的显著性方面存在差异，但从贸易强国的影响因素来看，GMM 的估计结果和 WLS 的估计结果并没有本质差异。也就是说 GMM 的估计结果仍然显示：地区经济发展水平、创新和技术水平、规模经济、人力资本、市场化程度和外商直接投资等仍然是我国贸易强国建设的重要影响因素。

三、迈向贸易强国的中国之路

（一）以制造业为主体的实体经济部门是贸易强国建设的产业基础

贸易强国建设应以制造强国为主要基础。做优做强做大以制造业，尤其是先进制造业为主的实体经济部门，是贸易强国建设的产业基础。综观世界范围内各贸易强国，尤其是日本和德国，都有强大的先进制造业。离开制造业等实体经济部门，贸易是无源之水、无本之木。改革开放以来我国贸易实践也证明，经济规模和经济发展水平是贸易强国建设的重要影响因素，东部地区贸易强于中西部地区，其重要原因就在于东部地区有强大的制造业基础。

（二）增加研发投入提高技术水平是贸易强国建设的根本之路

我国贸易实践表明，研发和技术升级是贸易强国建设的重要影响因素。要跟踪第三次工业革命的趋向，加大国家对新技术的基础研究投入，推动新技术应用，对接国际标准，适当提高技术标准，促进传统制造业的转型升级；支持国内企业通过自建、合资、合作等方式设立海外研发中心[①]。

（三）提高人力资本水平是贸易强国建设的关键

根据人力资本理论，经济强国、制造业强国、贸易强国都是结果，只有人力资本强国才是原因。因此，提高人力资本水平才是贸易强国建设的关键。我国地区贸易数据也显示，人力资本水平对贸易强国建设具有显著的正向影响。

（四）规模经济是贸易强国建设的重要因素

规模经济分为行业规模经济和企业规模经济，又称外部规模经济和内部

---

① 桑百川. 从外贸大国迈向贸易强国 [N]. 国际商报，2015 – 12 – 23（A03）.

规模经济。两者相互影响，而且都对贸易强国建设具有重要影响。行业规模经济的扩大，有助于行业内企业规模的扩张从而带来内部规模经济，并提升企业在国际市场的竞争力；反之，企业规模的扩大，企业之间的市场竞争，又有助于提升行业规模经济，行业规模经济发展的结果就是国家在国际市场上比较优势产业。典型的行业规模经济就是美国的硅谷芯片产业、日本的电器和汽车、德国的汽车等，在这些行业中有高通、英特尔、索尼、丰田、松下、大众、西门子等内部规模经济显著的跨国公司。贸易强国的重要特征之一就是跨国公司的多少。中国贸易强国建设的实证分析也显示，上市公司和规模以上工业产值对人均出口额具有显著影响。

（五）市场机制在贸易强国建设中的作用不容忽视

市场是资源配置的重要方式，是建设贸易强国、工业强国、经济强国不容忽视的重要因素。中国对外贸易的实证分析表明，以市场化指数为代表的市场机制对人均出口额具有显著的正向促进作用，而人均出口额是贸易强国的基础指标之一。从时间序列上看，每当中国经济处于市场机制充分发挥的时代，经济增长、外贸增长就比较强劲；反之，每当市场机制发挥不充分，经济和外贸增长就会遇到挫折。从全国各地区的横向比较看，东部沿海地区市场化程度较高的地区，外贸实力较强；而市场化程度较低的中西部地区，外贸实力相对较弱。

第二章

促进中国产业迈向全球价值链中高端

一、全球价值链的形成与全球价值链理论的发展

（一）全球价值链的形成

1. 全球价值链的定义

在经济全球化的背景下，全球价值链开始登上历史舞台。全球价值链是重新全面审视经济全球化下，研究经济组织和发展的一种分析全球产业联系以及产业升级等相关问题的理论工具。全球价值链是为了实现商品或服务价值而连接生产、销售、回收处理等过程的全球性跨企业网络组织，涉及从原料采集和运输、半成品和成品的生产和分销，直至最终消费和回收处理的整个过程，包括所有参与者和生产销售等活动的组织及其价值、利润分配。其中，产品的生产过程被分解为不同阶段，围绕某种产品的生产形成一种跨国生产组织体系，把分布在世界各地不同规模的企业和机构组织在一个生产网络中，从而形成全球价值链体系，附加值各异的各个环节选择在不同的城市进行空间集聚，并在此基础上，发展成为全球城市的价值链体系与网络①。

---

① 黄亮，邱枫. 从软件外包到研发服务：班加罗尔的案例研究 [J]. 世界地理研究，2016，25（3）：21-29.

2. 跨国公司的发展

20世纪80年代以后，国际贸易向外包和模块化方向发展，各国企业开始在全球范围内组织经营活动①。跨国的复杂生产协作成为可能，劳动力成本的差异带来了新的利润动力，资本和其他生产要素在全球范围内的流动进一步加速。这些变化共同促成了基于国际垂直化分工的全球生产链革命。在这一新的全球化形势下，中间产品跨越多个国界的现象越来越普遍②。在此背景下，跨国公司的发展是促进传统分工格局发生重大变化原因之一。

以跨国公司为主的资本国际化促进了国际分工的迅速发展，主要集中体现在以下两个方面。一方面，跨国公司通过国外直接投资，把子公司嵌入国际分工体系，发挥这些国家和地区的优势。另一方面，跨国公司通过承包方式构筑世界性生产体系和营销体系。跨国公司作为经济全球化的主导力量，将价值链中的部分环节分配到全球最适合的地区进行经营活动，形成以跨国公司为主体，本土企业相围绕的产业集群。

3. 产品内分工理论的发展

20世纪90年代以后，随着国际分工进一步细化，国际分工由如今的工序层面替换原来的产品层面，很多产品的生产过程通常会被拆分为不同的阶段，分散到不同的国家和地区进行，并以跨国界的产品内贸易相连接。随着经济全球化的发展，产品内分工理论得到了快速的发展。基于产品内分工的快速发展以及价值链具有的特点，各个国家和地区根据自己的地理优势以及要素禀赋，在价值链的不同环节发挥作用，进而使得各个国家和地区开始专注于产品价值链的某个环节而不再是某种产品。典型的例子是以通用公司的庞蒂亚克·莱曼斯轿车为例，属于技术密集型生产阶段的发动机制造安排在日本，属于资本密集型产业的车身组装安排在韩国，属于劳动密集型生产接单的小型零部件生产则安排在中国台湾、马来西亚等地③。可以看出，在全

---

① 樊茂清，黄薇. 基于全球价值链分解的中国贸易产业结构演进研究［J］. 世界经济，2014，37（2）：50－70.

② 王直，魏尚进，祝坤福. 总贸易核算法：官方贸易统计与全球价值链的度量［J］. 中国社会科学，2015（9）：108－127＋205－206.

③ 魏浩. 产品内分工与发展中国家的经济发展战略［J］. 中国国情国力，2008（8）：48－51.

球化的进程中，产业内的分工对于合理利用各个国家和地区资源具有重要的进步意义，是形成全球价值链的基础。

（二）全球价值链理论的发展

20 世纪 80 年代，国际商务研究者提出了全球价值链理论。但在不同文献中，价值链的定义及概念没有达成统一，而其中最被广为接受的是波特（Michael E. Porter）最早提出的价值链的概念。

1. 新贸易理论

传统的国际贸易理论由大卫·李嘉图（David Ricardo）的比较优势论和赫克歇尔－俄林（Heckscher-Ohlin）的要素禀赋论组成，分别运用比较成本和资源差异的观点解释了贸易发生的原因。在产业内贸易的快速发展下，涌现了大量的禀赋相似的产业间的贸易，在这种发展格局下，传统的贸易理论已经无法对新贸易现象作出解释。对此，克鲁格曼（Krugman）指出："随着贸易特征的变化和经济理论的不断深入发展，人们再不能为自由贸易辩护了。"他在《市场结构和对外贸易》中指出传统贸易理论的缺陷：不能解释现有的贸易量；不能解释现有的贸易构成；不能解释公司内贸易的作用和现有规模，也不能解释外商直接投资；不能解释贸易自由化的福利效果[①]。因此在 20 世纪 70 年代末到 80 年代，以克鲁格曼为代表的一些国际贸易理论家，在原有的新古典贸易理论中融入了产业组织理论和市场结构理论，以此形成了解释现代国际贸易发展的现象的新贸易理论体系。新贸易理论在解释贸易动因与基础方面提出了新的方向，它认为在国际贸易中，有相当大部分贸易产生的原因是国际分工，否定了之前提出的国家间禀赋差异的观点。在全球价值链的治理模式中，克鲁格曼通过对企业内部不同价值环节在地理空间存在差异的情况下进行配置的能力的研究，开辟了新的研究领域，使得产业空间转移与治理模式之间的关系成为全球价值链理论中重要的研究方向。

---

① Helpman E. , Krugman P. R. *Market Structure and Foreign Trade: Increasing Returns, Imperfect Competition and the International Economy* [M]. London: MIT Press, 1985.

2. EK（Eaton & Kortum）模型

伊顿（Jonahan Eaton）和科图姆（Samuel Kortum）在其 2002 年发表的《技术、地理与贸易》一文中提出了当时国际贸易理论尚未涉及的一些事实：贸易随着距离增大大幅度下降；跨越不同地方的价格存在差异，且距离越远，差距越大；不同国家的要素收益存在很大的差异；国家不同行业间相对生产力差异很大①。因此他们创建了一个将现实地理特征纳入一般均衡的李嘉图贸易模型，为双边贸易提供了简单的结构方程，其参数涉及绝对优势、比较优势（促进贸易）和地理障碍（抑制贸易）。他们根据 1990 年 19 个经合组织国家的制造业，价格和地理双边贸易数据估算了这些参数，并使用模型探讨了各种问题，如贸易收益、贸易在传播中的作用、新技术的好处，以及降低关税的影响。该模型的出发点是多恩布什、费舍尔和萨缪尔森（Dornbusch，Fischer and Samuelson，1977）提出的两个国家的李嘉图模型，采用技术异质性的概率公式，将模型延伸到一个由地理障碍隔成许多国家的世界；用不同结构方程以及贸易流量、价格、地理位置和工资数据来量化模型的一般均衡，探索了制成品贸易的收益、技术和地理如何确定专业化模式、贸易在传播新技术利益方面的作用、关税削减的后果等反事实的情况；详细阐述了对全球投入成本调节的贸易模式，提供了将双边贸易流量与价格以及地理障碍，技术和投入成本联系起来的途径。该模型提供了与世界各地双边贸易相关的方程式，以及技术和地理参数并使用双边贸易流量、价格和地理数据来估算参数，认为比较优势从贸易中获得潜在收益。然而，这些收益实现的程度因地理障碍所施加的阻力而减弱。

3. 新新贸易理论

区别于之前的传统贸易理论和新贸易理论，新新贸易理论走在了国际贸易理论和实证研究的前沿，它研究的是更加细化的企业层面变量。企业在国际生产中对不同组织形式的选择、对外直接投资决策与企业出口以及异质性之间的关系成为新新贸易理论更为关注的研究方向。新新贸易理论主要由梅

---

① Eaton J. , Kortum S. Technology, Geography and Trade [J]. *Econometrica*，2002，70（5）：1741 – 1779.

里兹（Melitz）的异质性企业贸易模型和安特拉斯（Antràs）的企业内生边界模型构成。其中梅里兹提出的贸易模型在企业对从事出口贸易的选择上作出解释；而安特拉斯模型的主要贡献则是对企业在市场交易、公司内贸易以及以外包形式进行资源配置这三者之间选择的决定因素给出了解释。二者同时研究了企业进入海外市场选择方式的决定因素①。

（1）梅里兹的异质性企业贸易模型。梅里兹（2003）在一般均衡框架下的垄断竞争动态产业模型的基础上，引入了企业生产率差异，并且对克鲁格曼（1980）的贸易模型进行了扩展，以此来解释国际贸易中企业的差异和出口决策行为。该模型认为，企业在进入出口市场和该产业时是存在成本的，因每个企业都面临着不同的初始不确定性，如不可撤销投资的不确定性，并且相同产业内部存在着普遍的企业生产率的异质性现象，因此企业在做出出口决策之前会充分了解生产率状况。梅里兹通过异质性企业模型的研究，认为贸易对不同企业的影响在生产率方面有很大差异，进入出口市场的企业生产率较高，相反的则保持在本土市场甚至被迫退出。在这种现象下，国际贸易通过将资源流向生产率较高的企业使得资源得到进一步的重新配置，并且对产业总体生产率的提高会产生新的贸易利得。不太有效率的企业在市场份额和利润两方面都遭受损失，这些贸易引致的向更有效率企业的配置解释了为什么在没必要提高单个企业的生产效率情况下，贸易会产生总的生产率所得。

（2）安特拉斯的企业内生边界模型。是否进入国际市场以及以何种方式进入到国际市场，是所有企业在国际化的过程中必须要面临的两个关键选择，即维持本土企业状态与否和选择出口还是以对外直接投资的方式进入国际市场。之前的模型对本土企业在国外进行生产的动力问题进行了很好地解释。但这些海外生产并不是以常见的分包、市场交易或是许可的方式进行，而是在企业的边界之内进行。对于这一现象，原有模型无法解释。因此，安特拉斯（2003）从单个企业的组织选择问题入手，构建了一个融合企业理论和国际贸易理论的框架，针对跨国公司的定位和贸易决策问题，在结合了格罗斯曼－哈特－莫尔（Grossman-Hart-Moore）的企业观点和赫尔普曼－克鲁格曼（Helpman-Krugman）的贸易观点的基础上，创建了一个关于企业边界的不完全契约产权模型，并以此进行分析和探讨。安特拉斯模型通过对跨国公司的边界和生产的国际定位的界定，可以对企业内贸易类型展开预测。开展中间投入品的企业边界内部生产，企业在本国与在国外所选择的方式不同，前者进行标准的垂直一体化，而后者则从事对外直接投资或公司内贸易。如果企业选择将中间投入品的生产进行外包，同样存在上述两种方式，即在本国购买投入品的国内外包形式以及在国外采购投入品的对外外包或是国际贸易方式。

4. 全球价值链地位指数

随着全球价值链分工的深化，在全球价值链上的参与度和分工地位开始得到越来越多的关注。库普曼（Koopman）认为由于不同国家处于不同的生产阶段，中间投入多次跨越边界。因此作为衡量任何特定国家贡献价值标准的传统的贸易统计数据变得越来越不可靠，库普曼（2010）为了更加准确地测算一国的国际分工地位，在综合了一国作为中间品供应者和接纳者两种角色的基础上，提出了涵盖国内增加值的间接出口和出口中的国外增加值的全球价值链地位（GVC-Position）指数。该指数通过一国某产业"中间品"出口额和进口额的对数值之差，制定了一个统一的概念框架，可以通过各种增值和重复计算的组成部分来充分说明一个国家的出口总额。这一新框架纳入了所有先前的垂直专业化和增值贸易措施的研究，同时调整了跨越多个边界的中间产品的来回交易。

5. 国内全球价值链理论发展

张辉（2004）将全球价值链理论与我国的产业发展研究结合在一起，对全球产业转移及竞争问题在全球价值链理论的基础上有了更深层次的多维系统认识，提出价值链条中各个环节是相互依赖和作用的，任何一个环节出现问题最终都会波及至整个系统，并认为价值链条中，存在高低等级差别，应该用开放的整体的视点来看待经济发展问题。他认为价值链中突破性创新具有重要意义，企业未来发展战略的制定要充分考虑价值链条的增值路径并借此来实现逆价值链的跨越发展，谋求产业升级，并且张辉（2006）将全球价值链的动力机制划分为生产者驱动型、购买者驱动型和混合型。刘志彪和张杰（2007）通过研究全球价值链的分离与整合，整理形成了发展中国家代工者与发达国家的跨国公司或国际大购买商的四种现实对接关系集合，即市场型治理、均衡型治理、俘获型网络治理和层级型治理。其中，俘获型网络治理关系是发展中国家在现有国际贸易格局下不得不接受的既成事实。中国产业升级的路径就是从融入全球价值链到构建国家价值链。王直、魏尚进、祝坤福（2015）针对官方贸易统计和全球价值链的度量，提出总贸易核算法这一新的核算体系，就垂直专业化、增加值出口和显性比较优势指数，从中间品贸易流分解法到双边贸易流分解法，最后在国民经济核算体系与传统国际贸易统计之间构建了对应的系统性总贸易流的分解框架。

（三）中国仍然处于价值链中低端

中国的经济发展在改革开放以来取得了令人瞩目的成就，GDP 增长速度迅猛。2017 年 GDP 已达到总量占全球 14.8% 的全球第二大经济体水平，人均 GDP 增长到 9280 美元的中等收入国家行列。相对于改革开放前的"工业发展畸形，农业基础弱，服务业水平低下"的局面，中国经济在采取了一系列优化和升级产业结构的政策基础上，如优先发展农业和轻工业、加强基础产业、大力发展第三产业等，产业结构逐渐趋于合理，第二和第三产业比重迅速上升①。但经济结构失衡的矛盾却不断突出，在如今中国经济高速增长的同时，经济结构失衡日益成为困扰中国经济可持续发展的制约因素。

改革开放 40 多年，也是中国深入全球价值链的 40 多年。正是在全球价值链快速发展的背景下，中国经济有了质的飞跃，实现了从对外开放，到加入世界贸易组织，再到共建"一带一路"的飞跃。中国已经积极融入全球生产要素分工体系中，正逐渐成为全球价值链的重要组成部分，逐步由"中国制造"向"中国智造"转变。然而，由于加工贸易在总体贸易中所占比重较大，处于"微笑曲线"的下游，中国依然处在价值链的中低端。加快建设制造强国，如何促进我国产业迈向全球价值链中高端，成为国内学者研究的一个重要命题。

---

① 赵惟. 近二十年中国产业结构的演变及其成因探析 [J]. 现代财经－天津财经学院学报，2005（6）：39－42.

二、促进中国制造业向全球价值链中高端攀升

（一）三次产业对国民收入增长的贡献

改革开放以来，中国一直保持稳定持续的高速增长，特别是中国 GDP 自 20 世纪 90 年代以来发展速度迅猛。第二、第三产业在第一产业增长速度放缓的情况下保持高速增长，使得第一产业与第二、第三产业之间增速发展差距在不断加大[①]。从表 2.1 中可以得知，2000~2017 年第一产业对 GDP 的拉动占比一直保持稳定的趋势。

表 2.1　　　　**2000~2017 年中国三次产业对 GDP 的拉动**　　　单位:%

年份	GDP 增长	第一产业对 GDP 增长的拉动	第二产业对 GDP 增长的拉动	第三产业对 GDP 增长的拉动
2000	8.5	0.4	5.1	3.1
2001	8.3	0.4	3.9	4.1
2002	9.1	0.4	4.5	4.2
2003	10.0	0.3	5.8	3.9
2004	10.1	0.7	5.2	4.1
2005	11.4	0.6	5.8	5.0
2006	12.7	0.6	6.3	5.8
2007	14.2	0.4	7.1	6.7
2008	9.7	0.5	4.7	4.5
2009	9.4	0.4	4.9	4.1
2010	10.6	0.4	6.1	4.2
2011	9.6	0.4	5.0	4.2
2012	7.9	0.4	3.9	3.5

---

① 许恩旗，陈姝言. 经济新常态下我国产业结构对经济增长影响的实证分析 [J]. 时代金融，2018（26）：42－45.

续表

年份	GDP 增长	第一产业对 GDP 增长的拉动	第二产业对 GDP 增长的拉动	第三产业对 GDP 增长的拉动
2013	7.8	0.3	3.8	3.7
2014	7.3	0.3	3.5	3.5
2015	6.9	0.3	2.9	3.7
2016	6.7	0.3	2.6	3.9
2017	6.9	0.3	2.5	4.0

资料来源：历年《中国统计年鉴》。

在大多数国家中，第一产业的增加值和就业人数比重呈现出不断下降的趋势。直到20世纪70年代，英国和美国等发达国家第一产业增加值和劳动力所占比重下降的趋势才开始减弱。根据"配第－克拉克"定理，在经济多样化发展的今天，第一产业劳动力逐渐向第二、第三产业转移，第一产业国民收入和劳动力比重将不断下降。而根据第一产业的定义可以得知，其发展必将受到限制。对于我国产业如何迈进全球价值链中高端，第一产业所扮演的角色，应是在现有的该产业劳动力占比不变的情况下，保证其在 GDP 中所占的比重，保持平稳的态势，这是我国迈进全球价值链中高端的最基本保证。

如表2.2所示，第一产业的劳动占比不断下降，在当前多元化经济发展的前提条件下，第一产业的劳动力开始逐渐向第二、第三产业转移，同时第一产业对于国民经济增长的拉动率基本稳定。在现代科技与经济体系下，维持第一产业在国民收入中所占的比重，保持平稳的态势，对于我国迈进全球价值链中高端具有重要意义。

表2.2   **2000~2017年中国三次产业的就业人口**   单位：万人

年份	第一产业就业人员	第二产业就业人员	第三产业就业人员
2000	36043	16219	19823
2001	36399	16234	20165
2002	36640	15682	20958
2003	36204	15927	21605
2004	34830	16709	22725

年份	第一产业就业人员	第二产业就业人员	第三产业就业人员
2005	33442	17766	23439
2006	31941	18895	24143
2007	30731	20186	24404
2008	29923	20553	25087
2009	28891	21080	25857
2010	27931	21842	26332
2011	26594	22544	27282
2012	25773	23241	27690
2013	24171	23170	29636
2014	22790	23099	31364
2015	21919	22693	32839
2016	21496	22350	33757
2017	20944	21824	34872

资料来源：历年《中国统计年鉴》。

对于大多数国家来说，制造业是无可替代的，作为国民经济的支柱和基础，它在国民经济中占主导地位，发挥基础作用，体现了一个国家的生产力发展水平。因此，作为一国经济发展的重要代表，制造业发展水平对我国经济发展有着重要影响，是我国经济实力的重要体现。

从表 2.3 中可以发现，制造业在国内生产总值中起到了非常重要的作用，我国的工业增加值主要是来自制造业。2017 年制造业增加值达到了240505.4 亿元人民币，约占我国 GDP 的 30%。

表 2.3　　　　　　2013～2017 年中国制造业在国民经济中的地位

年份	GDP（亿元）	制造业增加值 （亿元）	制造业增加值占 GDP 比重 （%）
2013	595244.4	181867.8	30.6
2014	643974.0	195620.3	30.2
2015	689052.1	202420.1	29.4
2016	743585.5	214289.3	28.8
2017	827121.7	240505.4	29.1

资料来源：历年《中国统计年鉴》。

（二）中国制造业发展现状

目前中国制造业快速发展，在世界制造业总产值中所占的比重不断上升。但也存在着诸多现实问题，如过大份额的加工贸易，低下的自主研发水平，企业规模小且没有发展出自己的国际知名品牌，引进的外资基本上都聚集在劳动密集型行业。这些问题影响了中国制造业的发展。总的来说，中国制造业的发展在国际市场上占有一定的份额，但还不具备较强的国际竞争力。

1. 制造业的总体规模现状分析

根据世界银行统计数据，2013 年中国工业增加值年增长率为 7.99%，2014 年年增长速度为 7.39%，2015 年、2016 年和 2017 年年增长速度分别为 6.2%、6.3% 和 6.1%。

从表 2.4 中可以看出，中国工业增加值近年来一直保持 6% 以上的增长速度。

表 2.4　　　　　　**2013～2017 年中国工业增加值年增长速度**　　　　单位:%

年份	工业增加值年增长率
2013	7.99
2014	7.39
2015	6.20
2016	6.30
2017	6.10

资料来源：历年《中国统计年鉴》。

从表 2.5 中可以看出，中国工业增加值在近年来基本保持平稳且有上升趋势。

表 2.5　　　　　　　　**2013～2017 年中国工业增加值**　　　　单位：亿元

年份	工业增加值
2013	222337.6
2014	233856.4
2015	236506.3
2016	247877.7
2017	279996.9

资料来源：历年《中国统计年鉴》。

2. 制造业的投资现状分析

如表 2.6 所示，2013 年中国制造业固定资产投资额（不含农户）达147369.7 亿元，同比增长 18.5%。在随后的几年里，固定资产投资额虽然增加，但投资增速却从 2013 年的 18.5% 下降到了 2017 年的 4.8%，投资增速明显呈下降趋势。

表 2.6　　　　　　　2013～2017 年中国制造业固定资产投资额及增速

年份	投资额（亿元）	投资增速（%）
2013	147369.7	18.5
2014	166918.3	13.5
2015	180233.4	8.1
2016	187836.0	4.2
2017	193615.7	4.8

资料来源：历年《中国统计年鉴》。

笔者认为，其原因在于，现在中国的巨大市场和廉价劳动力已经不具备之前的绝对优势，制造业吸引外资的能力在下降，已经有越来越多的外商投资企业从中国撤离。近年来，制造业的国际竞争越来越激烈，发达国家为了维持自己在世界制造业体系中的强势地位，开始利用先进的信息网络技术推进智能制造的发展，掀起了"再工业化"的热潮。同时，发展中国家中的越南和柬埔寨等国在劳动密集型制造业方面快速崛起，并融入了全球价值链，以印度为代表的新兴市场经济体开始渐渐地赶超"中国制造"，使得中国开始丧失在制造业方面的传统竞争优势。当前，中国的制造业正在受发达国家和部分重要发展中国家的双重挤压。

（三）中国制造业在全球价值链攀升中存在的问题

1. 人才质量有待提高

随着全球制造业体系的变革和技术的进步，制造业企业的发展越来越需要高端综合技术人才。而中国只有部分具备专业知识的人才，综合能力不够，并且国内严重缺乏具有创新能力的人才，要想进入全球价值链高端，必须要发展智能制造业，而创新能力是"中国智造"的基础。

2. 对处于价值链低端的加工贸易的依赖

中国的加工贸易进出口总额一直处于不断上升的趋势，在进出口贸易总额中占据较高的比重。目前全球的国际分工进一步深化，传统的对差异化产品进行生产国际分工已经转变为同一产品内部生产环节的国际分工。在这种情况下，发达国家占据着处于价值链高端的先进技术和销售环节，而中国依然以劳动密集型制造业为主，生产初级加工制造品。在高新技术产业中，也以劳动密集型及资源消耗型制造业为主，核心技术及其研发环节被保留在国外，在国内进行的是技术水平低下、能源消耗大以及伴随着巨大污染的制造环节。这在相当大程度上阻碍了相关产业的升级，导致中国制造业处于全球价值链低端，制造业附加值不高。

3. 创新能力不强，缺乏核心技术体系

对于一个国家的制造业来说，在全球价值链的攀升竞争过程中，自主创新能力与核心技术起到至关重要的作用。发达国家在全球范围内开始掀起"再工业化"浪潮，位于全球价值链高端的制造业是以信息网络和高新技术为基础的智能制造，而中国制造业规模虽然居世界首位，但制造业的创新能力不足，核心技术掌握在外资手中，中国制造企业只能获取很小的一部分利润，严重阻碍了更高价值增值的获取。一旦没有了核心技术的支持，制造业企业就要面临停产甚至是倒闭。自主研发能力不足以及对核心技术的对外依存度偏高，直接导致了中国制造业企业利润率偏低，制造业处于全球价值链的中低端。研究与开发（R&D）投入的增加对制造业国际分工地位有提升作用，研发水平的提高对价值链的攀升起促进作用。如表2.7所示，2013年以来中国的R&D投入在增加，但提升幅度有限，总量上有所欠缺。

表2.7　　　　　　**2013~2017年中国R&D投入变化趋势**　　　　单位：亿元

年份	R&D 投入
2013	11846.60
2014	13015.63
2015	14169.88
2016	15677.00
2017	17500.00

资料来源：历年《中国统计年鉴》。

4. 制造业吸引 FDI 后劲不足

FDI 代表一个国家吸引外资的能力，所带来的技术溢出可以提高企业的创新能力，促进技术进步，提升中国制造业的国际分工地位。如表 2.8 所示，中国制造业实际利用 FDI 金额从增长缓慢到 2017 年开始出现了负增长。

表 2.8　　　　　2012~2016 年中国制造业实际利用 FDI 金额　　　　单位：万美元

年份	制造业实际利用 FDI 金额
2012	4886649
2013	4555498
2014	3993872
2015	3954290
2016	3549230
2017	3350619

资料来源：历年《中国统计年鉴》。

5. 劳动力成本上升，融资成本偏高

成本的上升给中国制造业企业带来了巨大的压力，严重阻碍了制造业的转型升级和在全球价值链中的攀升，以及中国制造业的国际分工地位的提升。

（1）劳动力成本上升。劳动力成本上升主要是因为工资的增长和生产效率的提升不匹配，以及当前阶段实施的劳动者保护机制不能满足处于转型期的中国制造业的需要。中国的劳动者的工资在近几年大幅度的增长，而其生产效率的提升却因种种原因没有达到相匹配的水平，这就导致工资增长与生产率提升幅度严重脱节。

（2）制造业企业的融资成本偏高。在金融管理制度方面，目前中国的管理制度主要以直接融资为目的，发展相对滞后，导致资本错配现象时有发生，限制了企业的融资渠道，使制造业企业的升级改造面临"供血不足"的挑战；在银行机构方面，商业银行的垄断地位令制造业企业获得融资的门槛不断提高，使得央行的货币政策无法有效地传导至实体经济，造成资源配置效率扭曲以及经济泡沫的发生。

（四）中国制造业在全球价值链的地位分析

库普曼等提出 GVC 地位指数可以反映一国在全球价值链中的分工地位。

从表 2.9 中可以看出，中国的 GVC 指数呈现出先下降后以小幅度呈现出上升的趋势，排名在逐渐上升。优势制造业通过国家的产业政策扶持推动可以在全球价值链上形成较强的竞争力，同时也可以拉动国内其他制造业的发展。

表 2.9   2000 ~ 2014 年中国 GVC 指数及排名

年份	GVC 指数	排名
2000	− 0. 0698948665445063	9
2001	− 0. 0631618717418195	8
2002	− 0. 0775774560929743	13
2003	− 0. 1071207101258900	14
2004	− 0. 1258811335804590	14
2005	− 0. 1322426999078390	13
2006	− 0. 1258414627263650	12
2007	− 0. 1282497344795500	14
2008	− 0. 1096804639584240	10
2009	− 0. 0858229552309638	7
2010	− 0. 0947159294656235	8
2011	− 0. 0863679596321348	7
2012	− 0. 0795622339460859	6
2013	− 0. 0757154668410430	6
2014	− 0. 0583208509238092	4

资料来源：笔者根据世界投入产出数据库计算。

1. 优势制造业的价值链特征分析

（1）引领我国国内产业的发展。优势制造业与其他制造业相比，在价值链参与度和价值链地位指数方面都具有比较优势，处于更高层次的国际分工链条中。

（2）不同技术层次表现不同趋势。在全球价值链的分工中，具有传统优势的低技术纺织业呈现持续爬升的趋势；而中技术的冶金业则在价值链参与度和地位指数等方面表现较为稳定①；高技术产业中的高铁则呈现出价值链参与度提高，但地位指数提升不明显的趋势；作为新兴制造业的核电和航空则在两方面都出现下降的势头。

2. 优势制造业的贸易利得分析

（1）优势制造业的贸易利得水平较高且依赖国内要素投入。这些产业的出口主要依赖来自本国要素投入产生的增加值，纺织业、核电及航空业增加值的持续攀升趋势说明，其越来越依靠国内增加值提高来进行出口扩张，而冶金、机械和高铁制造业的下降趋势则说明其依靠国外增加值，加深了对国际分工的依赖程度。

（2）优势制造业的贸易利得在整体质量上持续上升，但不同行业间有差距。纺织业和机械的最终品出口占比较大，而冶金、核电、航空和高铁的中间品出口在 50% 以上。

3. 优势制造业的相对出口优势指数分析

（1）中国优势制造业的整体竞争力比较强，但有差异。纺织、核电与冶金在国际市场上具有较明显的竞争优势，航空制造业却缺乏一定的竞争力。

（2）中国的优势制造业与其他国家相比，低技术行业和高技术行业具有较强的竞争力，但作为新兴制造业的航空和中等技术行业都与制造业强国存在较大差距。

（五）全球价值链下产业升级路径——以汽车行业为例

产业升级可以通过功能升级、产品升级、流程升级和价值链升级 4 种途径实现②。汽车行业具有生产碎片化程度高、生产环节关联度强、产品更加多样化和个性化等特点，其整体可获得的增加值较高，但生产的各个环节增

---

① 李宏，陈圳. 中国优势制造业全球价值链竞争力分析［J］. 审计与经济研究，2018，33（2）：93 – 105.

② Humphrey J. , Schmitz H. Governance in Global Value Chains［J］. *IDS Bulletin*，2001（32）：19 – 29.

加值分配差距大，因此汽车行业的升级更需要依赖价值链升级的路径。

1. 中国汽车行业竞争力评价

笔者从价值链角度出发，针对研发、生产、销售 3 个价值链环节对中国汽车竞争力作出整体评价。最后通过显示性比较优势（RCA）指数量化中国汽车行业竞争力。

（1）研发环节。中国汽车行业的整体研发投入偏低，与发达国家研发投入差距较大。世界银行统计数据显示（见表 2.10），2008～2014 年中国汽车行业研发投入占 GDP 比重在 0.19%～0.25%，整体走势稳定。而在汽车行业发达的日本、德国和韩国等国家，研发投入占 GDP 比重稳定在较高水平。日本和德国的 R&D 投入占比逐年上升，2014 年分别达到 0.69% 和 0.65%。但英国和意大利的研发投入占比要低于中国。

表 2.10　　　　2008～2014 年部分国家 R&D 投入占 GDP 比重　　　　单位：%

年份	意大利	德国	韩国	英国	日本	中国
2008	0.061854	0.496478	0.437187	0.002391	0.481468	0.241523
2009	0.059000	0.499129	0.474874	0.057098	0.406426	0.257537
2010	0.065583	0.539429	0.434751	0.061755	0.406244	0.233606
2011	0.075142	0.55038	0.441539	0.07004	0.412652	0.206762
2012	0.088960	0.622254	0.468111	0.079135	0.434131	0.197351
2013	0.092609	0.591684	0.46593	0.091623	0.582028	0.216444
2014	0.110545	0.659449	0.478311	0.096375	0.688573	0.216527

2015 年，中国汽车行业专利公开总量为 100665 件，比 2014 年增长 4.3%。在"十二五"期间，中国汽车行业专利公开总量年均增速为 20%。从专利数量上来看，中国汽车行业的创新成果是逐年增加的，但其中面临着专利利用率的问题，只有将专利应用到实际生产中才能把创新研究转化为生产力，从而提升行业竞争力。

2015 年，中国政府相关部门出台了一系列新能源汽车产业发展促进政策，随着政府投入不断增加，企业产品技术不断提升，基础设施不断完善。2015 年，新能源汽车销量已经超过汽车总销售量的 1.5%，并在后续几年持续上升。《中国制造 2050》提出，"继续支持电动汽车、燃料电池汽车发展"，随后节能与新能源汽车成为行业关注的焦点，智能网联汽车也吸引了很多传统汽车企业与互联网企业开展合作，实现了各方资源的高效利用，汽车产业结构得到进一步优化调整。

近年来，中国劳动力成本逐渐上升，部分汽车企业依赖的低成本优势必然会减弱，同时高层次的汽车人才的缺乏，也显露出中国汽车业后续发展动力不足的问题，目前中国汽车人才储备和发达国家相比差距较大。在德国，高级专业人员占汽车产业从业人员的比例超过15%，这也是其汽车产业竞争力强的重要原因之一。而2000～2015年中国汽车行业技术人员占汽车从业人员的比重平均仅为12%。人才是企业创新和进步的源泉和动力，对中国来说，人才的培养和引进将是亟待解决的问题。

总的来说，尽管中国汽车业的研发投入与发达国家相比存在一定差距，但近年来正在积极推进行业创新。对目前的中国汽车行业来说，高技能人才是研发环节提升自身竞争力的关键。

（2）生产环节。中国是世界汽车行业中生产总量最多的国家，对具有规模经济的行业来说，规模的扩大会降低行业平均成本，在国际分工中更具优势。从表2.11中可以看出，在中国汽车行业增加值中，整车生产所占增加值比重较大，两种类型汽车产品的产量均呈现逐年增加趋势，但增速在2006年后放缓。截至2015年，整车生产和零部件生产的增加值增速稳定在10%～20%的区间中。在零部件生产中，厂家数量多，零部件厂商占汽车工业企业总数的60%以上，但零部件产量少，其增加值仅为整车生产增加值的1/2，并且其生产标准和质量有待提高。

表2.11　　　2000～2015年中国汽车行业零部件和整车生产增加值

年份	零部件增加值（亿元）	整车增加值（亿元）	零部件增加值增长率（%）	整车增加值增长率（%）
2000	242.6	621.4	—	—
2001	278.2	777.4	14.67436	25.10460
2002	431.7	1087.1	55.17613	39.83792
2003	559.4	1594.0	29.58073	46.62865
2004	622.4	1565.4	11.26207	-1.79423
2005	807.6	1402.3	29.75578	-10.41910
2006	1386.7	1976.0	71.70629	40.91136

续表

年份	零部件增加值 （亿元）	整车增加值 （亿元）	零部件增加值增长率 （%）	整车增加值增长率 （%）
2007	1598.2	2543.2	15.25204	28.70445
2008	1495.5	2608.6	-6.42598	2.57156
2009	1718.6	3660.1	14.91809	40.30898
2010	2086.1	4673.6	21.38368	27.69050
2011	2429.6	5022.1	16.46613	7.45678
2012	2523.0	5417.4	3.84425	7.87121
2013	2860.1	5746.1	13.36108	6.06749
2014	3048.9	6125.4	6.60117	6.60100
2015	3705.7	6872.3	21.54220	12.19349

资料来源：历年《中国汽车工业年鉴》。

2015 年中国汽车行业内规模最大的前 4 家企业分别为上海汽车集团股份有限公司、中国第一汽车集团公司、东风汽车公司和北京汽车集团有限公司，4 家企业销量之和占汽车行业总销量的 36.8%。世界销量前 4 的汽车企业分别是丰田、通用、大众和现代，4 家企业 2015 年总销量为 33537712 辆，占世界汽车行业总销量的 41.01%。如果用市场中规模最大的前 4 家企业的销量占总销量的比重来衡量行业集中度，那么，中国的汽车业行业集中度处于世界行业集中度水平之下[1]，说明国内汽车生产市场竞争程度较大。市场竞争一方面有利于推动企业创新，增加行业整体生产效率，但在另一方面阻碍了企业规模经济的实现，影响了企业自身的盈利能力。结合中国汽车产销量的情况来看，较低的市场集中度有利于汽车行业价值链升级。

（3）销售环节。近 20 年来，中国汽车产品的出口额从 1998 年的 8.8 亿美元增加到 2015 年的 788.7 亿美元，增长了近 90 倍，但是中国汽车产品的产量和销量也是在大幅增长，其中产量在世界上排名第一，相比发达国家的汽车出口水平，中国的出口依然不占优势。2015 年，中国汽车出口量占总销量的 36%，而同年德国、日本和韩国汽车出口量分别占总销量的 74%、68% 和 50%。这说明中国汽车行业在世界市场上的占有率较低。

---

① 皮建才，赵润之. 我国企业在全球价值链中不同攀升路径的比较分析 [J]. 国际经贸探索，2017, 33（12）：37-51.

中国的汽车行业单位出口附加值较低。中国的整车出口 2015 年达到 30.8 万辆，主要销往中东、东南亚和南美地区，中国向欧美发达国家和地区的出口量小侧面反映出中国汽车产业的出口竞争力较弱，东南亚等地区缺少本土的具有竞争力的汽车企业，中国的汽车出口品可以在该国占据一定的市场份额，而欧美发达国家的本土汽车行业发展程度高，中国汽车产品在加入了国际贸易中不可避免的沉没成本、运输成本等价格加价后，在欧美市场上很难保有较大的市场份额。2015 年中国汽车行业零部件出口额为 664.4 亿美元，美国是中国出口的主要地区，占中国零部件出口额的 26.6%，零部件出口的具体产品多为低附加值的劳动密集型产品，如轮胎、轮毂、汽车电子配件等，说明中国汽车行业处于全球价值链低端位置。

（4）显示性比较优势。2000~2014 年中国汽车行业 RCA 指数一直在波动，2014 年最低，为 0.25；2000 年最高，为 2.32，平均 1.17。美国、日本和俄罗斯的 RCA 指数整体水平很高，而且十分稳定。和前面分析的结果相近，美国、日本等汽车行业发达的国家，汽车行业有较强竞争力，尤其是日本，大多数年份 RCA 指数都在 2.5 以上，是国际竞争力很强的行业。而韩国、德国和巴西整体 RCA 指数低于中国，国际竞争力一般（见表 2.12）。因此，中国汽车出口的整体实力还有待加强。

表 2.12　　　　　　　2000~2014 年部分国家汽车行业 RCA 指数

年份	巴西	中国	德国	意大利	日本	韩国	俄罗斯	美国
2000	1.16	2.32	0.54	1.08	2.69	0.40	1.17	2.04
2001	1.01	2.15	0.53	1.06	2.74	0.41	1.35	2.11
2002	0.99	1.87	0.51	1.10	2.55	0.43	1.41	2.29
2003	0.97	1.17	0.55	1.20	2.50	0.40	1.39	2.40
2004	0.98	0.98	0.56	1.22	2.47	0.37	1.44	2.49
2005	1.13	0.78	0.57	1.28	2.58	0.41	1.39	2.61
2006	1.46	0.98	0.65	1.48	2.74	0.50	1.88	1.29
2007	1.40	0.96	0.54	1.22	2.11	0.41	1.79	2.45
2008	1.42	1.12	0.58	1.26	2.19	0.33	1.78	2.30
2009	1.59	1.36	0.58	1.30	2.15	0.34	1.74	2.00
2010	1.71	1.38	0.56	1.22	1.91	0.37	1.79	2.06
2011	2.01	1.71	0.66	1.43	2.44	0.42	2.11	2.37

年份	巴西	中国	德国	意大利	日本	韩国	俄罗斯	美国
2012	1.39	0.39	—	0.60	—	0.28	—	2.12
2013	2.45	0.27	0.70	1.55	2.73	0.47	2.68	2.90
2014	2.48	0.25	0.69	1.54	2.43	0.49	2.64	2.99

资料来源：历年《中国汽车工业年鉴》。

2. 汽车行业在全球价值链中的位置

根据库普曼等构建的 GVC 地位指数[①]，笔者从贸易增加值分解的视角来量化一国某行业在全球价值链中的参与程度和分工地位。世界投入产出数据库（WIOD）的行业分类中并没有细分到汽车行业，但 2013～2015 年中国车辆及其零件、附件的出口额分别占运输设备出口额的 58.5%、61.3% 和58.4%，因此选取 WIOD 行业分类中的 c29 交通运输设备制造业的数据对汽车产业的全球价值链参与度和地位进行测算。

（1）中国汽车行业 GVC 地位指数。表 2.13 为 2000～2014 年中国汽车行业 GVC 地位指数。中国汽车行业 2000 年的 GVC 地位指数最高，达到了0.142；2005 年最低，为 0.045，整体来看数值波动较大。中国的 GVC 地位指数呈现出先下降、后波动、再平稳的变化趋势，据此，笔者将中国汽车产业 GVC 地位分为三个阶段。

表 2.13　　　2000～2014 年中国汽车行业 GVC 地位指数

年份	2000	2001	2002	2003	2004	2005	2006	2007	2008	2009	2010	2011	2012	2013	2014
GVC 地位指数	0.142	0.121	0.098	0.093	0.047	0.045	0.096	0.089	0.067	0.095	0.090	0.095	0.093	0.099	0.103

资料来源：历年《中国汽车工业年鉴》。

阶段一（2000～2005 年），GVC 地位指数处于下降趋势。随着改革开放的推进，中国汽车行业开始快速发展，中间品的生产和出口额都在逐年增加，因此间接出口中的国内增加值迅速上升，GVC 地位指数较高。2001 年，中国加入世界贸易组织，贸易开放度和金融开放度大幅提高，发达国家的外

---

① Koopman R., Powers W. M. Wang Z., et al. Give Credit Is Due: Tracing Value Added in Global Production Chains [R]. *NBER Working Paper* No. 16426, 2010.

商直接投资纷纷流入，并将包括汽车行业在内的众多行业中的低附加值生产环节转移到了中国，中国的汽车业由此着重发展加工贸易，即大量进口国外中间品，在国内进行加工后再出口。因此中国汽车业的出口总额包括国外增加值的上升部分，GVC 地位指数逐年下降。在这个阶段中，中国的汽车行业虽然获利较多，但行业本身的发展受到限制，在快速融入全球价值链的过程中也被锁定在了价值链的低端。

阶段二（2006～2009 年），GVC 地位指数大幅波动。在"十一五"规划产业政策的引导下，中国汽车业的发展方向开始转变，企业创新和研发意识提升，行业的技术水平随之提高，生产中所用中间品来源从进口转向本国生产。因此出口总额中的国外增加值的比重降低，同时国内增加值下降，GVC 地位指数呈波动状态。

阶段三（2010～2014 年），GVC 地位指数平缓上升。随着"十二五"规划对汽车产业的支持，以及技术与研发等投入的加强，中国汽车产业 GVC 地位稳步提升，2014 年 GVC 地位指数再次攀升到 0.1 以上。

总体来说，中国汽车产业 GVC 地位指数并不高。主要原因是，长期以来中国汽车业都将投资的重点放在整车上，而对零部件投资重视不足。外商投资企业拥有更高水平的生产技术和更开阔的销售渠道，在销售方面具有极大的优势[①]。

（2）中国汽车行业 GVC 地位排名横向比较。表 2.14 为 2010～2014 年部分国家的汽车行业 GVC 地位指数的变动情况。2000～2014 年，德国、日本、巴西等汽车行业发达的国家一直稳居前列。德国作为传统工业强国，汽车行业的发展起步较早，目前已经具有完整且高质量的国内供应链，行业研发、生产、销售等环节在国际上都有很强的竞争力。日本的汽车行业是该国经济发展的支柱产业之一，在行业创新方面走在世界前列，以电装国际、爱信精机等为代表的日本整车配套厂商形成了较高的产业集中和产品专业化程度。完善的整车和零部件行业供求系统和高生产技术水平，使得日本对国外汽车零部件的依存度很低。韩国的汽车行业 GVC 地位排名相对靠后，但近年有上升的趋势。美国的汽车行业 GVC 地位上升十分迅速，2014 年一跃成

---

① 李焱，吕品，黄庆波. 中国汽车产业在全球价值链中的地位——基于 Koopman 的地位指数和 Fally 的长度指数分析 [J]. 国际贸易问题，2018（4）：24-35.

为汽车行业 GVC 排名第一的国家。美国是世界重要的汽车生产和消费市场，大多数在行业中领先的跨国整车及零部件制造商都在美国建立了生产基地，这使得美国汽车产品种类繁多且拥有先进的生产技术，美国整车配套市场的行业集中度也较高，世界中竞争力较强。中国的汽车行业 GVC 地位排名一直处于较低的状态，在 10 名上下浮动，比较平稳。虽然中国汽车业 GVC 地位指数 2010 年后稳步上升，但排名却有所下降，说明中国的汽车业依靠全球价值链有所发展，但仍处于价值链低端。

表 2.14　　　　　　　2010～2014 年部分国家汽车行业 GVC 排名

年份	美国	德国	日本	意大利	俄罗斯	巴西	韩国	中国
2010	7	5	2	3	6	1	11	9
2011	9	1	2	3	4	5	11	10
2012	9	2	3	4	1	7	10	11
2013	8	1	2	5	4	6	9	11
2014	1	2	3	4	6	7	9	11

资料来源：历年《中国汽车工业年鉴》。

3. 汽车行业向价值链高端攀升的路径

（1）完善创新体系，增强自主品牌发展动力。核心技术是一国汽车产业的首要竞争力。创新能力是提升行业 GVC 地位的重要因素。笔者建议，应加强对行业研发工作的支持，建立科技创新平台，激发企业的自主研发能力；对于目前发展较好和具有发展前景中国自主汽车品牌，可以通过降低税费和研发补贴等方式提供优惠支持；加强与世界领先汽车间的合作力度，并积极吸收转化进口重要零部件的技术。尽力打造中国独有的自主品牌。

（2）完善国内供应链，增加产品多样性。国内供应链与全球价值链有互补性，国内一体化程度提高会使全球价值链融合程度提高。完整健全的国内供求链也为行业向价值链高端攀升提供了机会，生产个性化产品可以降低企业产品的可替代程度，提升自身附加值，从而不容易被锁定在价值链低端。

（3）培育规模优势，实现整车制造规模经济。汽车产业对规模经济的要求较高，通过规模化生产降低成本，有利于快速培育竞争优势。笔者建议，应加大国内汽车零部件生产厂商的整合力度，优胜劣汰，真正实现有序的专业化分工；对于一些有发展潜力的厂商，要给予及时的引导，通过不断积累汽车研发设计与核心部件生产经验，确定汽车产业生产的正规流程，加强自主创新，争取迈入全球价值链上游的高端汽车市场。

（4）关注区域价值链，积累行业优势。当前，逆全球化浪潮涌起，通过更深程度的全球价值链嵌入达到企业升级的目的，可能会受到重重阻碍，而区域价值链对全球价值链有一定的替代作用，我国可以依托"一带一路"倡议，积极开展与"一带一路"沿线国家的汽车贸易，首先实现区域专业化分工，积累行业优势，实现产业升级。

三、促进中国服务业迈向全球价值链中高端

在改革开放初期，家庭联产承包责任制推动了服务业从农业和工业中初步剥离，服务业发展要素逐步成熟并走向集聚。自 21 世纪初期到 2011 年，通过加入世界贸易组织带来的进一步改革开放，推动了我国服务业与工业、农业交织互补，但传统服务业较为发达，现代服务业和新兴服务业较为落后。第一，在经济全球化的背景下，由于工业的壮大与服务业的成长表现出极强的共性，服务业与工业增加值占国民生产总值的比重大体一致，二者并行发展，共同推动中国经济发展。第二，由于工业化和城市化快速发展而产生的服务业同样不断细化分工。一方面，城市化为现代服务业的发展拓宽了空间；另一方面，随着城市数量增多和规模的提升，农业、工业的劳动力开始向服务业转移，由于非农人口比重的提高，服务业的需求被极大地刺激，最终促进了服务业的发展。第三，虽然目前传统服务业较为发达，农业服务业发展整体滞后，现代服务业和新兴服务业较为落后，但其背后巨大的发展潜力却已显现。如何促进服务业迈向全球价值链中高端成为一个亟待解决的重要课题。

自 2012 年以来，先进制造业和现代服务业融合发展发挥了重大作用，农业生产性服务业成为现代农业发展的支柱产业。第一，由于目前信息技术的发展，其向各产业的不断融合渗透，使得服务业开始逐步成为主导我国经济发展的重要力量。第二，服务业的发展不仅与信息化、大数据、互联网、科技发展等专业领域的创新性结合越来越紧密，而且与传统工业紧密融合并

对其加以改造。第三，从服务业与农业的互动关系看，由于一系列因素导致农产品成本和机会成本提高、农业经营比较效益下降，农业生产性服务业成为现代农业发展的支柱产业。第四，服务功能在农业和制造业发展过程中的地位变得日益重要，具体表现为，在生产活动与服务相关的业务比重不断上升，在整个价值链中与服务业相关环节的价值含量也在增加，这种转变过程在一定程度上是相关产业的服务化过程，即通过相关服务业向农业、制造业的广泛渗透和融合使得服务业的快速发展成为可能[1]。

（一）中国服务业在全球价值链体系中依旧处于中低端

1. 中国服务业开放度较低

中国作为发展中贸易大国，其参与国际分工的方式也由传统的水平分工向垂直专业化分工演变，其中制造业以加工贸易为主要方式，切入了全球价值链的低端环节，而当前生产性服务业则成为全球价值链背景下中国服务业的重点发展领域[2]。

中国学者通过对相应的指数进行测算，即对贸易竞争力指数、显性比较优势指数、国际市场占有率指数、结构多样性指数等测算，对中国服务业的竞争力水平进行了系统分析，与此同时对比分析了中国与世界主要国家服务业在全球价值链的地位指数与参与度指数等数据，结果显示，中国服务业始终处于全球价值链的中低端。导致我国服务业处于全球价值链中低端的部分原因是，2001 年中国加入世界贸易组织（WTO），签署了《中华人民共和国加入世界贸易组织服务贸易具体承诺减让表》，该协议使得中国服务业市场更开放地面向全世界，然而由于出口服务中的外国增加值的比重增加，中国服务业出口必然受到相应的冲击和影响，因此地位指数和参与度指数排名处于中下游水平，如表 2.15 所示。

---

① 刘振中. 我国服务业与工业、农业互动发展的阶段性特征与展望 [J]. 经济纵横, 2018 (8): 59 - 69.

② 乔小勇, 王耕, 李泽怡. 中国制造业、服务业及其细分行业在全球生产网络中的价值增值获取能力研究: 基于"地位 - 参与度 - 显性比较优势"视角 [J]. 国际贸易问题, 2017 (3): 63 - 74.

表 2.15　　　　　　　　　中国服务贸易限制指数的国际比较

行业	OECD 平均	世界 平均	中国	美国	英国	德国	法国	印度	日本	加拿大	澳大 利亚
空运	0.40	0.44	0.591	0.581	0.353	0.346	0.353	0.645	0.476	0.531	0.258
法律	0.28	0.32	0.524	0.140	0.163	0.225	0.220	0.731	0.213	0.125	0.114
会计	0.29	0.30	0.415	0.147	0.174	0.208	0.216	0.552	0.171	0.177	0.135
电视广播	0.24	0.28	0.784	0.297	0.133	0.158	0.266	0.506	0.160	0.386	0.182
快递	0.22	0.26	0.868	0.370	0.154	0.088	0.101	0.535	0.214	0.334	0.309
海运	0.22	0.25	0.387	0.383	0.127	0.135	0.129	0.321	0.239	0.188	0.233
建筑	0.15	0.23	0.294	0.158	0.081	0.056	0.065	0.240	0.118	0.136	0.157
电信	0.17	0.22	0.529	0.124	0.095	0.093	0.056	0.474	0.301	0.283	0.189
铁路运输	0.18	0.22	0.145	0.122	0.073	0.158	0.120	1.000	0.229	0.161	0.200
工程	0.19	0.20	0.287	0.199	0.102	0.166	0.102	0.196	0.189	0.116	0.081
保险	0.16	0.20	0.496	0.222	0.142	0.118	0.102	0.635	0.189	0.182	0.134
商业银行	0.15	0.19	0.492	0.130	0.083	0.102	0.104	0.511	0.193	0.136	0.139
计算机	0.15	0.18	0.293	0.152	0.120	0.082	0.120	0.289	0.180	0.127	0.113
电影	0.14	0.18	0.447	0.060	0.144	0.100	0.216	0.268	0.149	0.241	0.099
建筑设计	0.21	0.17	0.26	0.163	0.155	0.167	0.189	0.362	0.201	0.186	0.157
音像	0.14	0.16	0.308	0.049	0.093	0.081	0.170	0.250	0.145	0.141	0.086
公路运输	0.14	0.16	0.377	0.141	0.130	0.116	0.144	0.144	0.173	0.137	0.106
分销	0.10	0.13	0.359	0.073	0.065	0.050	0.109	0.352	0.133	0.242	0.080

资料来源：OECD 数据库。

　　在国际大环境中，中国服务业贸易的限制指数较高，分行业的限制指数比世界平均水平和经济合作与发展组织（OECD）的水平高，说明中国服务业的开放度还较低，对于第三产业攀升全球价值链中高端具有一定的限制作用。基于上述分析，提升中国国内服务业的开放度对于促进中国产业迈向全球价值链中高端具有重要意义。

2. 各国服务业 GVC 指数分析

　　近年来，中国在全球价值链分工体系中所扮演的角色发生了变化，由过去在全球化中的被动接受转化为主动推动。如表 2.16 所示，服务业的全球价值链地位指数和参与度指数在 2000～2014 年均呈现上升态势。

表 2.16 六国服务业 GVC 指数

年份	加拿大	中国	德国	英国	日本	韩国
2000	0.079540113	0.189541634	0.324102215	0.242312298	0.386546827	0.337309173
2001	0.076179766	0.193071284	0.319928046	0.238268542	0.397891834	0.341495906
2002	0.075773417	0.194224968	0.320079149	0.235001096	0.388716739	0.376290590
2003	0.072247682	0.208086682	0.337966884	0.234948064	0.363847075	0.395091664
2004	0.074348423	0.226609084	0.337151748	0.243032833	0.361656241	0.405001405
2005	0.071021228	0.244342715	0.334045847	0.238729841	0.346136441	0.344010779
2006	0.079643565	0.259908583	0.336666627	0.243045465	0.342538678	0.316721307
2007	0.098341428	0.245226306	0.348280297	0.251764678	0.345167235	0.280323391
2008	0.106758327	0.239006566	0.332219460	0.252426451	0.309239706	0.248488355
2009	0.079381110	0.234480244	0.299782383	0.194455215	0.327672117	0.317167882
2010	0.094394535	0.255919884	0.318439162	0.197053092	0.331934331	0.283210995
2011	0.104993499	0.270181238	0.336943524	0.201783509	0.351597080	0.305533276
2012	0.094650373	0.278318975	0.324509589	0.192202133	0.319212363	0.250880117
2013	0.098803007	0.314814752	0.324508345	0.187622381	0.355574476	0.283035166
2014	0.092741926	0.346520824	0.321860889	0.211663440	0.337076584	0.264953980

资料来源：世界投入产出数据库。

（二）服务业细分行业分析

关于服务业的分类，目前没有统一的划分标准，大体上可以分为两种。一种是将服务业按照服务性质划分，可以分为生产性服务业与生活性服务业。其中生产性服务业主要是指为进一步生产或者最终消费而提供服务的中间投入的行业，一般是指对生产、商务活动和政府管理而非直接为最终消费者提供的服务，具体行业主要涉足金融、物流、会展、中介咨询、信息服务、软件外包、科技研发、创意、教育培训等服务行业；生活性服务业主要是指直接满足人们生活需要的服务行业。另一种按照要素密度划分，可分为劳动密集型服务业、资本密集型服务业、知识密集型服务业以及公益服务型服务业。

本书将选取上游度指数这一指标进行更为严谨的说明。上游度指数是某国某行业的产品或服务在到达最终需求者之前所需要经历的生产阶段数目，用于描述某行业的产品或服务在全球价值链分工中的相对物理位置。若该指数上升，则表明该行业更加专业化于生产和提供中间产品或服务，则该行业趋近于全球价值链的相对上游环节，并向生产链的中间投入端移动；若该指数下降，则表明该行业更加专业化于生产全球价值链相对下游环节的产品或服务，并向生产链的最终使用端移动①。

利用增加值数据与上游度指数公式可计算出我国2000~2014年服务贸易出口中生产性服务业和生活性服务业的上游度指数，见表2.17。

表2.17　　　　生产性服务业和生活性服务业的上游度指数

年份	整体	生产性服务业	生活性服务业
2000	2.737	2.959	2.065
2001	2.697	2.905	2.047
2002	2.671	2.882	2.029
2003	2.611	2.759	2.089
2004	2.626	2.738	2.150
2005	2.764	2.856	2.308
2006	2.772	2.857	2.361
2007	2.773	2.867	2.368
2008	2.807	2.912	2.388
2009	2.886	3.003	2.394
2010	2.857	2.984	2.338
2011	2.846	2.986	2.299
2012	2.879	3.025	2.361
2013	2.911	3.074	2.379
2014	2.959	3.120	2.447

资料来源：世界投入产出数据库。

通过分析，可以得出生产性服务业和生活性服务业呈现向上攀升的总体趋势。其中生产性服务业的上游度指数均大于生活性服务业指数，说明生产

---

① 龚静，尹忠明. 增加值核算体系下我国服务贸易出口的国际分工地位与竞争力研究——基于世界投入产出数据库的上游度指数与显示性比较优势指数分析［J］. 国际商务（对外经济贸易大学学报），2018（5）：73-84.

性服务业更趋近于价值链的中间投入端，更多地以中间产品的形式嵌入其他生产环节。

如表2.18所示，本章通过相同的方法对劳动密集型服务业、资本密集型服务业、知识密集型服务业以及公益服务型服务业进行上游度指数测算。

表2.18　　　　　　按要素划分的服务业上游度指数

年份	劳动密集型	资本密集型	知识密集型	公益服务型
2000	2.490	3.123	3.171	1.915
2001	2.422	3.089	3.131	1.907
2002	2.393	3.051	2.951	1.945
2003	2.297	3.051	2.951	1.945
2004	2.249	3.070	2.915	1.994
2005	2.314	3.169	3.055	2.127
2006	2.334	3.169	3.060	2.144
2007	2.360	3.135	3.071	2.046
2008	2.426	3.080	3.142	2.028
2009	2.501	3.144	3.271	2.081
2010	2.571	3.090	3.267	1.992
2011	2.593	3.099	3.259	1.975
2012	2.674	3.169	3.192	2.052
2013	2.687	3.225	3.266	2.066
2014	2.727	3.276	3.306	2.127

资料来源：世界投入产出数据库。

通过分析，在行业要素密集度方面，我国服务贸易出口中的知识密集型服务业位于价值链的最上游环节，资本密集型服务业位于价值链的次上游环节，劳动密集型服务业位于价值链的中游环节，而公益服务型服务业则位于价值链的相对下游环节，并且这四类服务业的上游度指数均呈现波动性上升的趋势[①]。通过对比分析可以看出，我国服务业贸易在2000～2014年呈现出向全球价值链中上游攀升的趋势。

---

① 龚静，尹忠明. 增加值核算体系下我国服务贸易出口的国际分工地位与竞争力研究——基于世界投入产出数据库的上游度指数与显示性比较优势指数分析［J］. 国际商务（对外经济贸易大学学报），2018（5）：73–84.

（三）服务业进一步优化升级及展望

我国服务业未来的发展应该更加注重提升在全球价值链中的竞争力，以提升服务业在全球生产网络的地位及参与程度，进而使得我国服务业的价值增值能力与资本劳动力、技术进步、组织和生产创新等要素共同推进服务业全要素生产率的提高，促进我国服务业和服务贸易的转型升级。笔者建议，可以通过对不同细分行业进行比较优势分析，发挥细分行业的潜力，从而促进服务业在国际价值链中步入中高端。

我国服务业目前正面临机遇与挑战，具体表现为内部结构发生改变，开始出现由流通产业转向流通与服务并重的现象。此外，新兴服务类产业的主流代表之一——房地产对经济增长的拉动作用日益显著。这种变化表明了目前第三产业内部结构优化趋势，也说明了新兴服务业快速发展。为了促进我国服务业迈向价值链中高端，笔者建议，要区分服务业内部各行业发展的优先次序，以核心行业带动其他行业。根据现实经济基础和社会环境，确立优先发展的重点行业，在其中培育典型，取得一定经验后，再逐步扩展到其他行业，做到有条理、有步骤地实施。为此，我国要进一步深入发展第三产业，优化第三产业内部结构，在推动新兴服务业发展的同时，更要加快速度建立起完善的金融征信体系，从而发挥第三产业对第一、第二产业发展的助推作用，实现三次产业间的和谐、高效、现代化发展。

四、促进制造业与服务业有机融合

（一）制造业服务化对制造业全球价值链攀升的意义

从国际产业演化趋势和发展规律看，制造业转型升级及国际分工地位的提升，有赖于生产者服务业的支撑和引领。随着全球经济不断由"工业型经济"向"服务型经济"的转变，制造业服务化已成为全球制造业发展的重要趋势。2018年3月，国务院总理李克强在《政府工作报告》中再次提出要加快实施《中国制造2025》，通过积极发展服务型制造业，实现从制造大国向制造强国的转变。因此，服务要素与制造业融合是我国制造业突破资源和环境约束，摆脱"低端锁定"，迈向全球价值链中高端的有效途径。

目前，对制造业服务化的研究主要集中在两个层面，即制造业产出服务化和制造业投入服务化。制造业产出服务化着重研究制造业产业结构的发展，考察产生这种特征的原因，以及对企业绩效的影响。制造业投入服务化则主要研究制造业在生产过程中与服务要素的融合，通过计算制造业出口的服务含量来分析服务要素与制造业的融合程度，服务要素来源地的变迁，以及服务要素与制造业融合对制造业产生的正面影响，即生产效率提升和价值链升级。笔者认为，无论在产出还是投入层面，制造业服务化不但是融合含量的服务化，还是融合深度的服务化，不但要考虑制造业产出或者投入中服务要素的含量，还要考虑服务要素在制造业中嵌入的深度。制造业在全球价值链上参与生产分割的能力不断提升，最终制成品中所包含的生产环节不断增加，服务要素作为原始投入进入制造业国际分工体系，到达最终制成品所经历的生产环节个数就是服务要素在制造业中的嵌入深度。如果采用贸易增加值前向分解来计算，则嵌入深度反映了制造业投入服务化程度；如果采用贸易增加值后向分解来计算，则嵌入深度反映了制造业产出服务化程度。从全球价值链变化趋势来看，生产流程的"片段化"和"全球化"是新国际分工体系的特征，随着生产流程的延伸，制造业服务嵌入深度具有不断提高的驱动力。然而，服务作为初始投入要素，到达最终制成品所经历的生产环节越少，嵌入深度越低，表明服务要素与制造业的融合越直接，反映出制造业的服务粘性更高，具有较强的服务吸收能力，这在一定程度上表现出制造业的行业特性。比如软件开发服务对计算机制造行业的嵌入深度比对基本钢铁制品行业要低，反映出计算机制造行业对软件服务业更高的粘性和吸收能力。

（二）制造业与服务业融合程度的刻画

从微观层面来看，企业按照成本最小化原则在全球价值链上选择最优生产路径，推动国际分工体系的形成。越来越多企业融入全球价值链的分工体系，通过选择自己的最优生产路径，将产品生产的过程细分为每个"任务"，并将这些"任务"按照生产成本最小化原则分布到全球各个国家，这些细分的"任务"连接起来就构成了一个产品的全球价值链。细分的"任务"在世界各国如何分布，在一定程度上体现了各国嵌入全球价值链的位置，这不但体现在流入本国的"任务"更多，而且体现在流入本国的"任务"附加值更高。附加值更高的"任务"流入本国，代表本国在全球价值链上处于更加中心化的位置，通过参与国际分工可以获得更大的收益，有利于促进本国相关产业的发展。每个"任务"附加值的高低如何体现，笔者认为应该体现在两个维度。第一，该"任务"在产品全球价值链上所处的位置。根据"微笑曲线"原理，距离最终消费者越近的"任务"，附加值就越高。因此，在产品价值链上，距离最终制成品近的"任务"相对于距离最终制成品远的"任务"附加值更高。第二，投入生产该"任务"要素本身的特征。比如，要素本身如果是知识和技术密集型的高端要素，则"任务"的增加值自然就更高。因此，生产"任务"使用的要素所在行业的特征在一定程度上决定了"任务"附加值的高低。一般而言，服务要素对制造业的嵌入是通过嵌入"任务"来完成的。对于制造业来说，每个"任务"就是产品价值链上的一个生产环节，服务要素作为原始投入从进入"任务"开始，到离开"任务"结束，经历了一个完整的生产环节，在全球投入产出表中相应被记为一次产出。服务要素到达最终制成品之前所经历的生产环节越多，说明该要素的嵌入深度越高，同时也说明该要素距离最终消费者越远。因此，服务嵌入深度在第一个维度上反映了"任务"在产品价值链上所处的位置。同时，服务要素可能来自不同的服务行业，服务行业本身的特征决定了服务要素的内在价值。比如，研发服务本身具备了高知识、高技术的特征，研发服务要素具有更高的内在价值，因此研发服务要素嵌入的"任务"相应就具有更高的附加值。

制造业服务化包括投入和产出的服务化，是制造业和服务业融合的重要表现方式，也是制造业生产效率提升的重要因素，对我国制造业迈向全球价值链中高端具有重要意义。一方面，作为中间生产投入的服务要素经历的生产环节越多，表明制造业国际生产分工越深化，全球价值链分工更加碎片化；另一方面，制造业服务嵌入深度越低，表明服务要素与制造业的融合更加直接，服务要素与最终生产环节更加贴近，在一定程度上代表制造业服务化的水平更高。当然，二者的融合必须考虑服务业本身的行业特性。比如，批发零售行业本身就比科学研发行业距离制造业最终生产流程更近。但在国家层面上，平均制造业服务嵌入深度在一定程度上代表制造业服务化的水平。根据王直、魏尚进和祝坤福（2013）的分解方法，本章采用后向分解法：

$$\hat{V}\hat{Y} + \hat{V}A\hat{Y} + \hat{V}AA\hat{Y} + \cdots$$

$$= \hat{V}(I - A)^{-1}\hat{Y}$$

$$= \hat{V}B\hat{Y}$$

矩阵 $\hat{V}B\hat{Y}$ 中的每个元素都代表来自某国某产业的初始投入元素，在经过全球价值链上的分工后，直接或者间接被用于另一国某产业的最终消费，矩阵上的任何一个元素 $V_i^s B_{ij}^{sr} Y_j^r$ 都代表国家 s 的 i 行业的初始投入被用于国家 r 的 j 行业生产中的增加值。

任何一条全球价值链上的贸易增加值总和，可以表示为：

$$\hat{V}\hat{Y} + 2\hat{V}A\hat{Y} + 3\hat{V}AA\hat{Y} + \cdots$$

$$= \hat{V}(B + AB + AAB + \cdots)\hat{Y}$$

$$= \hat{V}BB\hat{Y}$$

其中，方程右边的元素表示的是国家 s 的 i 行业嵌入到国家 r 的 j 行业的最终产品中的增加值部分总和。因此，从国家 s 的 i 行业到国家 r 的 j 行业的平均嵌入深度可以表示为：

$$EB = \frac{\hat{V}BB\hat{Y}}{\hat{V}B\hat{Y}}$$

分子是从国家 s 的 i 行业到国家 r 的 j 行业的增加值，分母是全球价值链上由分子所产生的总产出。在世界投入产出数据库的投入产出表上，无论是作为中间投入，还是作为最终投入，任何增加值只要进入一个生产阶段就会被记录为一次产出。因此，从最初的原始投入到最终消费品，这中间被计为产出的次数说明该要素参与了多少次全球价值链上的分工，这个频率越高，一方面说明该要素参与价值链分工的程度越高，但另一方面表明该要素需要经历更多的生产环节才能到达最终消费者，处于全球价值链分工体系的外围。

根据王直等（2017）的研究，生产活动可以依据是否跨越国界而分为四个部分：

$$\hat{V}B\hat{Y} = \hat{V}L\hat{Y}^D + \hat{V}L\hat{Y}^F + \hat{V}LA^F L\hat{Y}^D + \hat{V}LA^F(B\hat{Y} - L\hat{Y}^D)$$

其中，方程右边的第一部分，没有任何的跨越国界的行为，因此属于纯粹的国内生产活动。第二部分只发生一次跨越国界，相当于传统意义上的国际贸易。第三和第四部分的增加值都是通过中间产品贸易跨越国界的，因此属于真正意义上的全球价值链分工活动。第三部分中的所有增加值最终被进口国吸收，第四部分的增加值则被进口国用来再生产并用于出口，最终被第三国吸收。因此，该部分增加值至少跨越两次国界。借助这一分析框架，也可以将服务嵌入分为传统嵌入、GVC 最终嵌入和 GVC 复杂嵌入。

传统嵌入是指服务要素通过嵌入最终消费品跨越初始国国界，最终被进口国吸收。传统嵌入的过程发生在初始国国内，服务要素从最初投入到最终消费品创造的产出为：

$$E\_tr = \hat{V}\hat{Y}^F + 2\hat{V}A^D\hat{Y}^F + 3\hat{V}A^D A^D\hat{Y}^F + \cdots = \hat{V}LL\hat{Y}^F$$

因此，服务传统嵌入深度可以表示为：

$$EB\_tr = \frac{\hat{V}LL\hat{Y}^F}{\hat{V}L\hat{Y}^F}$$

与传统嵌入相比，GVC 嵌入是指服务要素通过嵌入中间产品跨越初始国国界，在进口国被用于再次生产，最终被本国和其他第三国吸收。中间产品生产过程所使用的增加值为：

$$\hat{V}LA^F\hat{Y} + \hat{V}LA^F A\hat{Y} + \hat{V}LA^F AA\hat{Y} + \cdots = \hat{V}LA^F B\hat{Y}$$

该增加值可以进一步被分解为两个部分：$\hat{V}LA^F L\hat{Y}^D + \hat{V}LA^F(B\hat{Y} - L\hat{Y}^D)$。第一部分是被进口国直接吸收的增加值，第二部分被进口国用于再生产中间产品并用于进一步出口。由增加值产生的国内产出和国外产出分别为：

$$\hat{V}LLA^F B\hat{Y} = \hat{V}LLA^F L\hat{Y}^D + \hat{V}LLA^F(B\hat{Y} - L\hat{Y}^D)$$
$$\hat{V}LA^F BB\hat{Y} = \hat{V}LA^F LL\hat{Y}^D + \hat{V}LA^F(BB\hat{Y} - LL\hat{Y}^D)$$

全球价值链上的服务嵌入为：

$$EB\_gvc = \frac{\hat{V}LLA^F B\hat{Y}}{\hat{V}LA^F B\hat{Y}} + \frac{\hat{V}LA^F BB\hat{Y}}{\hat{V}LA^F B\hat{Y}}$$

全球价值链上的服务嵌入是指服务要素嵌入到中间产品中的程度，其中，方程右边第一部分被进口国用来生产其国内最终消费品的部分，不再跨越国界形成新的嵌入，因此这部分服务要素在国内被计为产出的次数等于在进口商所在国的次数。第二部分被中间进口国用于再生产出口产品，会再次发生国界跨越。本章将全球价值链上的服务分解为三个部分：

$$EB\_gvc = \frac{\hat{V}LLA^F B\hat{Y}}{\hat{V}LA^F B\hat{Y}} + \frac{\hat{V}BA^F B\hat{Y}}{\hat{V}LA^F B\hat{Y}} + \frac{\hat{V}LA^F BA^F B\hat{Y}}{\hat{V}LA^F B\hat{Y}}$$

其中，方程右边第一部分是中间产品跨越国界前的服务要素国内嵌入深度；第二部分是服务要素随中间投入品跨越国界的次数；第三部分是服务要素在中间产品离开本国国界后，用于外国国内消费而生产的服务嵌入深度。此外，国内和国外的第一部分增加值都直接被进口国吸收，第二部分都被用于再出口而被第三国吸收。两个部分可以分别理解为 GVC 最终嵌入和 GVC 复杂嵌入的产出，因此可以相应计算出 GVC 最终嵌入深度和 GVC 复杂嵌入深度：

$$EB\_gvcs = \frac{\hat{V}LA^F L\hat{Y}^D}{\hat{V}LLA^F L\hat{Y}^D}$$

$$EB\_gvcm = \frac{\hat{V}LLA^F (B\hat{Y} - L\hat{Y}^D)}{\hat{V}LLA^F L\hat{Y}^D}$$

（三）典型国家的行业制造业与服务业融合情况

在行业层面上，按照世界投入产出数据库的行业分类方法选取所有服务行业作为原始投入要素[①]，选取所有的制造行业作为嵌入对象[②]，计算得到各主要制造行业的服务嵌入深度。图2.1是各主要行业的 GVC 服务嵌入深度，图2.2是各主要行业的传统服务嵌入深度。第一，比较图2.1和图2.2可以发现，制造业 GVC 服务嵌入深度具有逐年上升的趋势，而制造业传统服务嵌入深度则表现出逐年下降的趋势。制造业 GVC 服务嵌入深度上升，

---

① 服务业包括 r1、r23、r28 ~ r54。
② 制造业包括 r5 ~ r22。

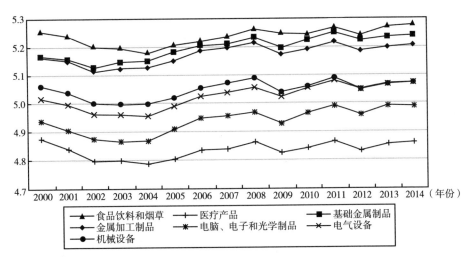

图 2.1　各主要制造业 GVC 服务嵌入深度

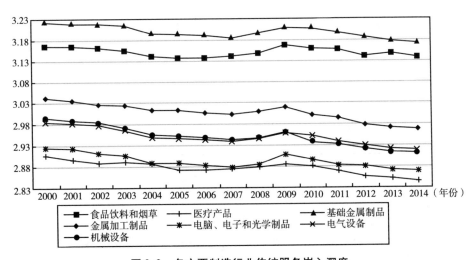

图 2.2　各主要制造行业传统服务嵌入深度

反映出制造业国际分工更加细化，呈现"碎片化"趋势①。制造业传统服务嵌入深度下降，反映出服务要素与制造业融合程度的加深，在一定程度上代表制造业服务化的水平更高②。第二，从各行业样本区间内的年度均值来看，

---

① Georg D. , Fernando V. R. Social Networks and the Process of Globalization ［J］. *The Review of Economic Studies*, 2018, 85 (3): 1716 - 1751.

② Reimer J. J. Global Production Sharing and Trade in the Services of Factors ［J］. *Journal of international Economics*, 2006, 68 (2): 384 - 408.

医疗产品，电脑、电子和光学制品等制造行业的服务嵌入深度较低，而食品饮料和烟草、基础金属制品等行业的服务嵌入深度较高，这反映出不同制造业的服务粘性①。

在国家层面上，本章通过计算得到的各主要国家服务嵌入深度如图 2.3 和图 2.4 所示。各主要样本国家 2000~2014 年 GVC 服务嵌入深度总体保持了平稳上升的趋势，这反映出制造业国际分工不断深化，在全球价值链上融入更多的国家和生产环节，是经济全球化不断发展的结果。在列示的主要国家

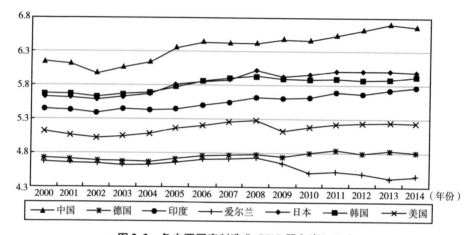

图 2.3　各主要国家制造业 GVC 服务嵌入深度

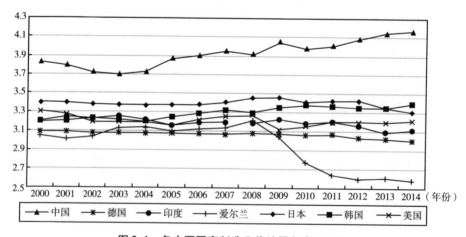

图 2.4　各主要国家制造业传统服务嵌入深度

---

① Francois J. , Hoekman B. Service Trade and Policy [J]. *Journal of Economic Literature*, 2010, 48 (3): 642 - 692.

中，中国的服务业嵌入深度较高，而以德国和美国为代表的发达国家制造业服务嵌入深度较低，这反映出发达国家制造业服务化程度更高，在服务业全球价值链的利益分配体系中占据了主导位置，而中国等发展中国家在利益分配体系中位置较低，在全球价值链上依然处于边缘位置①。各主要样本国家在制造业传统服务嵌入深度上所处的位置基本与 GVC 嵌入深度一致。从变化趋势上来看，德国、日本、爱尔兰等国的嵌入深度缓慢下降，而中国和韩国嵌入深度具有上升的趋势。特别值得注意的是，爱尔兰在 2008 年附近出现嵌入深度的明显下降，这一点在制造业传统服务嵌入上表现得更加明显。

　　制造业与服务业的深度融合在很大程度上推动了制造业本身附加值的提升，从而实现全球价值链攀升。从制造业本身来看，制造前序和制造后序服务要素的嵌入大大提升了制造工序的产品附加值，那些服务粘性更高的制造行业在全球价值链中所处的位置相应更高。从单一国家角度来看，制造前序和制造后序服务要素供给能力更强的国家，其制造业往往在全球价值链中所处的位置相应更高。因此，提升我国制造业国际竞争力，实现全球价值链攀升的有效途径是促进制造业服务化，特别是要通过扩大服务业对外开放引入外部高端服务要素，来满足制造业服务化的需求。在短期内这会对本国服务业产生"挤出"效应，因此制造业与服务业在全球价值链攀升中常常出现产业失衡的情况，集中体现在货物贸易顺差与服务贸易逆差并存。改革开放以来，我国着力推动第二产业，特别是制造业的发展，使之在经济增长、就业带动等方面逐步发展为国民经济主力军。而现阶段的重点任务是推动制造业全面嵌入全球价值链分工体系，进而迈向全球价值链中高端。因此，笔者建议，短期内应该实行以制造业为导向的对外开放政策。党的十九大报告中强调，扩大服务业对外开放是加快培育国际竞争新优势重要抓手，通过负面清单等贸易和投资管理制度不断扩大服务业对外开放。一方面，可以满足制造业服务化对高端服务要素的需求，推动制造业实现全球价值链攀升；另一方面，也符合对外开放的重点从市场开放走向制度开放的大趋势。当然，扩大服务业对外开放的政策在短期内对服务业将产生一定程度的负面影响。为应对负面影响，需要着力推动服务业供给侧改革，大力发展现代服务业，提升

---

① Antràs Pol, De Gortari A. On the Geography of Global Value Chains [R]. *CEPR Discussion Papers*, 2017.

高端服务要素供给能力。特别是处于制造前序的研发、信息技术等知识技术密集型的服务行业，这些高端服务行业的发展不但对于服务业本身竞争力的提升具有重要作用，而且对于制造业实现全球价值链攀升意义重大。此外，还要着力完善负面清单管理制度。在负面清单的设计上要与国际接轨，特别在服务业开放行业的选择上，对位于制造前序的知识技术密集型服务业进行适当保护，这也是国际通行的做法。在《中国制造 2025》的引领下，以高端制造业为突破口，推动制造业迈向全球价值链中高端。

| 第三章 |

扩大服务业对外开放

过去 40 年多来，中国通过对内改革和对外开放，充分利用两种资源和两个市场，实现了经济总量的显著增加。在这当中，服务业在改革开放初期作为末端产业发展不受重视，然而近些年来服务业增速已经大大超过第二产业增速，2017 年服务业增加值占国内生产总值比重为 51.6%，且第三产业就业人员占全国就业人员比重达 44.9%，服务业已经成为拉动中国经济增长的新动力和吸纳就业的主要渠道。服务业开放已是中国对外开放战略的重中之重。为此，本章对服务业开放度进行评估，进而从整体上分析服务业开放存在的问题，探索进一步扩大开放和提升开放水平的政策建议。

一、文献综述

随着贸易自由化的推进与全球范围内服务贸易壁垒的降低，学者们对服务贸易与服务业 FDI 对一国经济增长的正向促进效应进行了大量的理论与实证研究。具体分为以下三个方面。从宏观层面来看，服务出口实质上是基于比较优势的一种专业化国际分工，是国内社会分工向国际市场的延伸，服务业外商直接投资的技术溢出和服务业 OFDI 逆向技术溢出等因素与中国国际分工地位的提升和产业结构优化密切关联，主要体现在推动中国（制造业）全球价值链地位的提升。从行业层面来看，服务贸易自由化与服务业 FDI 放宽对东道国相关行业产生直接影响，主要体现在服务业和制造业生产效率和技术效率方面。从微观企业层面来看，就服务业开放对制造企业的影响进行了分析，主要体现在微观企业绩效和出口两方面。

（一）服务业开放与国际分工地位的互动关系

从宏观层面来看，学者们对于服务业开放和国际分工地位提升的实证分析都充分证明了前者对后者的促进作用。开放带来的规模经济效应和服务业FDI带来的竞争、模仿、学习等效应，通过关联机制以及溢出机制，对中国制造业全球价值链攀升产生重要的推动作用（姜悦、黄繁华，2018）。利用外资能显著提升东道国全球价值链分工地位，外商直接投资的进入能通过技术外溢效应，提升东道国技术水平和生产率，促进东道国价值链升级，即外商投资进入一国不但能提升该国全球价值链嵌入度，而且能提升该国全球价值链分工地位（刘海云、董志刚，2018）。此外，孙湘、周小亮（2018）利用超效率DEA模型对各地区制造业价值链攀升效率进行评价，该研究结果表明，服务业开放有利于提高制造业价值链攀升效率。陈明、魏作磊（2018）用2004~2015年服务业开放的平衡面板数据对理论进行验证，该研究结果表明，服务业FDI通过技术外溢和逆向技术外溢、互补和资源再配置效应对中国制造业打破"低端锁定"产生了正向的影响。服务业开放，尤其是生产性服务业利用原有知识和技术积累，糅合国外先进技术，突破原有技术的升级瓶颈，使本地产业升级成为一个相对高层次的产业（马弘、李小帆，2018）。

综上所述，从服务贸易和服务业FDI角度深化阐释服务业开放和国际分工之间的作用机制，是目前文献中最为常见的思路。具体影响路径如图3.1所示。

（二）服务业开放与行业生产率

随着服务业开放和在国民经济发展中重要性的提升，服务业发展、服务供给效率及其对经济增长的影响问题受到了广泛关注（陈丽娴、魏作磊，2016）。近年来，服务业在制造业生产投入的重要程度提升，已有理论研究集中于分析服务业开放对制造业和服务业生产效率的影响。前者主要研究具有高附加值的生产性服务业效率，后者主要分析服务业开放通过所谓的"涓滴效应"（Trickle-down Effect）对制造业产生的影响（Bas & Causa，2013）。

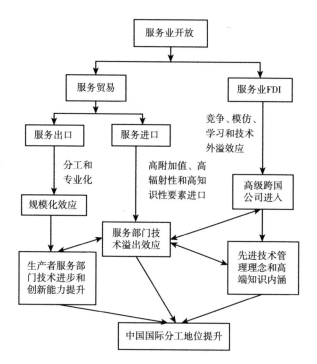

图 3.1 服务业开放对中国国际分工地位影响的机制分析

具体而言,当一国服务业生产率较低时,服务业开放会使其扩大进口先进的服务产品,通过示范、学习、竞争和技术溢出等方式提高进口国服务产品质量和竞争力,缩小其与出口国之间的服务技术水平,进而提升服务业生产率。国内最早研究服务业开放和行业生产率关系的学者是马凌远等(2009),他们对服务贸易自由化和中国服务业的全要素生产率关系进行实证分析,发现二者存在着长期的稳定关系,这种长期稳定关系又被陈明、魏作磊(2018)用平衡面板数据再次验证为显著的促进作用。李眺(2016)从服务业进入壁垒、服务业非国有经济比重等方面来衡量服务业开放程度,分析其对金融保险业、批发零售业、交通运输和仓储及邮政通信业等特定服务业生产效率,说明服务业开放的行业异质性存在。先前学者从服务业"引进来"角度考虑服务业开放,但如果关注服务业"引进来"和"走出去"并重对制造业生产率的影响,由于存在逆向技术溢出效应,结果会截然不同。陈明、魏作磊(2018)研究发现,中国生产性服务业开放对制造业生产率产生较弱的影响。

（三）服务业开放与企业绩效和出口

长期以来，制造业出口是拉动中国经济增长的主要动力，关于市场开放如何影响出口和企业绩效的文献，大多关注制造业中间品投入对微观企业出口的作用，以及服务业作为制造业重要的生产投入比例（Francois & Hoekman，2010；Arnold et al.，2016 等），而且服务业中间品在其中的比重是持续上升的（刘戒骄，2002）。服务业的发展滞后，很大程度上制约了制造业从"量"向"质"的跨越，以及其出口扩张和贸易竞争力的提升，而服务贸易开放度的提高使得中国各类服务业企业更广泛地参与市场竞争，对国内企业产生倒逼机制，打破原有的垄断市场结构，因此，上游服务业市场结构的变化会通过"投入产出关系"对下游制造业企业的绩效产生影响。鼓励更多的服务业外资参股就是在这样的背景下实施的。

希尔德贡（Hildegunn，2017）指出较高的贸易和投资壁垒会导致产品市场价格上涨、数量减少以及企业创新动力减弱，对金融、电信和运输服务部门经营绩效和出口都会产生负面影响。巴斯（Bas，2014）从反面印证了希尔德贡的观点，应用印度微观企业数据，研究发现印度的能源、电信开放对企业出口绩效有显著的正向影响。服务业开放能够通过"生产能力效应"和"质量升级效应"降低制造业企业生产成本，提高下游制造业企业服务产品质量和丰富其种类，从而影响制造业企业出口（周霄雪，2017；许和连等2017）。孙浦阳、侯欣裕（2018）创造性地将管理效率作为工具变量，验证服务业开放对企业出口的作用依然存在。

综上可知，学者们对服务业开放的研究经历了从宏观到行业再到微观企业层面的过程，从单一考虑开放到综合考虑的过程，对现有国际贸易理论的扩展，丰富了服务业开放的研究领域。但是，近年来在世界经济仍处于国际金融危机以来的深度调整阶段，全球经济复苏脆弱，"逆全球化"思潮不断升温，涉及领域不断扩大。在国内经济进入要素成本集中上升期的情况下，中国服务业开放面临着诸多机遇和挑战。因此，需要准确地定位中国服务业开放水平和服务业开放进程中的问题，未来服务业发展策略应注意服务业与制造业开放的互动关系，服务业的"双向"开放和扩大服务出口以及服务业开放和"一带一路"倡议的融合等。

二、中国服务业对外开放的政策演变

通过梳理服务业开放的相关政策性举措可以发现，服务业开放始终秉持着"适度保护"和"有步骤地扩大服务业的对外开放"原则。并且，逐步重视对内资开放，即"对内对外"双向开放，这也是中国服务业开放的重要经验。加入世界贸易组织以后，服务业发展较快同时伴随着中国稳步进入服务经济时代，服务业对外开放成为对外开放战略中的重点强调内容。中国服务业对外开放的渐进历程，大致可以分为四个阶段。

第一阶段：局部行业开放的"先行先试"阶段（1982～1994年）。

1991年7月，中国作为发展中国家参与制定《服务贸易总协定》（GATS），第一次提交初步承诺开价单，对银行、航运、旅游、近海石油勘探、专业服务和广告6个行业的市场开放做出了初步承诺，给上述行业提供了市场准入机会。承诺表宣布，公用事业、交通运输、房地产、信托投资、租赁等行业限制设立外商独资企业，印刷、出版、广播、电视和电影、邮电通信等行业禁止设立外商独资企业。1992年6月，中共中央、国务院颁布服务业发展的第一个法律文件《关于加快发展第三产业的决定》，提出：依靠深化改革、扩大开放加快发展第三产业的步伐。鼓励扩大国际化经营，赋予部分国营大中型商业、物资企业进出口权，有条件的要努力向境外发展，积极兴办海外中资企业。1994年通过并实施的《中华人民共和国对外贸易法》为服务贸易的发展提供了法律保障，同时开展了财税、金融、外汇外贸等方面改革，为服务业发展准备了充足的条件。以金融行业为典型代表，我国1982年开始银行吸引外商直接投资试点工作，1992年允许外资保险公司在上海试点设立分公司和合资公司，1993年修改初步承诺开价单，开放银行、保险、旅游、专业服务等12个服务部门的外资准入限制。当时中国服务业发展水平较低，政府对于服务业开放的总体宏观政策原则遵循"对国内大部分服务业开放持保守态度，以夯实服务业发展基础为主要目标"，开放的试点工作在部分沿海大城市进行。此时，服务业开放已被提上议程，为以后服务业进一步发展和开放奠定了基石。

第二阶段：服务业开放试点推进阶段（1995～2000年）。

1995年6月，国务院发布《外商投资产业指导目录》和《指导外商投资暂行规定》，经国务院批准，银行吸收外资城市由 13 个扩大到 24 个。1997 年 9 月召开的党的十五大对服务业开放提出的基本原则是"有步骤地推进服务业的对外开放"，打破服务业封闭发展状况，同时也使得境外资本开始纷纷涌入中国市场。1998 年，中国在 WTO 第 8 次工作会议上，就电信、金融、法律、会计专业服务领域开放提出了重要建议，同时向 WTO 秘书处递交了一份近 6000 个税号的关税减让表。1999 年，中国和美国达成双边服务贸易协议——中国将给予外国公司全面的贸易权和分销权；除了一部分例外，大部分非关税措施将在 2 至 3 年内逐步取消，进一步开放农业、金融、电信和保险市场。1999 年 6 月，国务院发布《外商投资商业试点办法》，允许直辖市、省会城市、经济特区试办中外合资商业企业，经营类型由零售业扩展至批发业等，服务贸易领域市场准入范围进一步扩大。第二阶段服务业开放试点扩大，区域上由沿海部分大城市向中等城市过渡，开放产业的选择上比第一阶段更为细致，加快服务业和服务贸易发展的法规政策集中出台，外资进入中国市场的力度显著增大，开放的部门也显著增加。

第三阶段：全面过渡阶段（2001～2006 年）。

2001 年 12 月 11 日，中国加入 WTO，标志着服务业开放进入了一个崭新的历史时期。在 WTO 服务贸易分类的 155 个分部门中，中国已在 100 多个部门做出了开放承诺，服务贸易承诺自由化水平总体上接近发达成员水平。同时，在加入 WTO 法律中，中国对服务贸易做了相当大的承诺，针对服务业外商直接投资、市场准入和国民待遇措施开始逐步明确。

2001 年 12 月 20 日，国务院办公厅转发国家计委《关于"十五"期间加快发展服务业若干政策措施的意见》，提出了加快服务业开放的若干措施，主要包括放宽市场准入和有步骤地扩大对外开放措施：对非国有经济实行与国有经济同等的待遇，鼓励和允许上市公司以资产重组或增发新股方式进入服务业；国务院有关部门要尽快制定并公示有条件准入的领域、准入条件、审批确认等准入程序以及管理监督办法；有步骤地进一步开放银行、保险、证券、电信、外贸、商业、文化、旅游、医疗、会计、审计、资产评估、国际货运代理等领域。2002 年，国务院修订了 1995 年颁布的《指导外商投资方向的规定》和《外商投资产业指导目录》，主要变动如下：一是将鼓励类目录由 186 条增加到 262 条，而限制类目录则由 112 条减少到 75 条，大幅度放宽了行业市场准入限制，其中值得注意的是，原先禁止外商投资的电信、燃气等首次列为对外开放领域；对外资银行、保险、金融、运输、旅游、法律、会计审计等均在开放地域、数量、股权比例、经营范围等要求上做了更为宽松的规定。2004 年，国务院根据发展需求，对《外商投资产业指导目录》进行第五次修订，在金融、保险、公共设施服务等行业进一步缩小服务业限制和禁止的范围。

第四阶段：全面开放新格局阶段（2007 年至今）。

这个阶段最大的特征是服务业扩大开放与自贸区政策集成共享，以自贸区为开放的试验田；同时，负面清单的"长度"和市场准入力度在大幅度降低；新兴服务贸易部门发展迅猛，开放的重要性与紧迫性日益显著。

2007 年颁发的《国务院关于加快发展服务业的若干意见》提出，着力提高服务业利用外资的质量和水平；完善服务业吸收外资法律法规，加强金融市场基础性制度建设，增强银行、证券、保险等行业的抗风险能力，维护国家金融安全；把大力发展服务贸易作为转变外贸增长方式、提升对外开放水平的重要内容。2007 年 12 月 1 日，新版《外商投资产业指导目录》生效，减少限制类和禁止类条目，期货公司、电网建设和经营列为对外开放领域；鼓励类包括银行、金融租赁公司、财务公司投资；将房地产业列入限制外商投资产业目录。2008 年，《国务院办公厅关于加快发展服务业若干政策措施的实施意见》提出，稳步推进服务领域对外开放；发展改革委要会同有关部门认真落实新修订的《外商投资产业指导目录》，在优化结构、提高质量基础上扩大服务业利用外资规模。2011 年新修订的《外商投资产业指导目录（2011 年修订）》将鼓励类的服务业子项由 2007 年的 48 项增加到 2011 年的 54 项，限制和禁止类条目进一步减少，但普通高中教育机构（限于合作）、银行、财务公司、信托公司、货币经纪公司、大型农产品批发市场建设经营、铁路货物运输公司列入限制性条目中。2013 年，党的十八届三中全会提出，构建开放型经济新体制，放宽投资准入，推进金融、教育、文化、医疗等服务业领域有序开放，放开育幼养老、建筑设计、会计审计、商贸物流、电子商务等服务业领域外资准入限制，明确表示服务业市场向社会资本开放，向全社会释放出一个积极的信号。

上海自贸区成为服务业开放的"试验田"，分别就金融、航运、商贸、专业、文化和社会六大服务领域的外资企业做出相应规定，2018 年 6 月《中国（上海）自由贸易试验区关于扩大金融服务业对外开放进一步形成开发开放新优势的意见》出台。该意见提出 25 条举措，涉及吸引外资金融机构集聚、便利外资金融机构落户为全面深化改革和扩大开放探索新途径、进一步扩大金融服务业开放积累新经验。2015 年 5 月，国务院批复同意北京市开展服务业扩大开放综合试点，北京成为全国首个服务业扩大开放综合试点城市，第一阶段试点清单中涉及的开放措施主要有娱乐产业的地域限制，金融、专业领域外资的股权比例，旅游业的业务内容。

2015 年 3 月，国家发改委与商务部公布《外商投资产业指导目录（2015 年修订）》，放宽对外商投资房地产的限制，对此前关于外商投资房地产的全部限制类条款予以废除，限制类条目数量下降，电信公司等股权比例进一步下降。《中共中央关于制定国民经济和社会发展第十三个五年规划的建议》中指出，以服务业市场化开放为重点促进服务型经济发展，扩大金融业双向开放，放宽跨国公司资金境外运作限制，逐步提高境外放款比例；支持保险业走出去，拓展保险资金境外投资范围。2017 年 8 月，国务院出台了《关于促进外资增长若干措施的通知》提出，全面实施准入前国民待遇加负面清单管理制度，进一步扩大市场准入对外开放范围，国际海上运输、铁路旅客运输、银行业、证券业、保险业等对外开放。2017 年 10 月，习总书记在党的十九大报告中强调："推动形成全面开放新格局"，"实行高水平的贸易和投资便利化政策，全面实行准入前国民待遇加负面清单管理制度，大幅度放宽市场准入，扩大服务业对外开放，保护外商投资合法权益"，为服务业开放战略进一步指明了方向。2018 年 5 月，国务院常务会议原则通过了《关于积极有效利用外资推动经济高质量发展若干措施的通知》，该通知明确，大幅度放宽市场准入，提升投资自由化水平，稳步扩大金融服务业开放，放宽外资金融机构设立限制，扩大外资金融机构在华业务范围，取消或放宽交通运输、商贸物流、专业服务等领域外资准入限制。2018 年 6 月，国家发展改革委、商务部发布《外商投资准入特别管理措施（负面清单）（2018 年版）》，大幅度放宽市场准入，清单长度由 63 条减至 48 条，共在 22 个领域推出开放措施，包括取消电网的建设、经营须由中方控股的限制；取消禁止外商投资互联网上网服务营业场所的规定等措施。

在加入世界贸易组织过渡期结束以后，中国服务业不断扩大开放的领域和方位，金融、会计审计、法律等涉及国家经济和产业安全的服务部门开放力度也有所提高，发展和培育国内服务业市场的同时放宽外资的股比限制，鼓励不同服务提供主体参与国内竞争，实现国内和国际市场的有效衔接，并进一步健全市场监管体系，优化投资环境。

三、中国服务业开放度测度

服务业开放度的测度和服务贸易壁垒的度量是一个硬币的两面，服务贸易壁垒越高，意味着服务业开放度较低。本书在测度服务业开放度时使用的方法为修正后的霍克曼（Hoeckman）频度指数分析法，根据刘庆林、白洁（2014）的频度分析体系并在此基础上进行改进和修正，利用修正后的霍克曼频度指数分析法对中国服务业市场准入和国民待遇两类承诺水平进行定量测度分析。

在《服务贸易总协定》（GATS）中，国民待遇与市场准入之间存在密切的联系，因而经常被相提并论，并且同时包含在 WTO 各成员的具体承诺表中。霍克曼（1999）认为，国名待遇与市场准入的界限并不明显。但从某种意义上来说，市场准入成了国民待遇的前提条件，国民待遇是市场准入的公平保障。没有国民待遇保障的市场准入不是真正自由化意义上的市场准入，也不符合服务贸易自由化的目标（金孝柏，2009），而《中国加入世界贸易组织法律文件》附件9——《服务贸易具体承诺减让表》及中国国内相关服务业开放的法律规范，均体现出中国政府对 GATS 基本规则的认同，以及对服务业实施最惠国待遇、市场准入和国民待遇的具体承诺。

因此，中国服务业市场准入和国民待遇的承诺都将通过不同服务业的具体服务项目及其相关规定体现出来，并通过服务的 4 种提供方式实现。所以，对服务业市场准入和国民待遇承诺的测度，可以通过评判市场准入和国民待遇的各自服务项目体系的状况来完成。市场准入和国民待遇的部门服务项目体系的状况，可通过对该体系中各服务部门在议定书的承诺数量、承诺结构、限制类型和程度及其发展趋势等因素来综合测定评估，并将上述不同因素均进行量化分析。其中，按照 GATS 规定，WTO 成员可以维持"在原则上被禁止使用"的 6 种市场准入限制——限制服务提供者的数量；限制交易或资产总额；限制服务总产出的数量；限制雇佣的自然人数量；限制服务提

供者的法律实体形式；限制外国资本参股的最高比例或投资数额。在 GATS
中国民待遇针对的对象是服务和服务提供者，无论是服务还是服务提供者，
在进入东道国之后面临的是来自东道国的服务或者服务提供者的竞争，而东
道国是否为之提供平等的竞争条件（如本章中的营商环境政策的改变，服务
提供者的待遇水平等）构成是否给予国民待遇的基本条件和参照标准。在测
算国民待遇和市场准入限制水平的修正后的霍克曼频度指数时，本书严格按
照上述几种限制类型进行承诺措施的具体归类和计算。

之所以采用修正的霍克曼频度指数分析法来定量地刻画市场准入和国民
待遇两类承诺水平的大小，是因为服务贸易壁垒不同于货物贸易壁垒，其大
部分为非关税措施，以及服务价格信息和双边服务贸易数据的相对缺失。因
此，服务贸易非关税壁垒的量化一直是一项难题（Christen et. al.，2012；
Marchetti & Roy，2013），而频度指数的方法凭借其较强的可操作性成为测度
服务贸易壁垒中最为广泛的工具之一。霍克曼等（1995）创造性地构建了频
度指数，提供了各国和各部门服务贸易壁垒大小的相对信息和依据 WTO 各
成员国在 GATS 下的承诺时间表，对各成员国在承诺安排中所作的各项承诺
赋予不同的数值和权重（开放或约束因子），并使用权重对其进行评分来获
得频率指数，从而定量分析贸易限制性水平大小，权重赋予是依据各国在特
定服务提供方式和部门下具体限制性水平大小。霍克曼频度指数的具体构建
包括以下两方面内容。

首先，将承诺类型具体分为 3 类并赋予相应的权重（开放 – 约束因子）。
给定部门给定服务提供方式无限制承诺，赋予分值为 1；给定部门给定提供
方式不做承诺，赋予分值为 0；给定部门给定提供方式如果有明确的具体限
制，则不再考虑具体限制水平差异化程度，统一赋予分值为 0.5。依据服务
贸易具体承诺减让表范式，共有 155 个服务部门和分部门以及 4 种贸易提供
方式（跨境交付、境外消费、商业存在和自然人流动），对应全部的部门和
模式，各成员国分别有 155 × 4 = 620 个开放 – 约束因子[①]。

其次，根据这些开放 – 约束因子，就可以计算 3 类覆盖率指标，也就是
霍克曼频度指标，各项比率越高说明服务业开放度越高。3 类部门覆盖率指

---

① 张皞. 中国区域服务贸易协定开放度的特征事实——基于频度指数的方法 [J]. 国际经贸
探索，2017，33（7）：19 – 32 + 103.

标分别是平均数:(1)单个成员国承诺数量/最大可能的承诺总数;(2)平均覆盖率,即各国以开放-约束因子为权重的部门加权总和/最大可能的承诺总数;(3)无限制承诺比重,即没有限制承诺数/该成员国总承诺数。

当然,霍克曼频度指数分析法存在一些问题。第一,开放-约束因子的赋值过于粗糙。第二,仅仅是各项比率大小的简单比较分析,无法从动态时间变化的角度把握中国服务业开放度的变化程度,而且无法全面掌握中国在服务贸易减让表中的小类和中类部门的开放程度,且利用霍克曼频度指数进行不同国家承诺开放度的比较分析时,众多学者在计算平均承诺覆盖率时,考虑了不同服务提供方式的比重(白洁,2015;岳云霞、阎馨月,2016等)。第三,权数的确定是直接引用霍克曼(1995,附录4)中的内容,即将开放-约束因子和不同部门相应服务提供模式下的权数相乘相加,但由于服务业开放具有异质性和复杂性特征(刘庆林、段晓宇,2016),霍克曼等(1995)对于不同服务提供模式权重的确定是否适合中国服务业开放现有模式值得进一步商榷。

鉴于此,本书将霍克曼频度指数做如下几点改进。第一,借鉴夏杰长、姚战琪(2018)更为细致的开放-约束因子赋值,将0.5的赋值承诺内容进一步细分化。第二,参考刘庆林、白洁(2014)频度指数分析体系,构建中国服务贸易壁垒的小类、中类和大类频度指数,反向检验中国服务业各部门开放度的水平高低,指数数值越小代表保护程度越高,即服务业开放水平越低。这种分析体系使最终的指标分析具有"层次累进"的特点,而不是简单的各项比率大小的比较分析,且在计算小类指数分析过程中,充分考虑到了各小类服务部门实际贸易限制性政策变化。之所以考虑到中国实际服务业开放国内法规的变化,是因为在加入WTO以后的几年里,中国就颁布了相关法律法规,对不同的服务部门开放时间和步骤进行了规定,例如,加入WTO具体承诺表中的一些地域限制、股权限制都有具体时间的规定,但是现阶段这些地域和股权限制的时间限定已然无效,因此,为了使得最终指数计算结果能够反映中国服务业开放水平的最新变化程度,考虑了国内服务业立法。第三,根据WTO秘书处估计的国际服务贸易提供方式,以及在全球层面商业最重要的服务贸易模式,赋予不同部门在相应服务提供模式下的一致性的权数(Lanz & Maurer,2015),依次确定服务提供模式权重为:模式1(跨境交付)为30%,模式2(境外消费)为15%,模式3(商业存在)超过

50%，模式4（自然人流动）约为2%。

根据《中国加入世界贸易组织法律文件》附件9可知，服务贸易项目分为155个小类、46个中类及12个大类，按照该分类标准和各服务部门开放的实际情况以及承诺的履行状况对赋值体系和内容进行调整，即对大、中、小类分别进行测算。其中，小类频度指数的测度不仅依据《服务贸易具体承诺减让表》，而且结合国家对各服务部门在跨境交付、境外消费、商业存在、自然人流动不同贸易提供方式下的具体限制形式的政策进行综合评定，从而得出最新的中国服务业开放度测度结果。中类频度指数的测度是以小类频度指数分析为基础，基本方法和刘庆林、白洁（2014）保持一致。

需要说明的是，刘庆林、白洁（2014）在计算大类频度指数时，是根据中类服务部门经济地位的不同从而赋予相应的产出权重，尽管权重的确定是基于陈贺菁（2009）修正之后计算得出，但是为了尽量避免主观认识差异带来的研究的不可复制，借鉴霍克曼（1995）大类频度指数原始计算公式：

$S = \dfrac{\sum\limits_{j=1}^{L} M_j}{L}$。其中，$S$ 为大类服务部门的服务贸易壁垒指标，M_j 为 j 个中类服务部门的壁垒指数，L 为 S 服务部门中所包含的中类部门数。一个国家总体服务部门频度指标的计算，是依据12大类服务部门的频度指标相加得到，大类服务部门的服务贸易壁垒指标越大，表明限制水平越低，该服务部门越开放，反之则相反。

（一）中国服务贸易壁垒的小类频度检验

借鉴刘庆林、白洁（2014），对特定部门特定提供模式承诺无限制的记为1，限制较少的记为0.75，限制适中的记为0.5，限制较多的记为0.25，没有承诺的记为0，而本部分开放－约束因子的赋值是依据当下各部门最新的开放政策条款对部门限制程度的影响而确定的，不同服务贸易提供方式权重是既定的，最后将各个子部门不同服务贸易提供方式权重和相对应的开放－约束因子赋值分别相乘相加得到测度结果。

例如，其他商业服务下的子部门"q. 包装服务"，该项目中对于模式1规定为没有限制，表面上看似乎处于完全开放水平，但是依据2017年4月国务院召开的会议指出"将设立外商独资包装企业等五项前置审批改为后置审批",削弱了工商管理部门的登记手续,外商市场准入门槛进一步降低,同时提高了企业效率,说明在入世之前,我国对于包装服务外资企业做过一定程度的准入限制,现在市场准入下对跨境交付的限制程度降低,故为了真实测算入世以来服务业开放程度,需要将该项承诺赋值为限制较少的分值即为0.75而不是1。模式3对外资企业设定形式做了限制,借鉴夏杰长、姚战琪(2018),记开放-约束因子为0.6。此时其小类行业自由化指数为:$0.3 \times 0.75 + 0.15 \times 1 + 0.5 \times 0.6 + 0 = 0.6750$。在《服务贸易具体承诺减让表》计算遇到类似情况按照例子计算方式操作[①]。

(二)中国服务贸易壁垒的中类频度检验

将中类服务部门下设的若干子部门频度指数求其简单的算术平均,引入第二重权数:承诺比例。随后查找《国际服务贸易分类表》求出中类服务贸易下设子部门的最大承诺部门数,对照《服务贸易具体承诺减让表》求出实际承诺部门数,将简单算术平均与实际承诺部门数/最大部门承诺数比例相乘,得到最终的中类服务贸易频度指数。以教育服务在市场准入下的限制为例,教育服务下设5个子部门:初等服务、中等教育服务、高等教育服务、成人教育服务、其他教育服务。将其小类频度指数简单算术平均为0.628,而查找《国际服务贸易分类表》得出最大承诺部门数为5个子部门,其在《服务贸易具体承诺减让表》实际承诺数也为5个部门,故开放承诺度为100%(即5/5×100%),因此教育服务中类频度指数为0.628(0.628×100%)。然后依次对承诺表中的每项中类进行上述操作,得到中国服务贸易壁垒中类频度指标(见表3.1)。表3.1中所有部门字母序号的编排以《服务贸易具体承诺减让表》为主,且为了保证统计部门尽可能的完整和计算数值的资料具有可获得性,《国际服务贸易分类表》对前表起到了补充作用,但是在《国际服务贸易分类表》中补充的某些部门,如"1. 商业服务下的C. 研究与开发服务下的小类部门交叉科学的研究与开发服务",该部门近些

---

① 由于篇幅限制,其余小类部门测度指标的具体计算过程和其他商业服务部门类似,计算结果不再展示。

年的法律开放的政策措施查找缺失较多，不齐全，使得小类频度指数的赋值和计算没有可依据比较的措施条款，故并没有将中类"C. 研究与开发服务"纳入在内，所以部门字母编排具有不连续性。再如"E. 租赁服务"在《服务贸易具体承诺减让表》没有该部门的解释说明，但是在《国际服务贸易分类表》出现该部门，且法律法规的政策性文件查找比较齐全，使得赋值具有可行性，故也将其考虑在内，以此类推。

表 3.1　　　　　　　　　中国服务贸易壁垒中类频度指标

行业名称	市场准入限制	国民待遇限制
1. 商业服务		
A. 专业服务	0.4418	0.6600
B. 计算机及其相关服务	0.4200	0.4800
D. 房地产服务	0.5530	0.9100
E. 租赁服务	0.2380	0.2570
F. 其他商业服务	0.2570	0.3340
2. 通信服务		
B. 速递服务	0.3500	0.6900
C. 电信服务	0.0500	0.6400
D. 视听服务	0.2938	0.6250
3. 建筑及其相关服务		
A. 建筑物的一般建筑服务	0.4000	0.4000
B. 民用工程的一般建筑服务	0.4000	0.4000
C. 安装与分配服务	0.4000	0.4000
D. 建筑物完成与竣工服务	0.4000	0.4000
4. 分销服务		
A. 佣金代理服务	0.4000	0.8000
B. 批发服务	0.4000	0.8000
C. 零售服务	0.6000	0.7200
D. 特许经营	0.9500	0.9500
E. 无固定地点的批发或零售服务	0.8750	0.9500
5. 教育服务		
A. 初等教育服务	0.3150	0.1680
B. 中等教育服务	0.3150	0.1680
C. 高等教育服务	0.3150	0.2930

续表

行业名称	市场准入限制	国民待遇限制
D. 成人教育服务	0.6250	0.2930
E. 其他教育服务	0.6250	0.4350
6. 环境服务		
A. 排污服务	0.6000	0.9500
B. 固体废物处理服务	0.6000	0.9500
C. 废气清理服务	0.6000	0.9500
D. 降低噪音服务	0.6000	0.9500
E. 自然和风景保护	0.6000	0.9500
F. 其他环境服务	0.6000	0.9500
G 卫生服务	0.6000	0.9500
7. 金融服务		
A. 所有保险及其相关服务	0.5525	0.8500
B. 银行及其他金融服务	0.3513	0.5646
8. 旅游与旅游相关的服务		
A. 饭店和餐馆	0.8430	0.9500
B. 旅行社和旅游经营者	0.8250	0.7125
9. 娱乐文体服务	0	0
10. 运输服务		
A. 海运服务	0.4430	0.8750
B. 内水运输	0.3600	0.1500
C. 航空运输服务	0.3500	0.4250
E. 铁路运输服务	0.3650	0.9500
F. 公路运输服务	0.3000	0.7500
H. 辅助服务	0.4875	0.6688

资料来源：根据《中国加入世界贸易组织法律文件》附件9——《服务贸易具体承诺减让表》（http：//www. gov. cn/gongbao/content/2017/content_5168131. htm）、《国际服务贸易分类表》（https：//wenku. baidu. com/view/c8d1e5355a8102d276a22fb8. html）及小类频度指标数据整理计算得出。

（三）中国服务贸易壁垒的大类频度检验

中国服务贸易壁垒的大类频度指标如表3.2所示。

表 3.2   **中国服务贸易壁垒的大类频度指标**

行业名称	市场准入限制	国民待遇限制	总体限制水平
1. 商业服务	0.2983	0.5530	0.4256
2. 通信服务	0.2313	0.6520	0.4417
3. 建筑服务	0.4000	0.4000	0.4000
4. 分销服务	0.6450	0.8440	0.7445
5. 教育服务	0.6280	0.2714	0.4497
6. 环境服务	0.6000	0.9500	0.7750
7. 金融服务	0.4519	0.7073	0.5796
8. 旅游服务	0.8340	0.8313	0.8327
9. 娱乐文体服务	0	0	0
10. 运输服务	0.3142	0.6384	0.4763

资料来源：根据表 3.1 计算得出。

    从上述频度分析的过程和结果中可以看出，中国服务业各部门开放呈现以下特点：一是旅游、分销服务业开放程度较高，与此同时，金融、环境服务业逐渐成为开放的重点部门。建筑服务业开放水平最低，商业服务业次之，其中，行政审批手续过于繁杂是后两者开放度较低的主要原因，总体上现代服务业开放水平低于传统服务业。二是在四种服务提供方式中，对跨境交付和境外消费的限制相对较少，对商业存在和自然人流动限制则相对严格，尤其体现在运输和教育服务业对服务者资格、类型和数量等限制要求。对于通信和商业服务的跨境交付模式限制高于其他服务部门。三是就各服务部门开放政策的演变过程而言，分销、旅游服务部门的贸易限制性措施在逐步减少，通信服务部门中对互联网电信服务在商业存在模式下的外资企业股权、企业模式等限制更为细致。我国对海运业、航运业以及铁路管理等运输部门的外商投资企业审批资格、申请条件以及银行、证券公司等金融服务部门外资股权正逐步放开准入限制。建筑和娱乐服务开放的法律文件较少，教育服务业法规比较零散。

四、中国服务业对外开放存在的主要问题

（一）服务贸易逆差持续扩大，服务贸易总体竞争力不强

    1978 年以后，中国服务贸易增长较快，但是自 1992 年后中国服务贸易

长期处于逆差状态，并且服务贸易逆差绝对额不断扩大；2008～2016 年中国服务贸易逆差从 115 亿美元增长到 2601 亿美元，中国成为世界第一大服务贸易逆差国，同时逆差行业主要来源于旅游、运输和专利等行业。通过计算服务贸易竞争优势指数（TC）和出口市场占有率[①]，并与欧盟、美国、德国等发达国家比较发现，我国名次较为靠后，服务贸易总体竞争力不强（季剑军，2015；姚战琪，2013）。在此基础上，来有为、陈红娜（2017）认为扩大服务业开放是提升服务贸易国际竞争力的根本之道。

（二）服务业对外直接投资的管制程度显著下降，但服务业对外开放度低于发达国家

从开放度来看，中国服务业开放仍然相对滞后。根据 OECD 发布的外商直接投资限制指数（FDI restrictiveness index），虽然中国服务业外商直接投资限制指数呈现下降趋势（见图 3.2），但从国际比较来看，中国服务业外商直接投资限制指数不仅远高于美国、日本及 OECD 国家均值，也高于韩国等亚洲国家，说明中国服务业开放水平不仅低于美国、日本等发达国家，较韩国、印度等发展中国家也相对滞后。这说明，中国服务业贸易开放度还有很大的提升空间[②]。

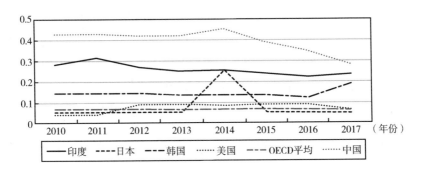

图 3.2　服务业对外开放程度（OECD 外商直接投资限制指数）国际比较

---

　　① TC 指数 =（出口 - 进口）/（出口 + 进口），其取值范围为（-1，1），若 TC 指数越接近 1，表明竞争力越强；出口市场占有率 = 本国服务业出口总额/世界出口总额。
　　② 周霄雪. 服务业外资自由化与中国制造业企业出口绩效——基于上下游投入产出关系的分析 [J]. 产业经济研究，2017（6）：52-64.

（三）从服务业内部看，传统服务业的对外开放程度要高于现代服务业，且外商投资结构倚重生产性服务业

从细分的服务业行业来看，传媒、广播电视行业一直是中国禁止开放的行业。在中国已经实行对外开放的服务业行业中，批发零售业、餐饮住宿业及陆地运输业等传统运输业的 FDI 监管限制指数降低较为明显，说明这些行业的外资自由化水平较高。但是包括海运、航空、网络、通信、金融、法律与会计审计在内的生产性服务行业 FDI 监管限制指数下降的幅度较小。考虑到中国高端服务业（包括金融、科技研发、商务服务等现代服务业）发展较晚，产业整体处于国际分工全球产业链低端，高端服务体系不发达，以及外商投资对中国高端服务业的安全效应，因此，在确保国家安全的前提下，推动中国高端服务业的进一步开放，是推动中国服务业迈向全球价值链高端的途径之一。

虽然加入世界贸易组织后，中国服务业吸收外资广泛分布在商业服务业、通信服务业、建筑业、分销服务、教育服务、金融服务、旅游服务、娱乐体育服务以及运输服务等产业，但服务业外商直接投资过多地集中于房地产、租赁和商务服务业，信息传输、计算机服务和软件业，交通运输等利润较高的服务业。按细分服务业 FDI 占总服务业 FDI 比重进行统计[1]，2004～2016 年，房地产服务业外资占服务业外商直接投资平均比重为 13%，租赁与商务服务业外资占服务业 FDI 比重为 7.43%，信息传输和计算机服务作为服务业的重要分支，该行业外资占服务业 FDI 比重为 2.66%，服务业外商投资对生产性服务的较大需求推动了中国生产性服务业的增长，但同时由于外商投资的重点主要集中于利润率较高的商务服务业和房地产行业，因此在促进中国服务业外商直接投资规模增长的同时，需不断推进中国利用外资由量向质的根本转变[2]。

（四）服务业对外开放度虽有所提高，但仍然滞后于制造业开放，制造业对外开放占据主导地位

中国的服务贸易和货物贸易存在着协同推进的关系。改革开放以来，中

---

① 历年《中国统计年鉴》。
② 周霄雪. 服务业外资自由化与中国制造业企业出口绩效——基于上下游投入产出关系的分析[J]. 产业经济研究，2017（6）：52 – 64.

国制造业开放在顺应经济全球化中获得了长足发展，而服务业开放虽然取得了积极进展，但总体开放速度仍然低于制造业，外商在中国投资服务对象主要是跨国制造企业。众多学者的研究表明，服务业开放带来的知识、技术等在提高制造业价值链攀升效率和推动经济高质量发展等方面发挥了显著的正向促进作用。因此，在服务贸易和货物贸易日渐表现出相互促进的关系下，推动服务业和制造业的协同高质量开放，是进一步优化贸易结构的现实需要。

五、提高服务业开放水平的政策建议

开放发展是我国取得巨大经济社会发展的成功历史经验，也是进一步拓展经济发展空间、提升经济发展水平的必然要求。历史和经验分析表明，扩大服务业开放对我国服务业发展和国民经济发展的积极影响远大于负面影响[①]。积极影响主要有以下三个方面：带动服务业开放部门提高劳动生产率；支撑和带动制造业转型升级和产业结构优化升级；通过引入竞争，优化资源配置效率，进一步提升我国服务业的国际竞争力。

从前面的分析也可以看出，我国服务业开放的行业差异性较大，传统服务业开放水平高于现代服务业，但服务贸易壁垒整体呈现不断下降的趋势。其中，金融服务业作为高水平服务部门的典型代表，开放水平在不断提高。这说明适应国内外经济形势新变化，以开放促改革、促发展，提升服务业国际竞争力，对于增强服务业发展的动力和活力具有重要意义。

（一）根据各服务行业的实际情况，实施多样化的服务业对外开放战略

我国服务业构成主要以劳动密集型服务业为主，传统服务业比重偏高，附加值高的知识密集型服务业和专业服务业发展相对滞后。同时，不同领域服务业开放度差异较大，要想更好地提高服务业开放绩效，实现以"开放促

① 姚战琪. 中国服务业开放的现状、问题和对策：基于中国服务业 FDI 视角的研究［J］. 国际贸易，2013（8）：12 - 17.

改革"目标，就必须要考虑到行业异质性的存在。进一步扩大知识密集型服务业（高技术服务业），如生产性服务业进出口贸易规模，逐步取消外资准入限制，重点加快以生产性服务业为主的相关服务业开放。积极制定有利于私有资本进入该行业的政策，给予该行业更多的资金、技术等方面支持，调动行业发展活力，夯实行业开放基础。同时，在保证监管到位和充分考虑防范风险的情况下，扩大旅游、分销、医疗、教育等传统服务业领域开放，分步骤推进金融和电信服务领域开放，有序扩大电子商务、物流等服务业领域开放，密切关注上海自贸区在实施资本技术密集型行业开放，以开放促进服务业市场改革的进展工作，为实施多样化服务业开放战略提供更加丰富的实践经验。

（二）深入推进服务业领域的"准入前国民待遇"＋"渐进式负面清单管理模式"制度建设

2015 年 10 月，国务院发布《关于实行市场准入负面清单制度的意见》，由此开启了我国以负面清单列表方式对各类市场主体实行统一管理的准入制度。2018 年 6 月，国家发展改革委、商务部发布《外商投资准入特别管理措施（负面清单）（2018 年版）》，大幅度放宽市场准入限制条件，清单长度由63 条减至 48 条。负面清单的长度进一步降低，说明我国政府进一步简政放权，放宽市场准入，减少行政审批项目，继续探索并逐步完善对外商投资实行准入前国民待遇加负面清单的管理模式。值得注意的是，我国在上海自由贸易试验区首次制定的负面清单，暴露出过于笼统和宽泛等问题。因为全面负面清单的制定需要搜集中央到地方的相关规制性政策，立即采用全面负面清单可能会产生"直接过渡"风险，渐进式开放才能处理好开放的"步子稳"的问题，并且和现阶段有步骤地扩大服务业开放原则是一致的。所谓的渐进式负面清单是指短期内采用混合清单，同时设立过渡到全面负面清单模式的时间表，同时在负面清单中设定除特定部门层面的投资保留外，还可引入不符措施和未来措施[①]。

---

① 李杨，盖新哲. 层级差异、模式举证与我国服务业开放取向［J］. 改革，2015（7）：39 - 46.

渐进式负面清单的有效实施需要良好的营商环境和完善的市场监管体系作为保障。为此，需扩大电力、石油、天然气、邮政等行业市场准入力度，更好地引进社会资本，同时，对电子商务和网络等无形服务市场要完善事前事后监管体制，常态化的监督必不可少。还应发挥好各级服务贸易促进机构的积极作用，进一步简政放权、放管结合。就地方服务机构而言，应积极探索出台有利于渐进式负面清单和有效制定实施的地方服务业开放法规，从全球价值链服务化的重点行业优先突破。同时，还要在其他行业部门列清过渡到全面负面清单模式的时间表，且每隔一段时期审查进展状况，为服务业稳步有序开放提供动力。

（三）加快服务型企业"走出去"步伐，提升企业对外投资能力

改革开放以来，我国以"引进来"为主要手段，积极吸引境外的资金、技术、管理经验等，促进了服务业外商直接投资成为服务经济发展的主要引擎。而今天，随着国内外经济形势的不断变革，我国面对的开放环境与发展任务也发生了深刻变化。面对国内日益提升的要素成本、环境保护等压力，我国贸易发展模式需要改变以往"利用国内资源、依赖国际市场"的贸易模式，同时加快服务型企业"走出去"步伐，扩大我国服务贸易规模，提高服务业国际竞争力。

一是加强与"一带一路"沿线国家交流合作。借助"一带一路"建设平台，推动具有自主知识产权的高技术产品（如核能、通信、高铁等）出口，利用发达国家人力资本和市场资本，优先开拓高新技术领域的战略性投资与合作，同时加快与相邻国家和重要市场（美国、欧盟）的谈判，扩大自由贸易区的规模和范围，为服务型企业"走出去"参与国际竞争赢得市场主动权。二是加强各部门协调，推出更有力的支持政策，支持我国服务业企业"走出去"，这些政策不仅要包括贸易政策，还要包括产业政策，政府应当对我国服务业"走出去"有全局把握和整体规划，从产业层面为服务业对外开放发展做出积极的目标方向设定，从而更好地开拓国际发展空间。三是缩小服务业企业对外投资项目的审批范围，支持我国服务业企业参与投资、建设和管理境外经贸合作区，建设境外营销网络。

（四）服务业开放过程中要实现对外开放与对内改革的充分结合

从实证分析过程中可以看出，我国服务业市场存在"弹簧门"现象。比如互联网服务、邮政、铁路管理、建筑和专业服务部门等，纷杂的国内规制和繁杂的行政审批手续逐渐成为进一步扩大开放的阻碍，导致我国服务业真实开放度低。在全球价值链不断深化的背景下，要通过深化改革，逐步消除阻碍服务业实际开放的各类显性和隐性规则。一是促进服务业扩大开放综合试点省市积极探索服务贸易管理体制和发展模式，建立不同类型的服务贸易功能区，发挥集聚效应，打破或者弱化部分服务业的行业垄断地位，促进行业间的互联互通，缩小服务行业开放度的差异。二是加大服务部门专业型人才培训、培养和引进力度，可以适当借鉴美国、德国、日本等经贸强国服务型人才培养制度模式，扩大服务贸易领域的中高端人才数量，建设一支高素质的专业人才队伍，为服务市场体制机制改革提供强大的智力支持。三是继续健全和完善服务业开放相关法律法规，统一内外资法律法规，推进公共服务、教育服务等领域改革，全面放开市场准入，打破行业垄断。

（五）注重发挥服务业和制造业互动开放作用，进一步促进服务业高质量开放

世界贸易强国的发展事实表明，在工业化中后期向后工业化时期过渡的阶段，服务业与制造业之间的产业互动发挥了至关重要的作用。服务业开放能够实现服务要素的高端配置，促进产业结构转型升级和打造世界顶级制造业产业集群，为服务业的高质量开放奠定坚实的产业基础。而我国目前服务业开放水平较低，制约了制造业发展。一是要依靠创新驱动，加强在高端制造领域的国际合作，推动传统制造业企业积极探索和培育产业开放的新业态和新模式，加快形成我国参与全球制造业分工的新优势，扭转制造业"低端锁定"的困境。二是要深化自贸区建设和区域贸易合作，不仅要在上海、天

津、福建等国内自贸区深化开放合作的体制机制改革，完善通关、税收等政策，还要从更高层次上实现物流、信息流和资金流的高效自由流动，提升服务业开放发展的质量和效益，同时也要加强中国—东盟自贸区、中日韩自贸区等在服务贸易领域的深度对话和合作，稳步扩大服务业开放，提高服务业真实开放度水平，有效助力制造业转型升级。

第四章

加大西部开放力度

习近平在党的十九大报告提出，"推动形成全面开放新格局"，强调"优化区域开放布局，加大西部开放力度"。我国西部地区占全国总面积的71%，占全国总人口的28%，总体上经济发展相对落后，但存在着巨大的开放发展空间和潜力。如果没有西部地区的扩大开放和深入开放，就不可能形成我国新时代全面开放的新格局。加大西部开放力度是国家西部大开发战略的深化，是对接"一带一路"倡议和"长江经济带"的国家战略，是新时代中国特色社会主义对外开放思想的重要组成部分。

一、新时代加大西部开放力度的必要性

（一）加大西部开放力度是新时代对外开放战略的体现

新时代对外开放战略的基本内涵是以独立自主的全面对外开放为主轴，坚持总体国家安全观，维护世界和平，营造公道正义的安全格局，建立新型的合作与共赢的国际关系①。全面开放的主轴就是要扩大开放的深度和广度，加大西部开放力度是优化开放布局、建立新型国际关系的重要体现。

---

① 黄一玲. 习近平对外开放战略思想的内涵与价值［J］. 佳木斯大学社会科学学报，2017，35（6）：27-29.

1. 有利于形成全面开放新格局

新时代对外开放战略思想涵盖多个领域，是指导我国东西部经济均衡发展的重要思想。只有东部地区的开放不是全面开放，加大西部开放，通过形成内陆和海内外的联动、东西部地区的双向互济，才是全面开放的必要条件。加大西部开放可以优化中西部开放布局、降低开放水平差异、提高开放质量。

中国坚持对外开放的基本国策，是打开国门搞建设，坚持多边贸易体制，推动建设开放型世界经济。西部地区与众多国家接壤，在构建新型国际关系中处于重要地位，促进东西部地区有序开放，是建立新型国际关系的重要体现。我国各地区开放水平差异较大，西部地区发展面临环境和技术约束，加大西部地区开放力度，可以引进外资，提高西部地区经济发展的稳定性，解决西部地区在"走出去"过程中遇到的经济发展难题。

2. 有利于落实区域发展国家战略

"一带一路"倡议、"长江经济带"建设、自贸区建设等政策是促进新时代我国区域发展的重要国家战略，加大西部地区开放力度有利于这些国家战略的有效实施。"一带一路"涉及我国十几个省份，其中大部分是西部地区。"一带一路"是扩大我国对外开放的重大战略，是以传统的丝绸之路经济带为依据，与沿线国家建立深层次的合作。这些西部省份在"一带一路"倡议实施的过程中，发展潜力巨大，进一步加大西部开放力度，可以为"一带一路"倡议发展提供强大动力。

加大西部的开放，推动经济欠发达西部地区的赶超，可以促进长江经济带各省份协同发展。长江经济带在我国范围跨度大，包括中东西部各地区，西部地区可以凭借后发优势，扩大对外开放与经济交流，根据自身特点制订发展计划，顺应长江经济带各地区的空间关联。

西部开放为西部三大自贸区企业进入国际市场提供便利。从 2013 年上海成立自贸区以来，我国现在已经形成了十几个自贸区，其中有三个是西部内陆自贸区，包括四川、陕西、重庆。自贸区从东部沿海地区扩大到内陆，是扩大开放力度的体现，顺应了国际发展的新形势，但西部地区对外贸易依存度较低、运输成本较高，内陆自贸区建设还处于摸索阶段。加大西部地区开放力度，推动西部地区与外界的经济贸易交流，有助于帮助自贸区准确定位，制定合适的自贸区建设方案。

3. 有利于建立人类命运共同体

在新的历史起点上，习近平总书记阐述了怎样构建人类命运共同体。其中，促进各国和各地区协调发展是构建人类命运共同体的核心要义①。人类命运共同体是超越了国家界限的概念，不仅要构建国家与国家间新型关系，也要构建国家内部不同地区与外界协调关系，包括东西部对外开放程度的协调。人类命运共同体战略思想为改变我国东西部地区原有的旧秩序、推动各地区发展进步提供了指导②。

加大我国西部的开放可以造福周边多个国家和地区，与邻近国家的交流与合作可以加快推动建立"人类利益共同体"和"周边命运共同体"，为走向真正的共同体创造条件。同时，加大西部开放力度是直面我国东西部差距问题的体现，也是新型国际关系在国内的体现，是马克思主义共同体思想在中国的发展。

（二）加大西部开放力度是解决西部深层次矛盾的重要举措

目前我国区域发展存在很多深层次矛盾，这些矛盾主要有区域经济发展不平衡、贫富差距较大、贸易结构失调、富余劳动力多等。加大西部地区开放力度，是解决我国这些深层次矛盾的重要举措。

1. 有利于缩小西部区域收入差距矛盾

加大西部开放力度，有利于西部地区吸引外资，享受对外开放优惠政策，克服地理位置劣势，促进区域经济平衡发展，促进就业，提高西部居民收入水平。

加大西部地区开放是对"先富与后富"经济发展理念的有力落实举措，

---

① 曹庆波，范绪枝. 习近平人类命运共同体思想理论渊源探析 [J]. 湖北理工学院学报（人文社会科学版），2018（6）：76-80.
② 张婷婷. 人类命运共同体的思想渊源和理论超越 [J]. 京教育学院学报，2018（5）：42-47.

通过西部开放的资本和人力效应，可以促进西部与外界交流合作，缩小东西部贫富差距，减少东西部不平等竞争。习近平总书记在党的十九大报告中强调，要增强人民获得感、幸福感、安全感，体现了党在新时代社会主义建设中对人民群众现实需要的深刻认识。东西部地区贫困人口数量差距很大，加大西部开放，有利于西部地区引进外部资金开办企业，助力乡村振兴，缩小贫富差距。

2. 有利于解决西部地区劳动力供需矛盾

通过加大西部开放力度，可以使国内外优质教育资源进入西部地区，对富余劳动力进行职业教育培训，提高劳动力基本素质，为富余劳动力进入第二、第三产业提供机会，促进第一产业劳动力向第二、第三产业转移。扩大西部开放力度，可以降低外部资本进入西部地区的交易成本，促进特色优势产业快速发展，增加更多就业机会。以新疆棉纺织业为例，通过引入天虹、金昇等国内外纺织服装企业，近几年累计新增就业 35 万余人，对解决西部地区富余劳动力的转移就业功不可没。另外，由于高素质劳动力大量向东部转移，西部工业化发展将受到劳动力素质普遍不高的严重影响。加大西部开放力度，可以促进西部地区劳动力回流，吸引高素质劳动力，有利于解决西部地区劳动力结构的深层次矛盾。

3. 有利于解决西部地区发展不充分矛盾

中国经济进入新常态以来，区域发展不平衡问题仍然突出，改革开放给西部带来的红利相对较少。由于西部地区特殊的地理位置，距离沿海港口远，海运贸易成本较大，客观上受到了很多限制，经济发展和开放水平低，外资企业数量少，资金吸引力弱，教育水平与东部地区也存在差距。西部开放可以通过出台系列优惠政策，引进外部优质的资本和劳动力，解决我国区域发展不平衡的问题。通过加大西部地区开放力度，促进西部地区资源高效开发利用，促进西部地区产业转型升级，解决西部地区发展不充分的矛盾。

（三）加大西部开放力度是促进经济结构优化的有效途径

在经济全球化背景下，东西部产业协同发展是今后我国经济发展的重要方向之一。随着西部开放脚步的加快和外资不断进入，东西部产业互动增加，合作障碍减少，有利于西部地区形成更加有效的国内外产业对接体系。

1. 有利于引进外资，促进东西部地区产业转移

从国家角度看，东西部地区产业发展不平衡问题一直存在。西部地区在承接产业转移的过程中存在技术和劳动力的阻碍。加大西部对外开放力度可以通过放宽对外经济交往限制，修订西部地区外商投资优势产业目录，促进外资产业进入，从而更加有效促进西部地区承接产业转移。

从产业布局政策来看，产业转移是促进我国区域发展不平衡问题的重要工具，可以实现资源的有效合理配置。在国际合作中，西部地区开放力度的加大可以吸引重点领域的产业投资，带动国内相关产业发展，在西部地区建立合理的产业体系，提高西部地区产业竞争力①。

东部地区正在调整产业结构，技术和资金密集型产业发展快，缓解了东部地区的资源约束。提高东部地区的产业转移需求，给西部地区发展提供了机会，西部地区应该以更加开放的态势来承接产业转移，加快产业结构调整，从而促进全国产业布局进一步优化。

2. 有利于优势产业"走出去"，促进开拓国际市场

西部地区不仅要承接产业转移、淘汰低端产业，还要让优势产业"走出去"。我国西部地区优势产业"走出去"正处在起步时期，扩大西部开放能给予西部优势产业外贸优惠政策，减少"走出去"的政策风险。农业基础产业科技化水平较低，高新技术产业基础薄弱，阻碍了"走出去"的步伐②。加大西部地区的开放可以引进先进技术，提高西部优势产业的国际竞争力，让真正可以"走出去"的产业发展壮大。

"丝绸之路基金"是加大西部开放政策之一，为实现西部地区产业高端化，推动西部地区产业"走出去"提供了政策支持。西部地区资源优势明显，由于近年来能源问题不断突出，外界需求逐渐加大，加大开放力度可以引进先进的生产技术和技术工人，延长资源开发领域的产业链，从资源密集型向技术密集型产业转化，从而扩大产品出口，开拓国际市场。

---

① 陈映. 西部重点开发开放区承接产业转移的产业布局政策探析 [J]. 西南民族大学学报（人文社会科学版），2014，35（6）：113 – 116.

② 曾晓宏. 向西开放视角下西部优势产业高端化路径与"走出去"研究 [J]. 科学管理研究，2016，34（6）：69 – 72.

3. 有利于技术进步，促进产业结构优化

我国东部沿海地区不断进行产业结构调整，促进技术和资金密集型产业的发展。而西部地区一直承接东部地区低附加值和高耗能的产业，产业技术含量总体落后，产品附加值较低。加大西部开放，可以促进西部地区吸收国内外高科技产业的优势资源，有利于西部地区技术进步，促进西部地区产业结构优化升级。同时，加大西部金融资本的开放，创新西部地区中小企业融资制度，能吸引更多东部地区甚至世界范围内的投资者进入，可以促进产业竞争，提高产业发展质量，使西部优势产业的发展更具潜力[①]。资本量的增加为西部地区产业现代化发展提供保障，使产业结构顺应东西部产业协同发展的要求。

4. 有利于扩展贸易空间，促进贸易结构优化

我国对外贸易商品结构中，高附加值商品出口占比总体上较低，特别是西部地区初级产品和低端产品在出口中所占比例较高，技术密集型出口占比很低，这种以低端加工贸易为主导的出口严重阻碍了西部地区的外贸易结构优化进程[②]。加大西部对外开放力度，可以吸引其他地区高技术、高附加值服务业的转移，发展中高端制造业，促进商品贸易结构优化。

我国西部地区外贸依存度远低于东部地区，加大西部开放力度可以通过增加进出口额，降低东西部对外贸易差距。加大西部地区特别是向西向南的开放力度，形成西部地区对外开放空间的新格局，加大与东南亚、中西亚等周边国家贸易，对我国区域贸易结构的调整具有重要意义。

二、加大西部开放力度的理论基础

（一）比较优势理论

大卫·李嘉图在《政治经济学及赋税原理》中提出了比较优势理论。按

---

① 王小琪. 加快西部地区金融开放合作，推进金融资本与产业资本融合［J］. 特区经济，2012（12）：176 – 177.

② 郑蕾，宋周莺，刘卫东等. 中国西部地区贸易格局与贸易结构分析［J］. 地理研究，2015，34（10）：1933 – 1942.

照这一理论，各国应集中生产并出口比较成本低的产品，进口比较成本较高的产品，以节约劳动成本，实现互惠互利。与东部和中部地区相比，西部地区至少在以下三个方面存在明显优势：一是劳动力和土地等要素成本低廉；二是边境线绵长，与多个国家接壤，陆路通道众多；三是旅游景区众多，旅游资源丰富①。实行对外开放，才能扬长避短，发挥优势，获得比较收益。根据比较优势理论，西部地区可优先发展资源密集型和劳动密集型产业，与邻近国家积极开展边境贸易，同时加快西部边境旅游的发展，进一步促进西部地区的对外开放。

（二）增长极与点轴开发理论

法国经济学家佩鲁 1950 年提出增长极理论，该理论的实质是强调区域经济发展的不平衡性，尽可能把有限的稀缺资源集中投入到发展潜力大、规模经济和投资效益明显的少数地区和少数产业，培育经济增长极，然后通过增长极的诱发、极化和扩散效应，影响和带动周边地区和其他产业发展。点轴开发是增长极理论的延伸，不仅强调"点"的开发，而且认为"轴"的建设是区域开发的中心和精华，强调交通条件对经济增长的作用。

从现实情况来看，我国东部沿海、京津冀地区等发展速度较快，很大程度上是由于政治、区位、开放政策等因素影响而形成的启动力。而西部地区对外开放程度，包括对外贸易、利用外资等情况，均落后于东部和中部地区。根据增长极和点轴开发理论，西部地区应以主要城市作为增长极，以主要交通干线为轴，以线串点、以点辐射面，集中力量发展核心城市和基于交通轴的产业带或经济带。

（三）产业转移理论

产业转移是指某些产业从一个国家或地区转移到另一个国家或地区的过

---

① 沈培平. 在发展的势差和比较优势中求发展——论西部地区县域经济的发展思路 [J]. 经济问题探索，2003（11）：10－15.

程，是经济发展过程中普遍存在的一种经济现象①。产业转移从微观层面上可视为企业的区位选择问题，实证研究结果表明，企业更愿意在对外开放水平较高的地区投资②。对外开放水平越高，产品销售到国外市场的速度越快，同时能够较快地引进国外先进的技术、人才和设备。

当前，西部地区承接产业转移面临国外产业引进和东中部地区产业转移加快的历史机遇，而对外开放水平较低是西部地区承接产业转移的一大障碍。西部地区要积极构建市场化、法治化、与国际接轨的营商环境，坚持政策引导和市场机制相结合，以更大开放承接国内外产业、资本和技术转移。

（四）自组织系统理论

自组织系统理论认为，系统要从无序（低级有序）状态向有序（高级有序）状态演进与发展，就必须不断地打破封闭、半封闭的平衡状态，营造非平衡状态，扩大对外开放，不断与外界进行物质、信息与能量的交换③。开放是经济系统不断向前发展的外部要求，在系统涨落的推动下，通过与外部产品、信息、技术的交换和人才交流，作为内部作用机制的"自组织"才会推动经济系统不断优化资源配置，使得经济系统上升到更高水平的繁荣。

开放是系统自组织演化的必要前提，新中国成立以来，中国的经济形态经历了内向型经济、封闭型经济和外向型经济等几种类型的演变④。我国对外开放从建立沿海经济特区到沿边、沿江、内陆地区由东向西渐次展开，在建成珠三角、长三角、环渤海三大经济区的同时，促进了内陆沿边和东部沿海地区对外开放差距明显。西部地区应在坚持主动开放的基础上，积极构建公平竞争的开放发展环境，全面布局开放内容、开放空间和开放举措，要加大开放力度、推进开放深度、扩大开放广度，构建全方位的对外开放格局。

---

① 魏后凯. 产业转移的发展趋势及其对竞争力的影响 [J]. 福建论坛（经济社会版），2003 (4)：11 – 15.

② 桑瑞聪，刘志彪，王亮亮. 我国产业转移的动力机制：以长三角和珠三角地区上市公司为例 [J]. 财经研究，2013，39 (5)：99 – 111.

③ 刘美平. 战略性新兴产业技术创新的共生路径 [J]. 经济研究参考，2012 (12)：35 – 36.

④ 宋泓. 中国是否到了全面推进开放型经济的新阶段？[J]. 国际经济评论，2015 (4)：9 – 25 + 4.

（五）共享经济理论

共享经济最早由美国学者琼·斯潘思和马科斯·费尔逊于 1978 年共同提出，他们以"协同消费"描述了一种新的生活消费方式，其主要特点是：个体通过第三方市场平台实现点对点的直接的商品和服务的交易①。共享经济的本质特征是对"使用权"的共享和对"闲置资源"再配置，其基本理念是"协同"和"合作"。

《中共中央关于制定国民经济和社会发展第十三个五年规划的建议》指出，共享是中国特色社会主义的本质要求。必须坚持发展为了人民、发展依靠人民、发展成果由人民共享，要通过更有效的制度安排，稳步实现共同富裕。西部地区经济基础薄弱，西部大开发需要外部经济的参与和支持。经济合作是世界各国和东部地区参与和支持西部开发的主要方式，也是西部地区扩大对外开放的主要途径。经济合作的实质是以企业为载体，通过区域生产要素流动，使地区生产要素得到优化组合和合理配置，进而带来积极的经济效应②。改革开放以来，在中央政府的直接推动下，西部对外经济合作以及东西部经济合作取得了很大成绩。目前西部大开发正处于承前启后、深入推进的关键时期，西部地区经济结构不合理、科学技术和先进管理经验匮乏、自我发展能力不足的状况仍未根本转变。在新形势下，进一步加强对外经济合作和国内合作，对于深入推进西部大开发、推进区域协调发展，具有重要意义。

（六）生态环境补偿理论

生态补偿的经济学理论是以公共物品、外部性、生态资本等理论为基础。生态补偿是指通过对损害资源环境的行为进行收费，提高该行为的成本③。

① 董成惠. 共享经济：理论与现实 [J]. 广东财经大学学报，2016，31（5）：4-15.
② 靖学青. 西部开发之东西部经济合作的区域经济效应分析 [J]. 上海经济研究，2000（9）：18-24.
③ 毛显强，钟瑜，张胜. 生态补偿的理论探讨 [J]. 中国人口·资源与环境，2002（4）：40-43.

历史经验证明，高质量发展本身就包括生态资源环境保护，高质量发展的基础是高质量改革，而高质量改革的重要动力则主要来源于高质量开放[①]。

西部大开发初期，地方政府为扩大对外开放，片面追求引进外资规模和数量而忽视环境质量。随着经济的高速增长和对外开放的深入，生态环境恶化逐渐成为制约西部地区发展的一大障碍。经济由高速增长转向高质量发展，对外开放也应要求更高层次的开放。高质量开放要求地方政府在提高对外开放水平时，同时注重环境污染和生态补偿问题。西部地区生态环境脆弱，生态产品的稀缺性日益凸显，地方政府应积极转变生态观念，由只向自然索取转变为投资于自然，对自然资源环境支付相应的补偿。通过建立生态补偿机制，将自然资源市场市场化，从而促进资源的有效配置，实现社会效益、经济效益和生态效益的统一。

三、加大西部开放力度的现实依据

（一）东中西部地区的经济差距

21世纪以来，中国经济飞速发展，取得了令人瞩目的成就。国内生产总值从2000年的10.03万亿元增加到2017年的82.71万亿元，人均GDP由7942元上升到59660元（按当年价格）。但是，由于中国地区间在地理位置、资源禀赋、技术条件、历史背景和初始发展水平等方面存在的巨大异质性，导致地区增长的不均衡和地区经济存在差距[②]。

1. 研究方法与数据来源

衡量地区经济发展水平的指标众多，如GDP、人均国民收入、劳均GDP等。选取人均GDP来衡量区域经济实力和测度经济差距，数据来自2001～2017年《中国统计年鉴》以及各省市统计公报。关于数据价格处理，研究

---

① 赵玲，黄建忠，蒙英华. 关于高质量开放若干问题的理论思考 [J]. 南开学报（哲学社会科学版），2018（5）：11－17.
② 李斌，陈开军. 对外贸易与地区经济差距变动 [J]. 世界经济，2007（5）：25－32.

表明，无论是按可比价格还是按当年价格计算，对地区差距影响不大①，因此，采用当年价格计算。

测度区域经济差距的指标主要有绝对差距、相对差距等。主要采用绝对差距和相对差距来分析我国三大区域间的经济差距。绝对差距指标采用绝对离差：$D = y_i - y_j$；相对差距指标采用相对比率：$a = y_j/y_i$。其中 y_i、y_j 为第 i 和 j 区域的人均 GDP。

2. 东中西部人均 GDP 绝对差距

2000 年以来，东中西部及全国人均 GDP 均呈上升趋势（见图 4.1）。从绝对差距来看，西部和中部人均 GDP 的绝对差距较小，两者基本持平。而西部地区与东部地区的人均 GDP 差距较大，且绝对差距呈扩大趋势。

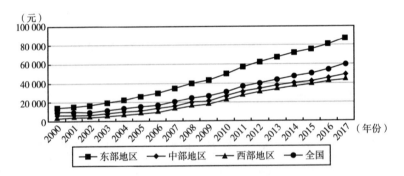

图 4.1 2000~2017 年东中西部地区人均 GDP 变化趋势

3. 东中西部人均 GDP 相对差距

为便于比较东中西部人均 GDP 的相对差距，将中西部地区人均 GDP 与东部地区人均 GDP 的比率作为衡量指标，计算结果见表 4.1。

从人均 GDP 相对比率可以看出，中西部地区与东部地区相对差距较大，东部地区人均 GDP 基本是中西部地区的 2 倍。具体来看，2000~2017 年，中部/东部人均 GDP 比率由 42.69% 上升到 55.63%，增长 13%；西部/东部

---

① 卢艳，徐建华. 中国区域经济发展差异的实证研究与 R/S 分析 [J]. 地域研究与开发，2002 (3)：60-66；罗浩. 地区差距变动的理论分析及中国的实证研究 [J]. 地理学与国土研究，2001 (1)：20-24.

表4.1   **2000～2017年东中西部人均GDP相对比率变化**   单位:%

年份	中部/东部	西部/东部	年份	中部/东部	西部/东部
2000	42.69	35.93	2009	48.68	44.81
2001	42.67	36.22	2010	51.21	47.07
2002	42.03	35.97	2011	53.94	50.25
2003	41.81	36.08	2012	55.22	52.30
2004	42.56	36.58	2013	55.35	53.35
2005	43.01	36.92	2014	55.40	54.06
2006	43.44	37.88	2015	54.79	53.56
2007	45.53	40.61	2016	54.92	53.52
2008	47.76	43.63	2017	55.63	52.78

资料来源:根据历年《中国统计年鉴》相关数据计算。

人均GDP比率由35.93%上升到52.78%,增长17%。中西部地区与东部地区人均GDP相对差距正逐年缩小。

西部/东部人均GDP比率低于中部/东部人均GDP比率。随着西部大开发和"一带一路"倡议等国家重大战略的实施,西部地区经济迅速发展,人均GDP增长速度不断加快。但是由于科学技术、教育水平等条件的约束,西部/东部人均GDP比率始终低于中部/东部人均GDP比率,西部地区人均GDP尚有较大提升空间。

通过对三大地区人均GDP绝对差距和相对差距的分析,可以发现中西部地区经济发展水平明显低于东部地区,且西部地区经济发展最落后。西部地区各省份应积极实践国家政策,抓住"一带一路"倡议契机,推动西部地区经济高水平发展,缩小地区差距。

(二) 东中西部地区对外开放差距

一个国家的对外开放涉及很多方面,如对外贸易、外商投资、技术引进和输出、对外经济合作等。对外开放度是体现一国或地区开放型经济发展规模和水平的重要指标,同时也反映了一国经济进入国际经济的方式、程度和进入成本[①]。现有文献在对外开放度的测度评价方面虽然取得了丰富的研究

---

① 徐冉. 基于VAR的对外开放度与经济增长关系研究——以中国中部地区为例 [J]. 地域研究与开发, 2014, 33 (3): 16-20.

成果，但尚未达成统一标准。在参考以往文献的基础上[①]，从对外贸易、外商投资、对外经济合作和国际旅游等四个方面衡量三大地区对外开放度。

1. 指标选取与数据来源

基于综合性、科学性以及数据可得性等原则，为准确测算对外开放度，选取对外贸易、外商投资、对外经济合作和国际旅游作为 4 个一级指标，并设置了 10 个二级指标（见表 4.2）。所用数据主要来源于 2011 ~ 2017 年《中国统计年鉴》《中国贸易外经统计年鉴》《中国旅游统计年鉴》。

表 4.2 　　　　　　　　　对外开放度指标体系

对外开放度	对外贸易	出口额/GDP
		进口额/GDP
	对外投资	实际利用外商直接投资/GDP
		外商投资企业数
		外商投资企业注册资本/GDP
	经济合作	对外承包工程营业额/GDP
		境外从事承包工程人数
		境外从事劳务合作人数
	国际旅游	国际旅游外汇收入/GDP
		接待入境过夜游客人次

2. 对外开放水平测算

现有文献关于对外开放度的测算方法，主要有主成分分析法、因子分析法、聚类分析、层次分析法、熵值法等。为了尽量减少主观打分对外开放度评价的偏重因素影响，采用熵值法测算对外开放水平。根据表 4.2 的对外开放度评价指标体系，利用熵值法，运用 Matlab2016a 软件对 2010 ~ 2016 年中国大陆 30 个省份（不包括西藏）的对外开放度进行测算，结果见图 4.2 和表 4.3。其中对外开放综合得分越高，则说明对外开放水平越高；反之，对外开放水平越低。

---

① 赵娟，石培基，朱国锋. 西部地区对外开放度的测算与比较研究 [J]. 世界地理研究，2016，25（4）：93 - 101；姚慧琴，耿鹏. "丝绸之路经济带"（西北五省区）对外开放竞争力评价与分析报告 [M]. 北京：社会科学文献出版社，2014：404 - 416.

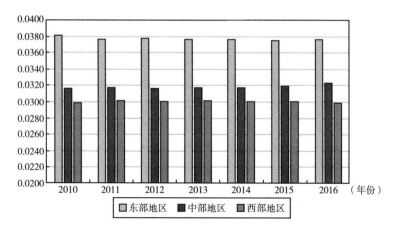

图 4.2　2010～2016 年东中西部地区对外开放度综合得分

表 4.3　　　　　　　　2010～2016 年各省份对外开放度及排名

地区	省份	2010 年	2011 年	2012 年	2013 年	2014 年	2015 年	2016 年	均值	排名
东部地区	北京	0.0400	0.0394	0.0392	0.0390	0.0391	0.0390	0.0384	0.0392	4
	天津	0.0377	0.0378	0.0375	0.0373	0.0379	0.0379	0.0380	0.0377	6
	河北	0.0306	0.0302	0.0301	0.0305	0.0303	0.0301	0.0298	0.0302	23
	辽宁	0.0367	0.0361	0.0364	0.0362	0.0350	0.0333	0.0335	0.0353	9
	上海	0.0458	0.0448	0.0451	0.0444	0.0449	0.0428	0.0432	0.0444	2
	江苏	0.0425	0.0417	0.0410	0.0401	0.0397	0.0388	0.0381	0.0403	3
	浙江	0.0364	0.0355	0.0362	0.0362	0.0367	0.0390	0.0384	0.0369	7
	福建	0.0352	0.0351	0.0356	0.0363	0.0368	0.0363	0.0370	0.0360	8
	山东	0.0373	0.0380	0.0374	0.0376	0.0381	0.0380	0.0379	0.0378	5
	广东	0.0438	0.0439	0.0450	0.0462	0.0456	0.0451	0.0436	0.0447	1
	海南	0.0333	0.0320	0.0317	0.0313	0.0307	0.0331	0.0359	0.0326	14
中部地区	山西	0.0295	0.0298	0.0294	0.0297	0.0292	0.0292	0.0295	0.0295	25
	吉林	0.0324	0.0318	0.0313	0.0309	0.0308	0.0307	0.0305	0.0312	20
	黑龙江	0.0310	0.0308	0.0303	0.0300	0.0302	0.0312	0.0316	0.0307	21
	安徽	0.0320	0.0326	0.0330	0.0328	0.0331	0.0329	0.0337	0.0329	13
	江西	0.0320	0.0322	0.0320	0.0319	0.0322	0.0322	0.0326	0.0322	16
	河南	0.0325	0.0335	0.0337	0.0343	0.0345	0.0351	0.0353	0.0341	10
	湖北	0.0327	0.0326	0.0328	0.0338	0.0329	0.0330	0.0325	0.0329	12
	湖南	0.0307	0.0308	0.0311	0.0311	0.0314	0.0318	0.0324	0.0313	17

续表

地区	省份	2010 年	2011 年	2012 年	2013 年	2014 年	2015 年	2016 年	均值	排名
西部地区	内蒙古	0.0293	0.0291	0.0289	0.0290	0.0289	0.0288	0.0293	0.0290	26
	广西	0.0302	0.0301	0.0301	0.0301	0.0302	0.0307	0.0304	0.0303	22
	重庆	0.0307	0.0315	0.0315	0.0316	0.0320	0.0306	0.0306	0.0312	19
	四川	0.0323	0.0330	0.0327	0.0324	0.0324	0.0319	0.0312	0.0323	15
	贵州	0.0285	0.0286	0.0286	0.0285	0.0285	0.0288	0.0284	0.0286	27
	云南	0.0324	0.0334	0.0332	0.0336	0.0331	0.0334	0.0330	0.0332	11
	陕西	0.0304	0.0309	0.0312	0.0312	0.0314	0.0319	0.0322	0.0313	18
	甘肃	0.0283	0.0284	0.0282	0.0281	0.0281	0.0282	0.0277	0.0281	29
	青海	0.0282	0.0282	0.0287	0.0279	0.0280	0.0282	0.0282	0.0282	28
	宁夏	0.0281	0.0281	0.0278	0.0277	0.0280	0.0278	0.0279	0.0279	30
	新疆	0.0297	0.0300	0.0302	0.0304	0.0302	0.0301	0.0290	0.0299	24

资料来源：根据历年《中国统计年鉴》相关数据计算。

测算结果表明，东部地区对外开放度显著高于中西部地区，且西部地区对外开放水平最低。2016 年东中西部地区的各省份，对外开放度均值最高分别为 0.0447、0.0341 和 0.0332，西部地区略低于中部地区，但明显低于东部地区。在综合排名方面，对外开放排名前十位的省级区域为广东、上海、江苏、北京、山东、天津、浙江、福建、辽宁、河南，其中前 9 名均位于东部地区，第十名位于中部地区。西部地区对外开放度最高省份为云南省，居于第十一位。综合排名后五位分别为内蒙古、贵州、青海、甘肃、宁夏，均位于西部地区。由上述分析可以看出，西部地区对外开放度低，综合排名整体落后，与东部和中部地区存在很大差距。

结合具体数据来看，在外贸方面，2016 年东中西部地区进出口总额分别为 209462.76 亿元、18169.21 亿元和 17055.74 亿元，东部地区进出口总额是中部的 11.5 倍和西部的 12.3 倍，外贸规模差距十分明显。

在外商投资方面，以 2016 年为例，东中西部地区实际利用 FDI 分别占全国总额的 60%、31% 和 9%，西部地区所占比重远远低于东部和中部地区；东部地区外商投资企业数达 416991 家，而西部地区仅有 39967 家，西部地区吸引外资能力薄弱，有待加强。

在对外经济合作方面，2010 ~ 2016 年西部地区对外承包工程额由 78.42 亿美元上升至 134.35 亿美元，发展态势良好。但与东部地区相比，2016 年西部地区对外承包工程额仅占东部地区的20%左右,同时西部地区对外经济合作外派人数呈下降趋势。由此可以看出,对外经济合作是西部地区对外开放所面临的突出短板。

在国际旅游方面,西部地区自然资源丰富,旅游业竞争优势突出,2016年国际旅游外汇收入达 128.6 亿美元,是中部地区的 1.6 倍;但与东部地区相比,仍存在较大上升空间。

(三) 西部地区对外开放区际差异

从西部地区 11 个省份对外开放度均值可以看出(见图 4.3),西部地区对外开放水平前五名分别为云南、四川、陕西、重庆和广西,对外开放度均超过 0.03,其余省份均低于 0.03,且宁夏、甘肃、青海对外开放度最低,排名垫底。

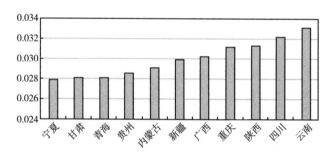

图 4.3 西部地区对外开放度排名

由于自然条件和资源禀赋的异质性,导致西部地区各省份对外开放水平有所差异。为进一步比较西部各省份对外开放情况的具体差异,结合对外开放度指标体系,分别从对外贸易、外商投资、对外经济合作和国际旅游等方面对西部 11 个省份进行分析,结果见表 4.4。

在对外贸易方面,重庆是西部地区外贸的龙头城市,外贸开放水平位居首位。新疆、广西、四川凭借其独特的地缘优势、资源优势和政策优势,外贸发展迅速,表现较突出。云南、宁夏、甘肃、陕西、贵州外贸开放水平紧随其后,表现一般。而内蒙古、青海外贸开放水平最低,与重庆等省份存在一定差距。

表4.4   **西部地区对外开放具体排名**

省份	对外贸易	排名	外商投资	排名	对外经济合作	排名	国际旅游	排名
内蒙古	0.005486	10	0.008243	4	0.009386	10	0.005914	6
广西	0.005814	3	0.007943	6	0.009914	5	0.006629	2
重庆	0.006200	1	0.008800	2	0.009814	6	0.006414	4
四川	0.005800	4	0.008814	1	0.011943	1	0.005700	7
贵州	0.005543	9	0.007743	8	0.009771	7	0.005486	8
云南	0.005729	5	0.008143	5	0.011543	2	0.007757	1
陕西	0.005600	8	0.008314	3	0.010757	3	0.006629	3
甘肃	0.005614	7	0.007629	11	0.009743	8	0.005200	11
青海	0.005471	11	0.007743	9	0.009657	9	0.005343	9
宁夏	0.005614	6	0.007814	7	0.009257	11	0.005229	10
新疆	0.006000	2	0.007671	10	0.010371	4	0.005929	5

资料来源：根据历年《中国统计年鉴》相关数据计算。

在外商投资方面，四川、重庆、陕西营商环境良好、基础设施建设等比较完善，吸引外资优势突出。以2016年为例，四川、重庆、陕西实际利用外资额和外商投资企业数远远高于西部地区其他省份，外资吸引能力较强。贵州、青海、新疆、甘肃等吸引外资能力较弱，外商投资水平较低。

在对外经济合作方面，在国家"全面构建开放型经济新体制"和"一带一路"倡议的引领下，西部各省份不断开拓国际市场，开展对外承包工程与劳务合作，扩大业务规模，积极践行"走出去"战略。其中四川、云南、陕西、新疆"走出去"成效明显，对外经济合作水平明显优于其他省份，而青海、宁夏、内蒙古等对外经济合作水平亟须提升。

在国际旅游方面，云南省旅游资源丰富，区位条件优越，旅游业对外开放明显领先于西部地区其他省份。广西、陕西、重庆等在旅游业对外开放上也表现突出。而甘肃、宁夏、青海受到经济基础和交通基础设施等条件约束，旅游业对外开放发展滞后。

总体来看，自实施西部大开发以来，西部地区经济发展迅速，2010年以来西部地区整体经济发展速度大幅超过东部沿海地区，2017年全国GDP增速排名前四位为贵州、西藏、云南和重庆，都位于西部地区。以大开放促大开发,是促进西部地区经济发展的重要战略构想,向西开放成为新一轮西部大开发的突破重点和突破方向①。在我国积极推进"一带一路"建设的背景下,西部地区对外开放步伐不断加快,但对外开放水平仍低于全国平均水平,与东中部地区(尤其是东部地区)存在较大差距。西部地区经济基本上属于内向型经济,外向经济不发达,对外开放对经济的带动作用很小②。加大西部地区对外开放力度,不仅能够有效提升西部地区外向型经济发展水平,同时对"一带一路"倡议的顺利实施具有重要影响。

四、加大西部开放力度的产业、空间与路径选择

(一) 加大西部开放力度的产业选择

1. 产业选择的思路

加大西部地区开放力度,就是要加大西部地区引进 FDI、增加进出口和加强对外经济合作的力度,这都需要以西部地区具体产业为依托。如何从众多产业中寻找着力点,是一个值得研究思考的重要问题,特别是要考虑资源禀赋条件、发展优势和潜力。

根据区域不平衡增长理论以及联系效应理论,应选择培育产业关联效应大的主导优势产业,以主导优势产业为动力带动其他关联产业的发展,从而带动整个西部地区开放③。加大西部地区开放力度的产业选择,一方面,要注重发挥西部地区资源禀赋优势,特别是农业资源和矿产资源优势,大力促进资源型加工业的对外开放,建立优质特色农产品和中高端矿产资源加工产品出口基地;另一方面,要强调创新发展,注重用现代科技和信息技术改造传统产业,加快新旧动能转换,加快西部地区转变经济增长方式和产业转型

---

① 张荐华. 我国西部以大开放促大开发的战略构想 [J]. 思想战线, 2001 (1): 14 – 18; 刘世庆, 许英明. 向西开放: 中国新一轮西部大开发的重点与突破 [J]. 经济与管理评论, 2013, 29 (3): 128 – 134.

② 郑长德. 开放带动: "一带一路" 建设与西部地区的经济发展 [J]. 南开学报 (哲学社会科学版), 2017 (3): 40 – 49.

③ 梅晓庆. 向西开放格局下新疆优势产业的选择及发展研究 [D]. 石河子大学, 2011.

升级，发展战略性新兴产业和高新技术产业，促进西部地区经济的高质量发展。同时，在资源开发和产业发展上，要强化保护自然生态环境，坚持"绿水青山就是金山银山"，着眼西部地区经济社会的可持续发展。

2. 西部优势特色农业及农副产品加工业

西部地区农业资源丰富，地区特色优势明显，粮、油、肉、蛋、奶、茶、水果、蔬菜和各种野生资源丰裕，特别是云南、广西、新疆、内蒙古以及四川等地区，优势特色农业及农副产品加工业具有很大发展潜力，是加大西部地区开放应大力发展的重要产业。2013 年西部地区有国家级出口食品农产品质量安全示范区 31 个，占全国 21.53%，农产品出口数量占全国 11.56%。2017 年，西部地区有国家级出口食品农产品质量安全示范区 97 个，占全国 26.43%，农产品出口数量占全国 14.20%，4 年间农产品出口数量增长 36.28%①。但是，中国农产品出口主要集中在东部地区，2017 年占 73.37%，地区不平衡现象特别显著，西部地区农产品出口水平总体较低，农副产品加工及其出口仍然有很大增长空间。西部地区应借鉴中国台湾、泰国等地区农产品出口加工基地建设经验，优化区域投资环境，加大政策支持力度，吸引投资，加强合作，实施品牌化战略，建立、健全农产品加工检测及质量控制体系，以优势特色农业生产基地为依托，大力发展西部特色农副产品加工业。

3. 西部能源与金属矿产资源精深加工业

西部地区能源矿产资源丰富，其中煤炭、石油、天然气资源相对更为丰裕。但是在石油和天然气的开发上还相对低端，深加工方面更为薄弱，特别是在产业链下游环节，更需要通过中外技术交流合作，开发高附加值产品。内蒙古、陕西、新疆等地要加大煤炭资源的综合利用，加强外部合作，延长煤炭产业链；新疆、陕西、甘肃、内蒙古、重庆和四川等地要以石油产品深加工为重点，全方位提高石油、天然气产品的附加值，重点发展石化附加产品，如乙烯等有机化工业、合成材料产业、化肥产业等，带动交通运输、医药等产业的飞速发展，提高西部对外开放程度，并通过优化经济循环模式，

---

① 根据商务部（2013~2017 年）《中国农产品进出口月度统计报告》整理计算。

实现西部地区经济的协调可持续发展①。

西部地区有色金属矿产资源丰富，统计数据显示，截至 2014 年底，西部地区主要有色金属铜矿、铅矿、锌矿、铝土矿、钒矿分别占全国总量的 51%、75%、81%、69%、93%。但是在资源开发利用率、生态环境保护和中高端合金及复合产品开发等方面整体水平较低，产业链短，高能耗、高污染、高排放等问题突出。尤其在铜、铅、锌、铝、镁、钒、钛、镍等有色金属精深加工，以及稀土高端产品应用加工等领域，要进一步加大利用外资力度，提高加工技术含量，开发高附加值产品，大力发展新型绿色有色金属材料产业。

4. 装备制造与新材料等战略性新兴制造业

2015～2017 年，西部地区高新技术产品出口增长率为 33.14%，增长速度较快。但是，西部地区高新技术产品出口数量较小，2015～2017 年进出口占全国出口分别为 8.5%、9.3% 和 10.9%，并且地区发展不平衡等问题突出，2017 年四川、重庆和陕西三个地区高新技术产品进出口占西部地区 87.6%②。同时，西部地区机电产品进出口情况也与高新技术产品比较类似，说明西部地区制造业总体发展水平较弱，特别是中高端装备制造和新材料等战略性新兴制造业发展更为落后。

西部地区应以装备制造、新材料、生物医药、节能环保、电子信息等优势领域为发展重点，形成一批战略性新兴产业的专业性产业集聚地，支持能源、环保、化工、汽车等装备制造，以及动力电池、稀土功能、有色合金、聚氨酯化工、生物医药等新型材料产业发展。同时，西部地区要采用高新技术产业带和重点城市相结合的模式，形成了网络化的空间组织形态③，特别要加快建设关中高新技术产业带和成—绵—渝高新技术产业带④，带动整个西部地区战略性新兴制造业发展。

---

①　杜小武，刘一臣. 低碳经济下的西部石油天然气产业竞争力研究［J］. 西安石油大学学报（社会科学版），2017，26（3）：7－13.

②　根据商务部（2015～2017 年）《中国高新技术产品进出口月度统计报告》整理计算。

③　张晓平，陆大道. 中国西部地区高新技术产业发展战略及空间组织形式［J］. 地理科学，2004，24（2）：129－135.

④　陈思思. 西部地区高新技术产业发展的空间布局研究［D］. 云南师范大学，2014：75－76.

5. 西部文化旅游与商贸物流等现代服务业

西部地区自然风光、民族风情、历史文化、人文景观等文化旅游资源十分丰富。随着西部大开发的发展，西部地区旅游业发展迅速。2012～2017年，西部地区旅游业总收入增长209.07%，但是2017年西部旅游业收入仅占全国27.90%[①]。在"一带一路"倡议背景下，西部地区旅游业迎来了前所未有的发展新机遇和巨大发展空间，文化旅游业将成为加大西部地区开放的具有领先和启动属性的重点产业。西部地区文化旅游业，要以"互联网＋"、"旅游＋"、全域旅游、生态旅游等新理念引领，重视文化、创意、信息技术与旅游融合发展，推动文化旅游发展模式转变，强化西部特色优势旅游项目开发，促进旅游产业链纵向延伸和横向拓展，并大力推进西部地区旅游文化产业全面深度开放。西部地区要重点打造丝绸之路、长江沿线、大香格里拉、大年保玉则、青藏铁路沿线等旅游带，加快培育黄河文化、沙漠探险旅游带，以及新疆、西藏、内蒙古、宁夏旅游目的地和武陵山、大巴山旅游区，加快建设西部国际文化旅游名城、国际旅游港和国际旅游示范区。

商贸物流产业是区域经济发展的基础性产业和先导性产业。对于相对落后的西部地区，更应加快发展商贸物流产业，发挥商贸物流产业在活跃地方经济、引领消费需求和支撑产业的重要作用。支持西部地区现代商贸物流服务体系建设，重视"商贸、物流与电子商务"协同融合发展，大力推进"互联网＋"高效物流发展，发挥商业功能区和流通节点城市功能，建设现代商贸网络信息交易平台，加快培育国家级、省级电子商务示范基地，打造高效便捷的西部物流大通道。

（二）加大西部开放力度的空间选择

1. 空间选择的思路

西部地区地域辽阔，资源禀赋条件和经济发展水平差异性大，要求在加大西部地区开放力度的基础上，要有所为和有所不为，空间选择上主要以

---

① 根据各省份历年国民经济和社会发展统计公报计算而得。

"比较优势"和"不平衡发展"理论为指导，优先考虑服务国家战略，按照"增长极""点轴开发""网络开发"区域演进规律，选择具有区位优势、资源优势和城市综合基础设施较好的城市，培育一批经济增长极；结合"点轴开发理论"，以交通线路、信息物流通道以及产业基础为依托，培育若干经济发展带；依据区域经济发展水平及其城市之间相互联系，考虑核心城市功能定位及服务辐射能力，打造几个重点经济发展区，形成以点带动、线轴联动、点线面协同发展新格局，从而提高西部地区整体对外开放和经济发展水平。

2. 培育西部开放增长极

一级增长极：重庆、成都和西安。

根据实证分析结果，四川、重庆和陕西在对外贸易、外商投资和对外开放程度上均在西部省份中处于领先定位。重庆、成都和西安位于"一带一路"和"长江经济带"的重要联结点，向西对接西藏、南亚大市场，向东连接长江经济带，不仅享有巨大的政策红利，且均将"中欧班列"纳入了总体方案，构建了完善的空、铁、公、水联运的立体综合开放通道体系。重庆、成都和西安市都是国家自贸区试点城市，西安是西北地区的科技中心、金融中心和物流中心，重庆和成都是西南地区制造业、高新技术和金融业基地，对周边区域具有很强的辐射带动作用，是加大西部地区开放力度的一级增长极。

二级增长极：广西北部湾和新疆乌鲁木齐。

广西北部湾位于海陆交界处，汇集了"渝桂新""陇桂新""蓉欧＋东盟""中欧班列（钦州）"等海铁联运班列。2018 年，"中新互联互通项目南向通道"开通，向南经广西北部湾连接丝绸之路和中南半岛经济走廊，向北连接丝绸之路经济带，让"一带一路"经中国西部地区形成了完整的环线。以南宁市、北海市等为核心的北部湾作为南向通道的起点①，西部开放海岸的战略支点，正在成为"一带一路"有机衔接的重要门户港和区域性物流商贸基地，成为中国面向东盟开放合作的新门户、新枢纽、新高地。

---

① 李牧原，郝攀峰，许伟. 试看"南向通道"的战略布局［J］. 中国远洋海运，2018（6）：46－49.

新亚欧大陆桥连接亚太与欧洲两大经济圈,是中国唯一拥有通往波罗的海、英吉利海峡、波斯湾和印度洋四大出海口的陆路通道。新疆是新亚欧大陆桥的重要枢纽地,西部地区可以通过铁路、公路、航空等串联内陆多省市区,并经新疆出境,形成辐射南亚、中东、欧洲等区域的黄金物流通道。乌鲁木齐市作为西部开放的重要增长极,可以利用其优越的地理优势,通过区域联动和国际合作,进一步推动西部整体和"一带一路"沿线国家的贸易往来,也将改变西部对外开放空间的新格局。

三级增长极:昆明、贵阳、兰州、西宁、银川、呼和浩特和拉萨。

3. 打造西部开放经济带

以交通通道及城市间经济联系为基础,重点打造以下西部开放经济带:

西陇海—兰新线经济带:以电子信息、机电一体化等高新技术产业为先导,重点发展能源原材料、现代制造、商贸物流、文化旅游等产业。

长江上游成渝经济带:以高新技术为先导,重点发展汽车与装备工业机械电子、生物制药、生态农业与食品加工、旅游和现代服务业等产业。

黄河上游经济带(呼—包—兰—青线经济带):以能源开发与矿产资源加工新技术为先导,重点发展能源与新材料、农副产品加工和商贸服务业等产业。

西南南昆经济带:依托南昆铁路,东起南宁,西到昆明,北接贵州红果,重点发展矿产资源加工、生物医药、特色农业和文化旅游等产业。

新疆北疆经济带:自吐鲁番,经乌鲁木齐,沿北疆铁路到乌苏市,克拉玛依,重点发展矿产资源加工、特色农业及农副产品加工、商贸物流、特色旅游等产业。

4. 构建西部开放空间体系

西部地区应重点强化建设"重庆、成都、西安"三大内陆对外开放高地,提高三大核心城市对成渝城市群和关中城市群的开放辐射带动能力;加快建设"南宁—北部湾、乌鲁木齐—喀什—阿拉山口"两大口岸贸易港区,提升西部地区与东盟、中亚和欧盟等国家的贸易水平;加快打造黄河上游、南昆、北疆等开放经济带,提升重点特色产业对外开放水平。结合"五横两纵一环"西部开发总体空间格局以及西部地区 10 大城市群建设,形成以点(增长极)带面,以线（交通干线）串点，有效对接中东部以及沿海沿边地区，重点辐射"一带一路"沿线国家的西部地区全方位开放的新型空间体系。

（三）加大西部开放力度的路径选择

加大西部地区开放力度，除了选择产业和空间着力点以外，在路径选择上应从影响西部开放的关键因素出发，并综合考察与其他要素之间复合作用，寻找能够降低贸易成本，促进贸易便利性，改善利用外资环境，提升国际竞争优势的有效途径。

1. 物流驱动 + 电商引领，推进通道建设，扩大对外贸易空间

西部地区的外向型经济整体较弱，其中物流就是制约西部地区融入国际供应链的一大障碍。如果说交通是西部开放的最重要基础，那么物流则是西部开放的动力之源。加快交通基础设施建设，依托交通枢纽建立物流园区，推进西部地区物流大通道建设，可以有效降低对外开放特别是商品贸易的运行成本，提高开放贸易的运行效率。以物流通道为引擎带动西部开放，发挥交通枢纽地区物流集聚效应，带动人流、商流、资金流和信息流集聚，形成西部国际贸易商品聚集地，加强西部地区与外部的贸易往来；同时利用商品货物中转过程来实现供应链的增值，以大流通带动大物流、大数据、大金融的多流汇集，引导对物流成本和时效敏感的产业在此投资布局，进一步扩大西部地区的对外贸易程度①。

跨境电商将成为国际贸易的新引擎。截至 2018 年 7 月，国务院已经批准西部地区建立重庆、成都、兰州、呼和浩特、贵阳、南宁、昆明、西安 8 个跨境电子商务示范区，电子商务、跨境电商和数字贸易作为新兴贸易方式，拉近了西部地区与世界的距离，能够有效扩大对外贸易空间，引领西部转变贸易增长方式，提升西部地区对外开放水平。

2. 创新驱动 + 高新技术引领，助力制造业"走出去"和"引进来"

在资源逐渐匮乏，环境压力日益增大的情况下，西部地区依靠低劳动力

---

① 轩辕杨子. 建设高科技驱动的智慧物流枢纽中心［N］. 西安日报，2018 - 01 - 18（004）.

成本的比较优势发展加工型贸易的空间将大大收窄，西部优势产业逐渐缺乏发展的可持续动力、对外投资的主体实力和全球竞争力①。西部地区必须坚持创新驱动，特别是农业和矿产资源制造业领域，更要依靠技术创新，开展精深加工，增加产品附加值，打造优势品牌，提升产品在全球价值链中的竞争能力。西部地区要重视以高新技术引领，加大研发力度，培育企业竞争优势，发挥关中、成渝等一批西部高新技术产业集群辐射带动作用，加快发展战略性新兴产业，以高附加值产品融入区域经济合作和全球多边贸易体系，促进制造业"走出去"和"引进来"，提升西部企业国际竞争力，促进西部地区对外开放的高质量发展。

3. 创意驱动＋示范区引领，推动招商引资，促进文化旅游融合发展

创意是文化旅游资源价值开发和价值实现的先导。没有创意，很难设计出具有吸引力的文化旅游产品，文化旅游业就没有发展潜力。西部地区有着独特的地貌风景，深厚的传统文化，通过创意引领，讲好西部历史文化故事，结合传统古老元素与现代信息技术，展现西部地区文化旅游魅力。没有"互联网＋"，乌镇只是一个普通的南方水乡小镇。西部地区文化旅游业发展应大力利用现代信息技术和互联网平台，如通过数字复原与数字再现等技术手段，搭建历史文物资源库，让文物"活起来"并制作成数字化虚拟信息资源进行新的开发利用，实现数字出版与传播，扩大西部文化资源的影响力②；通过互联网平台，将大数据与文化旅游紧密结合到一起，挖掘宣传西部地区及"一带一路"沿线国家历史文化资源，开发在线旅游新模式，吸引境外游客。同时，加大吸引国内外投资，对重大景区项目进行改造，挖掘其背后文化内涵，促进特色农业等相关产业深度融合，并加快西部国际旅游示范区建设，打造西部文化旅游产业集群品牌。

4. 政策驱动＋自贸区引领，推进贸易便利化，完善对外开放体系

新时代我国经济发展更加注重创新驱动和市场驱动，但是对于经济基础、产业配套和创新环境等相对较弱的西部地区，特别是西部对外开放以及

---

① 张风丽. 资源环境约束下新疆产业转型路径研究 ［D］. 石河子大学，2016.
② 秦枫. 非物质文化遗产数字化生存与发展研究——以徽州区域为例 ［D］. 中国科学技术大学，2017.

一些新兴产业领域，促进经济发展的政策驱动仍然比较重要。另外，从区域经济演化、生态补偿、共享经济等理论出发，对于落后的西部地区采取政策驱动有理论基础。西部地区政策驱动的着力点，总体上要放在基础设施建设、产业结构优化、创新人才引进、投融资环境改善等方面，在对外开放方面重点强化招商引资和贸易便利化等政策，特别是加快重庆、四川、陕西3个自贸区建设，发挥自贸区引领带动作用，促进西部地区不断完善全方位、多层次的对外开放体系。

五、新时代加大西部开放力度的政策建议

以习近平新时代中国特色社会主义思想为指导，结合 2010 年以来新一轮西部大开发和 2015 年以来"一带一路"倡议等政策，把"加大西部地区开放"上升到国家更高战略位置，深入研究阻碍西部地区开放的重要因素[①]，从试验区和示范区建设、基础设施建设、招商引资引技引智、开放型产业建设、贸易营商环境建设等方面综合审视，利用财税、金融和法规等手段，提出制定并优化新时代进一步加大西部开放力度的政策建设。

（一）西部自贸区建设支持政策

2016 年，党中央批准成立重庆、四川、陕西3个西部自贸区，作为连接"一带一路"沿线国家的重要枢纽和"向西开放"的战略前沿，国家要赋予西部自由贸易试验区更大改革自主权，要在税收和金融政策上给予更大倾斜。西部自贸区要特别加强先行先试制度创新，突破体制机制限制，促进贸易投资便利化；要加强自贸区功能建设，强调区域发展带动和对接"一带一路"倡议，探索具有西部地区特色的自贸区差异化发展道路。

笔者建议，加大西部地区开放力度，要进一步增加西部自贸区数量，比如增加新疆自贸区。同时，加大沿边地区口岸和边境城市开放力度，建立沿

---

① 卢伟，李大伟. 是什么在阻碍西部地区对外开放？——利用外资和对外投资篇［J］. 中国经贸导刊，2018（30）：31 - 34.

边重点开发开放试验区，改变原有的沿边口岸监管模式，促进监管服务改革，促进自贸区与边境口岸的协同发展，进一步提升西部地区沿海沿边对外开放水平。

（二）西部招商引资支持政策

切实贯彻《关于积极有效利用外资推动经济高质量发展若干措施的通知》精神，制定优化区域开放布局、引导外资投向中西部等地区的政策。

放宽西部地区外资准入，扩大西部地区开放领域。从优化业务准入许可和投资项目核准程序入手，大幅优化西部地区的营商环境。落实《外商准入特别管理措施（负面清单）（2018）》，逐步有序开放汽车、船舶、航空、金融、物流等行业，探索在西部自贸区内进一步扩大文化、医疗、教育等服务业市场开放力度。

实施更加优惠的税收政策。与东南亚相邻国家相比，西部地区吸引外资的税收优惠政策已不具备竞争优势。笔者建议，可以参照中国香港、新加坡等自由贸易港税收政策，从国家层面支持重庆、四川、陕西自贸区逐步实施更加优惠的招商引资税收优惠政策。拓宽西部利用外资渠道。支持西部企业借助各种渠道利用境外资金，如境外发债、融资租赁、商业保理、供应链融资、内保外贷、内保直贷回流等，进一步扩大利用外资规模。

（三）西部开放型产业支持政策

根据《西部地区鼓励类产业目录》和《中西部地区外商投资优势产业目录》，引导外资投向重点产业领域，大力发展西部地区的特色优势产业，加大对重点产业的财政补助，促进各区域产业协调发展①，建立一批西部优势产业出口集聚基地。

推进西部优势产业对外交流合作，制定《境外投资鼓励类国家和行业目录》，完善对外投资税收金融优惠政策，并对企业对外投资等项目获取的银

---

① 国家发改委. 主动扩大对外开放，实现更广互利共赢——国家发展改革委有关负责人就《外商投资产业指导目录（2017年修订）》答记者问 [J]. 中国外资，2017（15）：28－29.

行贷款，按照一定利率对企业进行补贴。

支持西部地区各类园区和示范区建设。西部地区引领开放型产业发展的国家级园区相对较少，在 18 个国家自主创新示范区仅有 3 个，在近百个国家高新技术开发区仅有 17 个。笔者建议，应在西部国家级园区建设上应给予更大支持，如支持两江新区、贵安新区，中卫、呼和浩特、延安等大数据产业技术创新试验区，以及宁夏、贵州等内陆开放型经济试验区。

（四）西部基础设施建设支持政策

加大中央财政对西部地区转移支付，并将这些资金重点应用于西部地区基础设施建设，加强交通、水利、能源、通信等设施建设，着力构建"五横四纵四出境"综合运输大通道，为西部地区对外开放打好硬件基础。

加大交通枢纽和贸易口岸的物流基础设施建设，打造一批国家和省市级现代物流园区，为"中巴经济走廊""中欧班列"等提供物流支持，有效对接"一带一路"沿线国家，促进商品贸易便利化。加快提升信息基础设施，推进与哈萨克斯坦、巴基斯坦、缅甸等周边国家信息通信设施互联互通，加快建设中国—东盟信息港。

（五）西部创新创业人才支持政策

国家及地方政府要加大西部地区创新创业人才引进力度，对国际顶尖人才（团队）、"两院"院士、国家"千人计划""万人计划"专家等到西部创新创业，不仅要给予高资金资助或奖励，还要从落户、融资、子女教育、医疗、政务等方面完善人才服务体系，以保障既要引进来，又要留得住。

国家教育和科研主管部门，要大力支持西部高校与国内外一流高校和科研院所开展学位联合培养、师资培训，培养具有国际视野、熟悉国际规则的创新创业人才。特别支持西部高校和职业技术院校，培养西部地区战略性新兴产业和外向型经济方面的急需人才，例如数字贸易和跨境电子商务人才。

| 第五章 |

建设自由贸易港

2017 年 10 月，党的十九大报告提出，要"赋予自由贸易试验区更大改革自主权，探索建设自由贸易港"，"推动形成全面开放的新格局"[①]。2018 年，国务院总理李克强在政府工作报告中进一步提出"全面复制推广自贸试验区经验，探索建设自由贸易港，打造改革开放新高地"[②]。2018 年 4 月 13 日，党中央再次决定"支持海南全岛建设自由贸易试验区，支持海南逐步探索、稳步推进中国特色自由贸易港建设"[③]。目前，包括原有自贸试验区试点地区，部分东部沿海和中西部地区均提出了加快探索自由贸易港的建议与规划。

中国特色自由贸易港作为自由贸易试验区的升级，是新时代全方位开放的新突破、新模式，也是促进中国经济转型升级、积极参与全球经济治理的重要举措。自由贸易港虽然早在 14～15 世纪就在欧洲出现，但现代意义的自由贸易港已经经历了从"第一代的海港型（主要从事转口贸易与转运）→第二代港口向港区延伸型（新增加工制造功能）→第三代资源配置型（具有全球贸易信息和物流信息综合运筹功能）→第四代港航联盟和港际联盟型（强调港口网络的形成）"的多次演化[④]。在党中央提出"建设自由

---

① 习近平. 决胜全面建成小康社会　夺取新时代中国特色社会主义伟大胜利——在中国共产党第十九次全国代表大会上的报告 [M]. 北京：人民出版社，2017.

② 李克强. 政府工作报告——2018 年 3 月 5 日在第十三届全国人民代表大会第一次会议上 [EB/OL]. 2018 - 03 - 05. http：//www. gov. cn/guowuyuan/2018 - 03/05/content_5271083. htm.

③ 习近平. 在庆祝海南省办经济特区 30 周年大会上的讲话 [EB/OL]. 2018 - 04 - 13. http：//www. xinhuanet. com/politics/2018 - 04/13/c_1122680495. htm.

④ 黄茂兴. 中国自由贸易港探索与启航——全面开放新格局下的新坐标 [M]. 北京：经济科学出版社，2017.

贸易港"后，汪洋同志在《推动形成全面开放新格局》① 一文中将中国特色自由港定义为："设在一国（地区）境内关外、货物资金人员进出自由、绝大多数商品免征关税的特定区域，是目前全球开放水平最高的特殊经济功能区。"可以说，中国特色自由贸易港的探索不仅有利于承接自由贸易区建设的既有成果，推动自由贸易区更深度的制度创新，并且可以在税收优惠、高层次金融开放、高效物流通关、吸引高素质人才、以高度自由开放为目标的监管制度等方面，将中国改革开放对标国际最高水平的贸易投资便利化，实现中国全方位对外开放的新突破。

从这个意义上讲，探索建设自由贸易港是中国改革开放进程具有里程碑意义的重大事件，是以习近平同志为核心的党中央在经济全球化进入结构性变迁、中国开放型经济建设进入突破阶段的大背景下，为推动中国经济发展从高速度转向高质量，转变发展方式、优化经济结构、转换增长动力所采取的战略性举措，是中国经济发展主动顺应全球化经济治理新格局、形成全方位对外开放新格局的重要选择，为实现中华民族伟大复兴的国家战略目标和构建人类命运共同体的全球发展目标提供了一条崭新思路。

一、新形势下中国对外开放的重大突破

回顾中国改革开放历程，不难发现，中国的对外开放是基于对世界发展趋势和中国应对策略的深刻思考，是主动承接、积极参与经济全球化浪潮的战略选择。1979 年改革开放之初，邓小平同志就意识到中国经济发展与经济全球化重心转移趋势息息相关，也与中国采取的应对策略息息相关。他坚定支持对外开放的国策，并通过经济特区的形式实现了中国对外开放的第一次突破。在1979 年 4 月的中共工作会议期间，广东省委提出在毗邻港澳的区域设立出口加工区，得到了邓小平的坚决支持。1984 年初，邓小平考察了深圳、珠海和厦门，他用"窗口论"对特区的性质和作用进行了科学概括："特区是个窗口，是技术的窗口，管理的窗口，知识的窗口，也是对外政策的窗口。"② 1989 年

---

① 汪洋. 推动形成全面开放新格局［N］. 人民日报，2017 - 11 - 10（4）.
② 邓小平文选（第三卷）［M］. 北京：人民出版社，2001.

后，中国对外开放战略到了十字路口——是否继续实施开放政策？开放力度是增大还是减小？对外开放的突破口在哪里？关键时刻，邓小平不失时机地提出将浦东开发作为对外开放的第二次突破口，"要把进一步开放的旗帜打出去，要有点勇气……现在国际上担心我们会收，我们就要做几件事情，表明我们改革开放的政策不变，而且要进一步地改革开放"①。"抓紧浦东开发，不要动摇，一直到建成"②。最终，浦东开发开放带动了长三角经济的崛起，将中国改革开放提升到新高度。进入21世纪，改革开放已经将中国发展为全球第二大经济体、世界第一大贸易国。但是，国内经济发展中不平衡、不协调、不可持续问题仍很突出，经济结构转型升级缓慢，对投资过度倚重而消费力不足，尚未形成内需增长路径；同时，国际需求疲弱以及国内劳动力成本升高加速了产业外移，出口对经济增长的带动力式微。此外，世界贸易规则、标准和格局仍存在巨大变数，中国发展的外部环境并不稳定。为此，以习近平同志为核心的党中央果断地提出"自由贸易园区试验区"的构想，以便进一步深化对外开放战略、通过制度改革和创新实现更高水平的贸易投资便利、充分释放改革红利、谋求中国经济发展新动力。由此，自贸区建设成为中国对外开放的第三次突破口。从十二届人大二次会议到五次会议，习近平总书记在历次参加上海代表团审议时，一直强调：上海自贸区建设要"大胆闯、大胆试、自主改"，"上海要继续当好改革开放排头兵、创新发展先行者"，"使制度创新成为推动发展的强大动力"。③ 从2013年起，国务院先后发布了《中国（上海）自由贸易试验区总体方案》《中国（上海）自由贸易试验区进一步扩大开放的措施》《国务院关于推广中国（上

---

①② 邓小平文选（第三卷）[M]. 北京：人民出版社，2001.

③ 习近平参加上海代表团审议 [EB/OL]. 2014 – 03 – 05. http://www. xinhuanet. com//politics/2014 –03/05/c_119627165. htm. 该提法最早见 1992 年邓小平南方谈话（《邓小平文选（第三卷）》），邓小平指出："改革开放胆子要大一些，看准了的，就大胆地试，大胆地闯。"深圳飞速发展的一条重要经验就是"大胆闯、大胆试"。习近平同志在此基础上，对上海自贸区建设提出了"大胆闯、大胆试、自主改"的总要求，特别强调了自贸区制度改革的自主性、主动性、创新性。上海市领导在传达党中央、国务院对自贸区建设的总方针时，均强调"自贸试验区的关键是成为制度创新的高地，而不是政策优惠的洼地"（韩正，参加上海市政协十二届五次会议"坚持大胆闯、大胆试、自主改，深化自贸试验区建设和改革系统集成"专题会议的发言，2017年1月16日）。2016年12月31日，习近平同志对上海自贸试验区建设的重要指示中就指出："紧抓制度创新这个核心，力争取得更多可复制推广的制度创新成果，进一步彰显全面深化改革和扩大开放的试验田作用。"（习近平对上海自贸试验区建设作重要指示：勇于突破，大胆试、大胆闯、自主改 [EB/OL]. 2016 – 12 – 31. http：//www. xinhuanet. com//politics/2016 –12/31/c_1120225926. htm.）

海）自由贸易试验区可复制改革试点经验的通知》《进一步深化中国（上海）自由贸易试验区改革开放方案》《全面深化中国（上海）自由贸易试验区改革开放方案的通知》等一系列文件。经过 5 年的发展，上海自贸区在深化行政管理体制改革、扩大服务业开放、探索建立负面清单管理模式、金融制度创新和税制环境改善等取得了一系列成果，朝着具有国际水准的投资贸易便利、货币兑换自由、监管高效便捷、法制环境规范的自由贸易试验区稳步推进，一大批制度创新成果已分领域、分层次在全国复制推广，有力地支持了中国自贸试验区第二批（天津、福建、广东）和第三批（河南、辽宁、湖北、陕西、重庆、浙江、四川）试点地区的建设发展。

从当今世界形势看，中国发展的"外部环境发生明显变化"（中央经济工作会议，2018 年 7 月 31 日），美国推动的逆经济全球化和美国至上的经济政策正在冲击固有的全球价值链关系和国际分工体系，对全球贸易投资与经济增长都产生了消极影响；从国内经济运行看，从 2008 年金融危机后，中国经济转向高质量发展的趋势正在成形，但是"经济运行稳中有变，面临一些新问题新挑战"（中央经济工作会议，2018 年 7 月 31 日），诸如杠杆水平依然很高、实体经济仍比较疲弱、私人投资不振、消费市场不活跃等问题依然严峻。可以说，中国对外开放又到了一个决定性的十字路口——要不要继续推进对外开放？进一步扩大对外开放应该如何布局？实施开放战略的突破点在哪里？以习近平同志为核心的党中央在党的十九大报告中已经给出了答案，"推动形成全面开放新格局。开放带来进步，封闭必然落后。中国开放的大门不会关闭，只会越开越大"，"要以'一带一路'建设为重点"，"培育贸易新业态新模式"，"实行高水平的贸易和投资自由化便利化政策"，"创新对外投资方式"，"赋予自由贸易试验区更大改革自主权，探索建设自由贸易港"①。探索建设自由贸易港作为自由贸易试验区的升级版，是以习近平同志为核心的党中央对中国开放政策的一次重大战略部署，是奉行互利共赢的中国对外开放战略的又一次突破，为实现中国对外经贸活动中货物、服务、人员、资本的完全自由流动，促进区域协同发展与国际经济一体

---

① 习近平. 决胜全面建成小康社会　夺取新时代中国特色社会主义伟大胜利——在中国共产党第十九次全国代表大会上的报告［M］. 北京：人民出版社，2017.

化，理顺中央授权与地方执行的管理体制，强化政府效率与国际化服务等多个方面提供了改革平台，按照自由贸易港"是目前全球开放水平最高的特殊经济功能区域"这一既定目标，以自由贸易港为突破口形成中国开放战略新高地、推动中国全面开放新格局。

二、中国自由经济区发展的客观必然

1975 年联合国贸发会议将自由经济区定义为："自由经济区指本国海关关境中，一般设在口岸或国际机场附近的一片地域，进入该地域的外国生产资料、原材料可以不办理任何海关手续，进口产品可以在该地区内进行加工后复出口，海关对此不加任何干预。"① 自由经济区是"境内关外"的海关特殊监管区域，是经济全球化的重要支点。借由自由经济区，国际经贸活动可以绕开各国关境的限制，便利国际贸易、投资与生产的发展。最初的自由经济区侧重国际贸易，具有对外贸易区的特征；第二次世界大战后出现了出口加工区这一新型的自由经济区，注重于创造就业机会和发展工业制成品的出口；20 世纪后半期，科学园区成为自由经济区的新形式，美国率先于 50 年代初，创设了第一个科学园区——硅谷。目前，设立自由经济区的国家和地区已达上百个，自由经济区的总数已由第二次世界大战前的 75 个猛增到 900 多个（韩国经济研究院，2016）。

关于设立自由经济区的意义，经典解释来自"非均衡发展理论"（赫尔施曼）和"增长极理论"（佩鲁）。这些理论均强调：由于国家内部不同地区间的禀赋差异，所以要集中有限的稀缺资源投资于条件更好、潜力更大、效益更明显并且带动作用更突出的优势地区或地区的优势产业，通过"集聚→辐射"过程实现由"非均衡发展、不平衡发展"向"均衡发展、平衡发展"的转化，最终更有效地促进经济增长。改革开放之初，邓小平同志提出的"开办经济特区""让一部分人、一部分地区先富起来"就体现了这一思路。不过，随着经济全球化的不断深入发展，越来越多的学者认为对于一个

---

① 自由经济区的另一个权威定义来自 1973 年国际海关理事会签订的《京都公约》，公约将自由贸易区定义为："指一国的部分领土，在这部分领土内运入的任何货物就进口关税及其他各税而言，被认为在关境以外，并免于实施惯常的海关监管制度。"

国家领土和边界的理解不再是严格界定的闭合空间实体①，一个国家可以选择差异化政策来决定对自身领土的管理方式和内容，以便与外部世界完成更便捷的经济交流。这一差异化的管理政策促使国家对不同地区实施不同的主权管理，其实质是让渡部分管理主权并使用国际规制加以代替，从而形成一个国家领土内国家主权管理的"等级分异制度"。实施分级主权管理对于建立高水平的对外开放格局具有重要作用，不仅可以更方便地与国际规制接轨，迅速提升一国的营商环境与市场环境，而且有助于建立一整套WTO体制之外的贸易与投资格局②。自由贸易港作为开放程度最高的自由经济区，其实质正是主权分级管理的高级形式。正如习近平总书记多次对上海自贸区建设所提的要求，"要牢牢把握国际通行规则，加快形成与国际投资、贸易通行规则相衔接的基本制度体系和监管模式"（参加十二届全国人大二次会议上海代表团审议，2014年3月5日），"着眼国际高标准贸易和投资规则，使制度创新成为推动发展的强大动力"（参加十二届全国人大三次会议上海代表团审议，2015年3月5日），"自由贸易试验区建设的核心任务是制度创新"（参加十二届全国人大四次会议上海代表团审议，2016年3月5日），"对照最高标准、查找短板弱项，大胆试、大胆闯、自主改，进一步彰显全面深化改革和扩大开放试验田的作用，亮明我国向世界全方位开放的鲜明态度"（参加十二届全国人大五次会议上海代表团审议，2017年3月5日）。正是习近平总书记要求自贸区"对照国际高标准规制"实施"制度创新"这一明确要求，使得中国自贸区建设在市场准入、金融开放、"放管服"改革等方面实现了质的飞跃，不仅推动了自贸区建设成为中国对外开放的新高地、新标杆，也为自由贸易区建设提升为自由贸易港建设扫除了思想束缚、指明了改革方向。

回顾我国自由经济区发展历程可以发现，正是在习近平总书记提出的"全方位开放""对照国际通行规制""制度创新"等新理念引领下，自由贸

---

① Agnew J. The Territorial Trap: the Geographical Assumptions of International Relations Theory [J]. Review of International Political Economy, 1994, 1 (1): 53 – 80; Ong A. Graduated Sovereignty in South-East Asia [J]. Theory, Culture and Society, 2000, 17 (4): 55 – 75; Park B. G. Spatially Selective Liberalization and Graduated Sovereignty: Politics of Neo-liberalism and "Special Economic Zones" in Korea [J]. Political Geography, 2005, (24): 850 – 873.

② 孟广文. 建立中国自由贸易区的政治地理学理论基础及模式选择 [J]. 地理科学, 2015, 35 (1): 19 – 29.

易区以及自由贸易港的建设具有了区别于中国原有自由经济区的全新特征，自贸区和自贸港成为新形势下对外开放的标杆——服务于"贸易投资便利化""制度创新"两大关键性目标的全方位开放平台。应该说，中国自贸区与自贸港的建设是习近平总书记治国理政思想引领下中国自由经济区发展的必然结果。

（一）自贸区和自贸港建设是服务于"贸易投资便利化"的全方位开放平台

改革开放以来，我国在不同时期设立了多种"境内关外"形式的自由经济区，包括保税区、出口加工区、保税物流园区、跨境工业区、保税港区和综合保税区等，如表 5.1 所示。

表 5.1   **中国主要海关特殊监管经济自由区**

类型	主要功能	典型代表
保税区	保税仓储、出口加工、转口贸易	上海外高桥保税区（1990）
出口加工区	制造、加工、装配出口	深圳出口加工区（2000）
保税物流园区	仓储、现代物流	上海高桥保税物流园区（2003）
跨境工业区	新型工业化、现代物流、自由贸易	珠澳跨境工业区（2003）
保税港区	口岸、物流、加工	上海洋山保税港区（2005）
综合保税区	国际中转、配送、采购、转口贸易、出口加工	苏州工业园综合保税区（2006）

这些贸易型自由经济区是继经济特区、经济技术开发区和高新技术园区后，中国深化改革、推动开放的主要平台，在主动承接经济全球化、促进区域经济发展、加快体制创新以及推进城市化等方面都提供了强大动力。不过，这些类型的经济自由区主要集中于国际贸易、出口加工制造业及其物流配送服务，功能比较单一。

因此，自 2005 年起，我国又先后批准建立了上海浦东、天津滨海新区等 11 个综合配套改革试验区以及珠三角金融综合试验区等 4 个金融综合试验区，如表 5.2 所示。

表5.2　　　　中国主要国家级综合配套改革试验区和综合改革试验区

名称	创建时间	类型
上海浦东新区社会主义市场经济综合配套改革试点	2005.06	综合型
天津滨海新区全国综合配套改革试验区	2006.04	综合型
深圳市综合配套改革试点	2009.05	综合型
厦门市深化两岸交流合作综合配套改革试验区	2011.12	两岸经济一体化
义乌市国际贸易综合改革试点	2010.05	新型国际贸易体制
温州市金融综合改革试验区	2012.10	民间融资
珠三角金融改革创新综合试验区	2012.07	人民币国际化
泉州市金融综合改革试验区	2012.12	金融服务实体经济

　　这些综合改革试验区仍然不具备成为"贸易投资便利化全方位开放平台"的功能。第一，体现服务业开放，特别是通过金融业开放促进经济发展与转型的功能仍不够突出。第二，推动人民币国际化、资本项目自由流动的金融市场化改革平台作用仍不明显。第三，便利贸易投资，特别是参照国际高标准全面放开外商投资限制的力度仍严重不足。

　　考虑到既有自由经济区的开放功能与开放水平很难满足新形势下中国改革开放的要求，同时周边国家和地区不断涌现的高水平自由经济区，例如韩国的"仁川、釜山、光阳自由经济区"（2002）以及"黄海、大邱—庆北、新万金—群山经济自由区"（2008），已经对中国构成重大挑战，以习近平同志为核心的党中央审时度势，2013年3月，李克强总理要求上海在外高桥综合保税区的基础上，试点先行在28平方公里内建立一个自由贸易园区试验区。2013年8月，国务院正式批准设立中国（上海）自由贸易试验区（以上海外高桥保税区为核心，辅之以机场保税区和洋山港临港新城），并要求以金融开放、贸易服务、外商投资和税收政策等多项改革为中心任务，推动上海市转口、离岸业务的发展。

　　上海自贸区的建立与发展受到习近平总书记高度重视，从2014年到2017年，他在参与两会上海代表团审议时都反复强调自贸区作为"贸易投资便利化全方位开放平台"的重大意义、原则与目标：上海自贸区要"加快在促进投资贸易便利……等方面先试出首批管用、有效的成果"，"要扩大服务业对外开放……提高服务业能级和水平"（参加十二届全国人大二次会议上海代表团审议，2014年3月5日）；上海自贸区"要加大金融改革创新力度，增强服务我国经济发展、配置全球金融资源能力"（参加十二届全国人大三次会议上海代表团审议，2015 年 3 月 5 日）；上海自贸区要"聚焦商事制度、贸易监管制度、金融开放创新制度……率先形成法治化、国际化、便利化的营商环境，加快形成公平、统一、高效的市场环境"（参加十二届全国人大四次会议上海代表团审议，2016 年 3 月 5 日）；上海自贸区"要坚持全方位对外开放，继续推动贸易和投资自由化便利化"（参加十二届全国人大五次会议上海代表团审议，2017 年 3 月 5 日）。也正是因为上海自贸区作为"贸易投资便利化全方位开放平台"的成功尝试——"在建立与国际通行规则相衔接的投资贸易制度体系、深化金融开放创新、加快政府职能转变和构建开放型经济新体制方面，取得了重要成果"，"一批重要成果复制推广到全国，总体上实现了初衷"[①]，2018 年两会政府工作报告才进一步提出"全面复制推广自贸试验区经验，探索建设自由贸易港，打造改革开放新高地"[②]，自由贸易港建设成为进一步深入推进"贸易投资便利化全方位开放平台"的新抓手。

（二）自贸区和自贸港建设是推进"制度创新"的试验田

2014 年 3 月 5 日，习近平总书记参加十二届全国人大二次会议上海代表团审议时，第一次明确提出上海自贸区建设"要大胆闯、大胆试、自主改，尽快形成一批可复制、可推广的新制度"。"自主改"的新提法既是对自贸区如何实施"中央授权、地方执行"管理体制给出广泛的自由操作空间，也是激励自贸区建设发挥自我主动、自我加压、自我创新作用，在制度创新上多出成果。2015 年 3 月 5 日、2016 年 3 月 5 日，习近平总书记参加十二届全国人大三次、四次会议上海代表团审议时，又进一步将自贸区建设的核心凝练于"制度创新"——"使制度创新成为推动发展的强大动力"，"自由贸易试验区建设的核心任务是制度创新"。

正是由于"制度创新"成为上海自由贸易区的鲜明标签，"自主改"成为推动"制度创新"的体制保障与强大动力，短短几年间，自贸区建设在投

---

① 习近平李克强对上海自贸试验区建设作重要指示批示［EB/OL］. 2016 - 12 - 31. http：//www. gov. cn/xinwen/2016 - 12/31/content_5155227. htm.

② 李克强. 政府工作报告——2018 年 3 月 5 日在第十三届全国人民代表大会第一次会议上［EB/OL］. 2018 - 03 - 05. http：//www. gov. cn/guowuyuan/2018 - 03/05/content_5271083. htm.

资管理制度中制定和完善了"负面清单管理""外商投资备案管理和境外投资备案管理""企业准入'单一窗口'制度""扩大服务业开放"等创新性做法；在金融制度创新方面，不仅在自由贸易账户体系、投融资汇兑便利、人民币跨境使用、利率市场化、外汇管理改革5个方面形成了"一线放开、二线严格管理的宏观审慎"的制度框架，而且在资本项目可兑换、人民币跨境使用、利率市场化和外汇管理改革等方面积极先行先试；在监管制度创新上实现了"一线放开、二线安全高效管住、区内自由"监管体制，实施国际贸易"单一窗口"管理制度；在政府管理创新上也加快职能转变，由注重事前审批转为注重事中事后监管。

正如2014年5月，习近平总书记到上海自贸区考察时指出的："上海自贸区是块大试验田，要播下良种，精心耕作，精心管护，期待有好收成并且把培育良种的经验推广开来。"目前，上海自贸区不仅围绕制度创新取得重大突破，而且形成了多项全国可复制可推广的制度成果。2015年1月29日，国务院印发《国务院关于推广中国（上海）自由贸易试验区可复制改革试点经验的通知》，该通知指出："上海自贸试验区成立一年多来，上海市和有关部门以简政放权、放管结合的制度创新为核心，加快政府职能转变，探索体制机制创新，在建立以负面清单管理为核心的外商投资管理制度、以贸易便利化为重点的贸易监管制度、以资本项目可兑换和金融服务业开放为目标的金融创新制度、以政府职能转变为核心的事中事后监管制度等方面，形成了一批可复制、可推广的改革创新成果。经党中央、国务院批准，上海自贸试验区的可复制改革试点经验将在全国范围内推广。"该通知同时汇总了29项可复制推广的改革事项，并要求各省（区、市）人民政府按照改革事项任务表的时间要求按期完成借鉴推广工作。

韩正在总结上海自贸区制度创新情况时谈道："习近平总书记对自贸区有重要的指示和要求，他指出，上海自由贸易试验区是中央从我国更好应对国际经济贸易和投资规则变化与挑战、提高对外开放水平、以开放促改革促发展的一块试验田……按照总书记的要求，建立自贸试验区就是国家战略。在这一国家战略的试验田里，所有试的内容都是国家进一步扩大开放和深化改革所需要探索的内容……也就是说，自贸区所有的发展探索和先行先试的内容，都不是为了地方发展，一切服从服务于国家战略。这就是国家的试验田，不能试着就变成自己的自留地了。""自贸区的制度成果都必须符合可复制可推广的要求，是苗圃，不是盆景。党中央、国务院对我们的要求是很明确的，自贸试验区的制度创新探索，成功以后，必须在更大范围、在全国可复制可推广""从某种意义上讲，自贸试验区建设是否成功，就是要看形成了多少服务于国家战略的、在全国可复制可推广的制度成果，这是重要的衡量标准。"①

正是因为上海自贸区高举"制度创新"的旗帜，不是把力气用在研究优惠政策上，而是为国家全面深化改革率先探索突破口和新路子，使得中国自贸区建设成为服务于新一轮扩大开放国家战略的试验田、制度创新的高地、制度成果推广的苗圃，"自贸试验区的关键是成为制度创新的高地，决不能成为优惠政策的洼地"②，这一鲜明特征使得中国自贸区乃至更高开放水平的自贸港建设明显有别于中国原有自由经济区，自贸区和自贸港建设是中国开放战略实现更深层制度创新的里程碑。

三、深化中国改革开放的必由之路

经过几十年的发展，中国的改革开放已经进入攻坚期和深水区，以习近平同志为核心的党中央对中国未来的改革开放之路进行了深刻思考。在政府和市场关系方面，习近平总书记指出，"深化经济体制改革，核心是处理好政府和市场关系，使市场在资源配置中起决定性作用和更好发挥政府作用。这就要讲辩证法、两点论，'看不见的手'和'看得见的手'都要用好。关键是加快转变政府职能，该放给市场和社会的权一定要放足、放到位，该政府管的事一定要管好、管到位"③。在进一步扩大开放的意义和目标

---

① 记者姜微、徐寿松、季明. 为国家而试验 奋舟楫以争先——专访中共中央政治局委员、上海市委书记韩正 [EB/OL]. 2018 - 09 - 28. http：//www. xinhuanet. com//politics/2014 - 09/28/c_1112666670. htm.

② 探索政府与市场关系这一根本改革——韩正就上海自贸区运行一周年接受人民日报等媒体集体采访 [EB/OL]. 2014 - 09 - 29. 中国共产党新闻网, http：//cpc. people. com. cn/n/2014/0929/c64094 - 25757836. html.

③ 习近平参加上海代表团审议 [EB/OL]. 2016 - 03 - 05. http：//www. xinhuanet. com //politics/2016lh/2016 - 03/05/c_1118243972. htm. 该提法最早见《关于〈中共中央关于全面深化改革若干重大问题的决定〉的说明》（2013 年 11 月 9 日），原文如下："关于使市场在资源配置中起决定性作用和更好发挥政府作用。这是这次全会决定提出的一个重大理论观点。这是因为，经济体制改革仍然是全面深化改革的重点，经济体制改革的核心问题仍然是处理好政府和市场关系。"

方面，习近平总书记提出，"开放也是改革，要寓改革于开放之中"①，"要坚持全方位对外开放，继续推动贸易和投资自由化便利化"②，"要以更宽广的视野、更高的目标要求、更有力的举措推动全面开放，加快发展更高层次的开放型经济"③。在中国市场经济制度的发展方向方面，韩正在谈到习近平总书记对自贸区服务国家战略的要求时特别指出，"内资外资一视同仁、国企民企一视同仁，形成国际化、市场化、法治化的公平、统一、高效的营商环境"④ 是未来市场经济制度发展的国家战略。2016 年，习近平总书记在谈到自贸区建设目标时进一步强调要求，"要深化完善基本体系，突破瓶颈、疏通堵点、激活全盘，率先形成法治化、国际化、便利化的营商环境，加快形成公平、统一、高效的市场环境"⑤。

正是基于对中国未来改革开放之路的深刻思考，以习近平同志为核心的党中央坚定不移地加快推进自由贸易区和自由贸易港建设，为重构政府与市场关系、完善社会主义市场经济制度、落实中国全方位开放战略打造制度创新平台，在投资管理、贸易便利化、服务业开放、政府职能转变等多个方面加速改革，为改革开放不断提升"市场在资源配置中起决定性作用和更好发挥政府作用"提供了制度路径。

（一）自贸区建设为改革和优化政府与市场关系提供了制度创新

以习近平同志为核心的党中央一直强调，"深化经济体制改革，核心是处理好政府和市场关系，使市场在资源配置中起决定性作用和更好发挥政

① 2015 年 3 月 8 日，习近平参加十二届全国人大三次会议广西代表团审议时强调，开放也是改革，要寓改革于开放之中。习近平改革开放的十句话［EB/OL］. http：//www. qstheory. cn/2018 - 11/14/c_1123734820. htm.

② 习近平. 践行新发展理念深化改革开放 加快建设现代化国际大都市［EB/OL］. 2017 - 03 - 05. http：//www. xinhuanet. com//politics/2017lh/2017 - 03/05/c_1120572151. htm.

③ 以改革创新精神推动新时代经济社会发展迈上新台阶——习近平总书记在参加广东代表团审议时的重要讲话引起热烈反响［EB/OL］. http：//www. xinhuanet. com/politics/2018lh/2018 - 03/08/c_1122503291. htm.

④ 探索政府与市场关系这一根本改革——韩正就上海自贸区运行一周年接受人民日报等媒体集体采访［EB/OL］. 2014 - 09 - 29. 中国共产党新闻网，http：//cpc. people. com. cn/n/2014/0929/c64094 - 25757836. html.

⑤ 习近平参加上海代表团审议［EB/OL］. 2016 - 03 - 05. http：//www. xinhuanet. com//politics/2016lh/2016 - 03/05/c_1118243972. htm.

府作用"。上海自贸区的制度创新正是在探索政府与市场关系这一根本性改革，以简政放权、放管结合为核心，加快政府职能转变，探索体制机制创新。

在制度创新的具体举措上，按照《中国（上海）自由贸易试验区总体方案》《中国（上海）自由贸易试验区进一步扩大开放的措施》《中国（上海）自由贸易试验区条例》《进一步深化中国（上海）自由贸易试验区改革开放方案》《全面深化中国（上海）自由贸易试验区改革开放方案的通知》等一系列文件的部署，上海自贸区在外商投资管理制度、贸易监管制度、金融创新制度、事中事后监管制度等方面取得重要进展。在外商投资管理制度方面，一是制定和完善负面清单；二是实施以备案制为主的外商投资备案管理和境外投资备案管理制度；三是实施了以企业准入"单一窗口"制度为核心的商事登记制度改革。在贸易监管制度方面，一是创新"一线放开、二线安全高效管住、区内自由"监管制度；二是启动实施国际贸易"单一窗口"管理制度；三是探索建立货物状态分类监管制度。在金融制度创新方面，在自由贸易账户体系、投融资汇兑便利、人民币跨境使用、利率市场化、外汇管理改革5个方面形成了"一线放开、二线严格管理的宏观审慎"的金融制度框架和监管模式。在事中事后监管制度方面，一是加快转变政府职能，由注重事前审批转为注重事中事后监管，即建立安全审查制度；二是建立反垄断审查制度；三是健全社会信用体系；四是建立企业年度报告公示和经营异常名录制度；五是健全信息共享和综合执法制度；六是建立社会力量参与市场监督制度。

这些制度创新的推出，表明以习近平同志为核心的党中央在中国发展的关键阶段，秉持"唯改革者进，唯创新者强，唯改革创新者胜"① 的决心，致力于将中国对外开放提升到新高度，将中国打造成为具有国际水准的投资贸易便利、货币兑换自由、监管高效便捷、法制环境规范的社会主义市场经济强国。

---

① 习近平治国理政"100 句话"之：惟改革者进 惟创新者强 惟改革创新者胜 ［EB/OL］. http: //finance. cnr. cn/gundong/20160308/t20160308_521560410. shtml. 2014 年 11 月 9 日，习近平在 APEC 工商领导人峰会上指出："在新一轮全球增长面前，惟改革者进，惟创新者强，惟改革创新者胜。我们要拿出'敢为天下先'的勇气，锐意改革，激励创新，积极探索适合自身发展需要的新道路、新模式，不断寻求新增长点和驱动力。"

（二）自贸区建设为改革和优化政府与市场关系提供了可复制经验

习近平总书记一再强调："上海自由贸易试验区是块大试验田，要播下良种，精心耕作，精心管护，期待有好收成，并且把培育良种的经验推广开来。"① 可以说，上海自贸区改革政策与经验的可复制性和推广性也是评判其制度创新成败的标准之一。

2014 年 12 月，国务院发布了《关于推广中国（上海）自由贸易试验区可复制改革试点经验的通知》，该通知强调，"要全面深刻认识推广上海自贸试验区可复制改革试点经验的重大意义，将推广工作作为全面深化改革的重要举措，积极转变政府管理理念，以开放促改革，着力解决市场体系不完善、政府干预过多和监管不到位等问题，更好发挥市场在资源配置中的决定性作用和政府作用。要适应经济全球化的趋势，逐步构建与我国开放型经济发展相适应的新体制、新模式，加快培育参与和引领国际经济合作竞争的新优势"。该通知同时对可供推广和借鉴的改革事项进行了具体规定，如表 5.3 所示。

2014 年 12 月印发的《关于推广中国（上海）自由贸易试验区可复制改革试点经验的通知》标志着围绕中国全方位开放的总目标，自贸区建设及其改革经验推广进入快车道。从 2014 年 12 月起，国家先后分多批在全国开展自贸区建设：2015 年 4 月 20 日，国务院批复成立中国（广东）自由贸易试验区、中国（天津）自由贸易试验区、中国（福建）自由贸易试验区 3 个自贸区。2017 年 3 月 31 日，国务院批复成立中国（辽宁）自由贸易试验区、中国（浙江）自由贸易试验区、中国（河南）自由贸易试验区、中国（湖北）自由贸易试验区、中国（重庆）自由贸易试验区、中国（四川）自由贸易试验区、中国（陕西）自由贸易试验区 7 个自贸区。2018 年 4 月 13 日，中共中央总书记、国家主席、中央军委主席习近平宣布，党中央决定支持海南全岛建设自由贸易试验区，支持海南逐步探索、稳步推进中国特色自由贸易港建设。

---

① 习近平在上海考察时的讲话［EB/OL］. 2014 – 05 – 24. http：//www. xinhuanet. com//photo/2014 – 05/24/c_126543488. htm.

表 5.3   自贸区改革经验的复制推广（第一批工作安排）

序号	改革事项	负责部门	推广范围	时限
1	外商投资广告企业项目备案制	工商总局	全国	2015 年 6 月 30 日前
2	涉税事项网上审批备案	税务总局		
3	税务登记号码网上自动赋码			
4	网上自主办税			
5	纳税信用管理的网上信用评级			
6	组织机构代码实时赋码	质检总局		
7	企业标准备案管理制度创新			
8	取消生产许可证委托加工备案			
9	全球维修产业检验检疫监管			
10	中转货物产地来源证管理			
11	检验检疫通关无纸化			
12	第三方检验结果采信			
13	出入境生物材料制品风险管理			
14	个人其他经常项下人民币结算业务	人民银行		
15	外商投资企业外汇资本金意愿结汇	外汇局		
16	银行办理大宗商品衍生品柜台交易涉及的结售汇业务			
17	直接投资项下外汇登记及变更登记下放银行办理			
18	允许融资租赁公司兼营与主营业务有关的商业保理业务	商务部		
19	允许设立外商投资资信调查公司			
20	允许设立股份制外资投资性公司			
21	融资租赁公司设立子公司不设最低注册资本限制			
22	允许内外资企业从事游戏游艺设备生产和销售，经文化部门内容审核后面向国内市场销售	文化部		
23	从投资者条件、企业设立程序、业务规则、监督管理、违规处罚等方面明确扩大开放行业具体监管要求，完善专业监管制度	各行业监管部门	在全国借鉴推广	结合扩大开放情况
24	期货保税交割海关监管制度	海关总署	海关特殊监管区域	2015 年 6 月 30 日前
25	境内外维修海关监管制度			
26	融资租赁海关监管制度			
27	进口货物预检验	质检总局		
28	分线监督管理制度			
29	动植物及其产品检疫审批负面清单管理			

　　随着越来越多的自贸区加入制度创新的行列，各自贸区围绕简政放权、放管结合、优化服务等中心任务，推动自贸试验区在投资、贸易、金融、事中事后监管等多个方面进行了大胆探索，形成了多批次改革创新成果。国务院及相关部委先后总结并发布了《国务院关于做好自由贸易试验区新一批改革试点经验复制推广工作的通知》《关于做好自由贸易试验区第三批改革试点经验复制推广工作的函》《国务院关于做好自由贸易试验区第四批改革试点经验复制推广工作的通知》，形成了围绕自贸区改革经验推广的 4 次工作安排，如表 5.4 所示。

表 5.4　　自贸区改革经验的继续复制推广（第二批～第四批工作安排）

第二批改革试点 经验复制推广	第三批改革试点 经验复制推广	第四批改革试点 经验复制推广
负面清单以外外商投资企业设立及变更审批改革	会展检验检疫监管新模式	扩大内地与港澳合伙型联营律师事务所设立范围
依托电子口岸公共平台建设国际贸易单一窗口，推进单一窗口免费申报机制	进口研发样品便利化监管制度	国际海运货物装卸、国际海运集装箱场站和堆场业务扩大开放
国际海关经认证的经营者（AEO）互认制度	海事集约登轮检查制度	国际船舶管理领域扩大开放
出境加工监管	市场主体名称登记便利化改革	国际船舶代理领域扩大开放
企业协调员制度	融资租赁公司收取外部租金	国际船舶运输领域扩大开放
引入中介机构开展保税核查、核销和企业稽查		船舶证书"三合一"并联办理
海关企业进出口信用信息公示制度		国际船舶登记制度创新
税控发票领用网上申请		对外贸易经营者备案和原产地企业备案"两证合一"
企业简易注销		低风险生物医药特殊物品行政许可可审批改革
原产地签证管理改革创新		一般纳税人登记网上办理
国际航行船舶检疫监管新模式		工业产品生产许可证"一企一证"改革
免除低风险动植物检疫证书清单制度		跨部门一次性联合检查
入境维修产品监管新模式		保税燃料油供应服务船舶准入管理新模式

第二批改革试点 经验复制推广	第三批改革试点 经验复制推广	第四批改革试点 经验复制推广
一次备案，多次使用		先放行、后改单作业模式
委内加工监管		铁路运输方式舱单归并新模式
仓储货物按状态分类监管		海运进境集装箱空箱检验检疫便利化措施
大宗商品现货保税交易		入境大宗工业品联动检验检疫新模式
保税展示交易货物分线监管、预检验和登记核销管理模式		"先出区、后报关"（海关特殊监管区域及保税物流中心（B型））
海关特殊监管区域间保税货物流转监管模式		海关特殊监管区域"四自一简"监管创新
		"保税混矿"监管创新
		企业送达信息共享机制
		边检服务掌上直通车
		简化外锚地保税燃料油加注船舶入出境手续
		国内航行内河船舶进出港管理新模式
		外锚地保税燃料油受油船舶便利化海事监管模式
		保税燃料油供油企业信用监管新模式
		海关企业注册及电子口岸入网全程无纸化
		国际航行船舶供水"开放式申报＋验证式监管"
		进境保税金属矿产品检验监管制度
		外锚地保税燃料油受油船舶"申报无疫放行"制度

　　中国自贸区改革试点经验的多批次复制推广是扩大对外开放的重要举措，为实现更高层次的开放型经济发展铺垫了基础。正如2016年12月31日

"习近平李克强对上海自贸试验区建设作重要指示批示"中所指出的："建设上海自贸试验区是党中央、国务院在新形势下全面深化改革和扩大开放的一项战略举措。上海市、商务部等不负重托和厚望，密切配合、攻坚克难，紧抓制度创新这个核心，主动服务国家战略，工作取得多方面重大进展，一批重要成果复制推广到全国，总体上实现了初衷。""上海市、商务部会同有关部门锐意改革，勇于创新，扎实进取，上海自贸试验区建设取得重大进展，为全面深化改革、推动高水平对外开放积累了宝贵经验。"[①]

（三）自贸港建设为继续深化政府与市场关系改革提供了新动力

自由贸易港是设在一国境内关外、货物资金人员进出自由、绝大多数商品免征关税的特定区域，是目前全球开放水平最高的特殊经济功能区[②]。按照党的十九大报告"赋予自由贸易试验区更大改革自主权，探索建设自由贸易港"的总方针，自由贸易港将成为自由贸易区的升级版。从上海相关部门提交的自由贸易港初步方案中，以洋山港为中心的自由贸易港区建设也是在原有上海自由贸易区的基础上，更强调"境内关外"的管理模式，注重实现货物、资金、人才三大要素的自由流动。

在地理范围上，上海自由贸易港仍属于上海自贸区的一个部分，但在功能上却有质的飞跃。例如，上海自由贸易港允许开展离岸贸易，在离岸贸易的基础上，将进一步开放高端服务业，发展离岸金融等相关业务；上海自由贸易港将进一步改进上海自由贸易区的管理模式，实现对外贸易、资金流动、人员交往的全部自由化。总体来看，自由贸易港较之自由贸易区的升级特征主要包括：境内关外的法律地位更明显，全面实行"一线放开、二线管住、区内自由"的监管模式；与"境内关外"的法律地位相对应，自由贸易港提供更全面的减免税收优惠待遇；更高程度的自由化，包括贸易、投资、金融、人员各方面的自由化；自由贸易港是具有"离岸特征的无税区"，这不同于自由贸易区的"在岸特征保税区"，因此自由贸易港强调发展离岸贸易和离岸金融，如表5.5所示。

① 习近平李克强对上海自贸试验区建设作重要指示批示［EB/OL］. 2016-12-31. http://www.gov.cn/xinwen/2016-12/31/content_5155227.htm.

② 汪洋. 推动形成全面开放新格局［N］. 人民日报，2017-11-10（4）.

表5.5 自由贸易区和自由贸易港比较

区域	定义	功能	海关监管	优惠政策	其他
自由贸易区	设在境内关外，允许外国商品自由免税出入的特殊经济区域，既包含海关特殊监管区域，又涵盖非海关特殊监管区域	转口贸易、出口加工、保税仓储、商品展销、物流、金融、航运	一线放开、二线管住物理围网、电子围网、非围网区域	狭义上仅指提供区内加工出口所需原料等货物的进口豁免关税的地区	可以开展集装箱拆拼箱、中转等增值业务，投资自由，贸易自由
自由贸易港	设在境内关外、允许境外货物、资金自由进出的特殊经济区域	转口贸易、出口加工、保税仓储、商品展销、物流、金融、离岸贸易、离岸金融	一线放开、二线管住、区内自由	对大部分商品免征关税，减免征收所得税、进出口增值税等	贸易自由、投资自由、金融自由、人员自由

资料来源：王珍珍，赵富蓉. 自由贸易港建设：内涵、基础及效应分析 [J]. 北京工业大学学报（社会科学版），2018，18（5）：40-49.

　　自由贸易港建设是对政府与市场关系改革的一次新考验，为了更高标准地适应国际贸易投资规则、参与国际竞争，自由贸易港建设必须在政府管理创新上实现重大跨越。一是适应"一线对口岸、二线对境内"的贸易流向，实现便利货物自由流动的贸易监管新制度；二是按照"进出区免税、选择性征税、出口退税、特定范围内税收优惠"的原则，落实税收优惠政策、实施税收监管新体制；三是依照"全球开放水平最高的特殊经济功能区"的定义，取消经济类贸易管制，同时有效实施其他管制措施；四是按照"离岸无税区"的功能定位，推动离岸贸易、离岸金融持续发展；五是围绕"区内自由"实现风险管理下的更多自由便利，在行业准入、自由贸易账户、离岸账户、本外币兑换结算自由、人员自由流动和绿卡、AEO认证管理、事中事后管理、合署办公等多个方面实现突破。

　　探索建设中国特色自由贸易港是对标国际最高水平来优化和完善政府与市场关系，是对自由贸易区现有政府管理创新的进一步升级，自由贸易港的稳步推进必将极大地提升市场在资源配置中的决定性作用，更好地安排政府与市场的关系，为加快形成"国际化、市场化、法治化的公平、统一、高效的营商环境"这一社会主义市场经济制度的总目标提供新动力。

四、习近平经济思想的重要体现

全面深化改革是以习近平同志为核心的党中央治国理政的重要着力点，而全面深化经济体制改革又是改革进程的重中之重。坚持社会主义市场经济改革方向涉及两个重大的系统性问题：一是如何处理好政府与市场的关系，即让市场在资源配置中起决定性作用和更好发挥政府作用；二是如何实现基本经济制度的有效实现形式，即形成国际化、市场化、法治化的公平、统一、高效的营商环境。习近平总书记指出："要坚持社会主义市场经济改革方向，搞好顶层设计，及时推出一些有针对性的改革措施，坚持整体渐进和局部突破相结合，大胆探索，务求实效。"[①] 从中国自由贸易试验区到中国特色自由贸易港的改革实践，正是习近平总书记围绕社会主义市场经济改革方向的两个重大系统性问题做出的顶层设计，突出体现了"整体渐进和局部突破相结合，大胆探索，务求实效"的改革原则，是"寓改革于开放之中""以开放的最大优势谋求更大发展空间"的重大改革举措，是习近平经济思想的重要体现。

（一）宣示习近平经济思想中勇于开放的决心

正如 2014 年 3 月 6 日，习近平总书记参加十二届全国人大二次会议广东代表团审议时所强调的，"十八大后，我首次到地方考察调研就选择广东，就是要在改革开放得风气之先的地方，回顾 30 年历程，进一步宣示把改革开放继续向前推进的决心"[②]。从 2014 年到 2018 年，习近平总书记反复重申"对外开放"的重要性："开放也是改革，要寓改革于开放之中（2015 年 3 月 8 日）"，"要通过深化改革坚决破除体制性障碍，全面提高对外开放水平（2015 年 3 月 9 日）"，"中国开放的大门不会关上，要坚持全方位对外开放，

① 习近平在中共中央召开的党外人士座谈会上的讲话要点 [EB/OL]. http：//www. xinhuanet. com/politics/2012 – 12/06/c_113936581. htm. 新华社《学习进行时》独家梳理。

② 两会必强调改革开放，习近平这十句话别有深意 [EB/OL]. http：//www. xinhuanet. com/politics/2018 – 03/14/c_1122533402. htm.

继续推动贸易和投资自由化便利化（2017 年 3 月 5 日）"，"要以更宽广的视野、更高的目标要求、更有力的举措推动全面开放，加快发展更高层次的开放型经济（2018 年 3 月 7 日）"。可以说，从自贸区到自贸港建设，就是中国勇于开放的集中体现和善于开放的重要成果。

（二）反映习近平经济思想中重构政府与市场关系的新战略

早在 2013 年 3 月 5 日，习近平总书记在参加十二届全国人大一次会议上海代表团审议时，就对刚刚起步的上海自贸区发展提出期望："要勇于冲破思想观念的障碍和利益固化的藩篱，敢于啃硬骨头，敢于涉险滩，更加尊重市场规律，更好发挥政府作用，以开放的最大优势谋求更大发展空间。"围绕处理好政府与市场关系进行制度创新，一直是习近平总书记对自贸试验区的根本要求，"这是因为，经济体制改革仍然是全面深化改革的重点，经济体制改革的核心问题仍然是处理好政府和市场关系"①。也正是因为中国自贸区建设将政府管理创新作为重点，才有了负面清单管理、从"以前置审批为主的管理模式"向"事中事后监管模式"转变等一系列重大突破，为进一步深化自贸区建设、全面复制推广自贸试验区经验、探索建设自由贸易港铺平了道路。

（三）体现习近平经济思想中完善社会主义经济制度有效实现形式的新理念

攻坚商事制度改革、营造公平市场环境是以习近平同志为核心的党中央致力于完善社会主义基本经济制度有效实现形式的重要着力点。2016 年 3 月 5 日，习近平总书记参加十二届全国人大四次会议上海代表团审议时就强调："要聚焦商事制度、贸易监管制度、金融开放创新制度、事中事后监管制度等，率先形成法治化、国际化、便利化的营商环境，加快形成公平、统一、高效的市场环境。"2017 年 10 月，党的十九大报告又提出"清理废除妨碍统一市场和公平竞争的各种规定和做法"。可以说，"内资外资一视同仁、国

---

① 习近平. 关于《中共中央关于全面深化改革若干重大问题的决定》的说明. 2013 – 11 – 09.

企民企一视同仁，形成国际化、市场化、法治化的公平、统一、高效的营商环境"集中体现了习近平经济思想中对中国市场经济制度发展方向的新判断、新理念。中国自由贸易试验区、自由贸易港的提出、建设与发展正是在这一新理念指导下，致力于完善社会主义基本经济制度的有效实现形式，在中国经济发展新形势下促进国际国内要素有序自由流动、资源高效公平配置、市场深度融合的伟大实践。

第六章

积极推进"一带一路"国际经济合作

　　承载沿线国家民族复兴梦想的"一带一路"倡议来自中国的"顶层设计"。以"一带一路"为契机,开展跨国互联互通,提高贸易和投资水平,推动国际产能和装备制造合作等,其目的是通过提升沿线各国之间的发展合作水平来促进其共同发展,在本质上是国际发展合作的新模式。"一带一路"是促进共同发展、实现共同繁荣的合作共赢之路,是增进理解信任、加强全方位交流的和平友谊之路。中国政府倡议,秉持和平合作、开放包容、互学互鉴、互利共赢的理念,全方位推进务实合作,打造政治互信、经济融合、文化包容的利益共同体、命运共同体和责任共同体。2013 年以来,中国与"一带一路"沿线国家的贸易、投资、基础设施、境外经贸合作区等领域的经济合作成效明显。本章主要分析中国"一带一路"倡议的意义、国际经济合作成效和积极推进"一带一路"国际合作的政策建议。

一、"一带一路"倡议与中国国际经济合作

(一)"一带一路"倡议的源起

　　2013 年 9 月,习近平在哈萨克斯坦发表演讲,提出共同建设"丝绸之路经济带";同年 10 月,习近平在印度尼西亚发表演讲,提出与东盟国家建设"21 世纪海上丝绸之路"的重大倡议,二者共同构成了中国"一带一路"构

想的基本内容。2013 年，李克强参加中国—东盟博览会时指出，加快"一带一路"建设，有利于促进沿线各国经济繁荣与区域经济合作，加强不同文明交流互鉴，促进世界和平发展，是一项造福世界各国人民的伟大事业。2015 年 3 月 28 日，国家发展改革委、外交部、商务部联合发布了《推动共建丝绸之路经济带和 21 世纪海上丝绸之路的愿景与行动》，从时代背景、共建原则、框架思路、合作重点、合作机制等方面全面阐述了"一带一路"倡议的丰富内涵。

2017 年 10 月 24 日，中国共产党第十九次全国代表大会通过《中国共产党章程（修正案）》的决议，同意把推进"一带一路"倡议等内容写入党章，作为中国国家战略的一部分，这有利于提高中国开放型经济水平。

（二）"一带一路"的版图

目前，"一带一路"主要涉及包括中国在内的 71 个国家，总人口和 GDP 分别约占全球的 67% 和 34%，贯穿亚、欧、非大陆，连接着东亚经济圈和欧洲经济圈，中间广大腹地国家经济发展潜力巨大。其中，"一带"指的是"丝绸之路经济带"，在陆地，从中国出发，它有三个走向，一是经中亚、俄罗斯到达欧洲；二是经中亚、西亚至波斯湾、地中海；三是到东南亚、南亚、印度洋。"一路"指的是"21 世纪海上丝绸之路"，重点方向有两条，一是从中国沿海港口过南海到印度洋，延伸至欧洲；二是从中国沿海港口过南海到南太平洋。

（三）"一带一路"的基本理念

"一带一路"倡议的基本理念是通过中国企业、社会组织和人民"走出去"，促进沿线各国经济繁荣与区域经济发展，推动沿线各国实现经济政策协调，开展更大范围、更高水平、更深层次的区域合作；致力于亚欧非大陆及附近海洋的互联互通，构建全方位、多层次、复合型的互联互通网络，维护全球自由贸易体系和开放型世界经济；旨在促进经济要素有序自由流动、资源高效配置和市场深度融合，实现沿线各国多元、自主、平衡、可持续发展；推动沿线各国发展战略的对接与耦合，发掘区域内市场潜力，促进投资和消费，创造需求和就业；增进沿线各国人民的人文交流与文明互鉴，让各国人民相逢相知、互信互敬，共享和谐、安宁、富裕的生活，促进世界和平发展①。

（四）"一带一路"合作的重点

根据"一带一路"走向，陆上依托国际大通道，以沿线中心城市为支撑，以重点经贸产业园区为合作平台，共同打造新亚欧大陆桥、中蒙俄、中国—中亚—西亚、中国—中南半岛等国际经济合作走廊；海上以重点港口为节点，共同建设通畅安全高效的运输大通道②。加强政策沟通、设施联通、贸易畅通、资金融通、民心相通。

（五）"一带一路"于中国国际经济合作的意义

"一带一路"倡议统筹利用国内和国际两个市场、两种资源，既有利于中国平衡地区差距、扩大开放水平，又有助于沿线国家包容互鉴、开放合作，是中国加强区域经济合作、助推世界经济互利共赢的重要策略③。

第一，建设"一带一路"是中国协调区域经济发展，构建全方位开放格局的重要举措。中国的对外开放是从沿海逐步向内地推进的。多年来，经济特区和沿海开放城市是中国对外开放的前沿和桥头堡。尽管随后在扩大开放中，形成了沿海、沿江、沿边，全方位、宽领域、多层次的开放格局。但是，开放中的"东重西轻"的局面短时间难以改变，经济重心向东倾斜必然导致中国对外开放对海路通道的依赖，中亚和南亚的陆上通道急需拓展，经济和边疆安全亟待保障。

第二，"一带一路"倡议有助于促进中国要素流动转型和国际产业转移。据《2017 年度中国对外直接投资统计公报》显示，中国 2017 年对外直接投

① 裴长洪，于燕．"一带一路"建设与我国扩大开放 [J]. 国际经贸探索，2015（10）：4－17.

② 国家发展改革委，外交部，商务部．推动共建丝绸之路经济带和21世纪海上丝绸之路的愿景与行动 [Z]. 2015－03－28.

③ 曾倩，吴航，刘飞．全球经济格局新特点与"一带一路"倡议的意义 [J]. 技术经济与管理研究，2018（8）：113－117.

资 1582.9 亿美元,投资流量连续三年高于吸引外资,成为资本净输出国,而且投资存量已超过 1.8 万亿美元,在全球存量排名跃升至第二位。目前世界上仍然有许多处于发展中的国家面临着当初中国同样的难题。因此,"一带一路"倡议恰好顺应了中国要素流动新趋势和合作国家经济发展的需要。通过"一带一路"建设,将中国的生产要素,尤其是优质的过剩产能输送出去,让沿"带"沿"路"的发展中国家和地区共享中国发展的成果。

第三,建设"一带一路"是中国加强区域经济合作,主动融入全球经济治理体系的重大举措。"一带一路"不仅覆盖范围广、经济总量大,而且不设排他性的苛刻规则,不限国别范围,不搞封闭机制,有意愿的国家和经济体均可参与进来。以共商、共建、共享为原则,倡导与不同民族、不同文化、不同发展水平的国家进行合作。更加重要的是,"一带一路"突出包容性的共赢理念,提供了开放包容的合作平台,它秉持的是和平合作、开放包容、互学互鉴、互利共赢的理念,它以政策沟通、设施联通、贸易畅通、资金融通、民心相通为主要内容,全方位推进务实合作,打造政治互信、经济融合、文化包容的开放性共赢性区域共同体,有助于推动中国和沿线国家共同参与全球经济治理体系的完善,提高发展中国家在规则制定中的话语权。

二、中国与"一带一路"沿线国家经济合作的概况

"一带一路"倡议实施 5 年来,取得了丰硕的成果,已有 130 多个国家和地区同中国签署"一带一路"合作文件;联合国安理会通过的第 2344 号决议,呼吁国际社会通过"一带一路"建设加强区域经济合作。

(一)中国与"一带一路"沿线国家贸易合作的概况①

1. 总体规模

"一带一路"倡议实施 5 年来,中国同"一带一路"相关国家的货物贸

---

① 本部分贸易数据均来自:国家信息中心"一带一路"大数据中心."一带一路"大数据报告(2018)[M].北京:商务印书馆,2018.

易额累计超过 5 万亿美元。2017 年，中国与"一带一路"沿线国家进出口总额实现较快增长，进出口总额达到 14403.2 亿美元，同比增长 13.4%，高于中国整体外贸增速 5.9 个百分点，占中国进出口贸易总额的 36.2%，"一带一路"沿线国家重要性愈发凸显。其中中国向"一带一路"沿线国家出口 7742.6 亿美元，同比增长 8.5%，占中国总出口额的 34.1%；自"一带一路"沿线国家进口 6660.5 亿美元，同比增长 19.8%，占中国总进口额的 39.0%，近 5 年来进口额增速首次超过出口。[①]

2. 国别区域差异

从区域看，2017 年亚洲—大洋洲地区是中国在"一带一路"倡议中的第一大贸易合作区域，进出口总额达 8178.6 亿美元，占中国与"一带一路"沿线国家进出口总额的 56.8%。从区域贸易额增速看，中国对中亚地区贸易额增速最快，较 2016 年增长 19.8%，其次是东欧，增长 17.8%。从国别看，2017 年中国与"一带一路"沿线国家贸易额前 10 位的国家分别是：韩国、越南、马来西亚、印度、俄罗斯、泰国、新加坡、印度尼西亚、菲律宾和沙特阿拉伯，中国与这 10 个国家的贸易总额占中国与"一带一路"沿线国家贸易总额的 68.9%，是中国主要的"一带一路"贸易合作伙伴。进出口总额增长最快的贸易伙伴为卡塔尔、黑山、蒙古国和哈萨克斯坦，其增速均在 35% 以上。

3. 国内地区差异

从国内地区看，2017 年，东部地区与"一带一路"沿线国家的进出口总额为 11494.1 亿美元，占中国与"一带一路"沿线国家进出口总额的比重达 79.8%。东北地区与"一带一路"沿线国家的贸易额增速最快，较 2016 年增长 22.0%，其次为西部地区，增长 15.6%。从具体省份来看，广东、江苏、浙江、山东和上海与"一带一路"沿线国家的进出口总额排名前五，贸易额比重合计达 67.8%，其中山东首次进入前五。

---

① 国家信息中心"一带一路"大数据中心，大连瀚闻资讯有限公司."一带一路"贸易合作大数据报告 2018 ［R］. 2018 年 5 月 6 日在海南"京陵大数据论坛"上发布.

4. 商品结构

2017 年,中国对"一带一路"沿线国家出口商品主要集中于机电类,其中,电机电气设备占出口额的 23.2%,锅炉机器占 15%。电机电气设备出口额增速明显,较 2016 年增长 15.8%。而中国自"一带一路"沿线国家进口商品主要集中于电机电气设备和矿物燃料,占中国自"一带一路"沿线国家进口额的比重分别为 26.7%、23.6%,其中矿物燃料进口额增速较 2016 年增长 34.1%。

5. 贸易主体

民营企业与"一带一路"沿线国家的进出口总额占比最大,2017 年为 6199.8 亿美元,占中国与"一带一路"沿线国家贸易总额的 43.0%,其次为外商投资企业,占 36.6%,国有企业占 19.4%,其他企业占 1.0%。而国有企业进出口总额增速最快,2017 年国有企业与"一带一路"沿线国家进出口总额为 2795.9 亿美元,较 2016 年增长 24.5%,民营企业与"一带一路"沿线国家进出口总额较 2016 年增长 12.1%,外商投资企业增长 10.2%,其他企业增长 1.2%。

6. 贸易方式

2017 年,一般贸易进出口 8407.6 亿美元,占中国与"一带一路"沿线国家贸易额的 58.4%,从增速看,边境小额贸易进出口增速最快,2017 年边境小额贸易进出口总额达 379.5 亿美元,较 2016 年增长 17.3%,其次为一般贸易(16.1%)。一般贸易和边境小额贸易在进口增速方面表现突出,分别同比增长 28.7% 和 27.7%。

(二)中国与"一带一路"沿线国家其他经济合作的概况

"一带一路"沿线国家已经成为中国企业对外投资的重要目的地,成为中国基建、装备、技术、服务和品牌的重要市场。中国企业也为沿线国家完善基础设施、提高生产能力、加快产业发展、扩大就业机会、改善民生福祉做出了实实在在的贡献。

1. 投资合作①

中国对外投资是坚持以企业为主体，以市场为导向，按照商业原则和国际惯例，不是事先规划好总量的行为，而是符合条件的，大家有互利共赢的效果。"一带一路"倡议实施5年来，中国不断强化服务保障，鼓励企业到沿线国家投资兴业，对外直接投资累计超过600亿美元，为当地创造20多万个就业岗位。中国未来5年的对外投资总额能够达到每年6000亿美元到8000亿美元，其中会有相当多落在"一带一路"沿线国家。中国对外投资成为拉动全球对外直接投资增长的重要引擎，这对世界经济稳步复苏，对相互投资贸易的自由化是一支很大的推动力量。

2015年，中国企业共对"一带一路"相关的49个国家进行了直接投资，投资额合计148.2亿美元，同比增长18.2%，投资主要流向新加坡、哈萨克斯坦、老挝、印度尼西亚、俄罗斯和泰国等国家。2016年，中国企业共对"一带一路"沿线的53个国家进行了非金融类直接投资145.3亿美元，同比下降2%，占同期总额的8.5%，主要流向新加坡、印度尼西亚、印度、泰国、马来西亚等国家。2017年，中国企业共对"一带一路"沿线的59个国家非金融类直接投资143.6亿美元，同比下降1.2%，占同期总额的12%，较上年提升了3.5个百分点，主要投向新加坡、马来西亚、老挝、印度尼西亚、巴基斯坦、越南、俄罗斯、阿联酋和柬埔寨等国家。对"一带一路"沿线国家实施并购62起，投资额88亿美元，同比增长32.5%，中石油集团和中国华信投资28亿美元联合收购阿联酋阿布扎比石油公司12%股权为其中最大项目。2018年1~8月，中国企业对"一带一路"沿线55个国家非金融类直接投资95.8亿美元，同比增长12%，占同期总额的12.9%，主要投向新加坡、老挝、马来西亚、巴基斯坦、越南、印度尼西亚、泰国和柬埔寨等国家。

2. 对外承包工程②

2014~2016年，中国在沿线国家新签对外承包工程合同金额3049亿

---

① 本部分投资数据均来自中国投资指南网（http：//www.fdi.gov.cn/）。
② 本部分数据对外承包工程数据均来自中国一带一路网（https：//www.yidaiyilu.gov.cn/index.htm）。

美元。2015 年，中国企业在"一带一路"沿线 60 个国家新签对外承包工程项目合同 3987 份，新签合同额 926.4 亿美元，占同期中国对外承包工程新签合同额的 44.1%，同比增长 7.4%；完成营业额 692.6 亿美元，占同期总额的 45%，同比增长 7.6%。2016 年中国企业在"一带一路"沿线 61 个国家新签对外承包工程项目合同 8158 份，新签合同额 1260.3 亿美元，占同期中国对外承包工程新签合同额的 51.6%，同比增长 36%；完成营业额 759.7 亿美元，占同期总额的 47.7%，同比增长 9.7%。其中，承接的大型工程承包项目金额为 465.2 亿美元，占中国当年对外承接的大型工程承包项目的 60.8%。2017 年，中国企业在"一带一路"沿线的 61 个国家新签对外承包工程项目合同 7217 份，新签合同额 1443.2 亿美元，占同期中国对外承包工程新签合同额的 54.4%，同比增长 14.5%；完成营业额 855.3 亿美元，占同期总额的 50.7%，同比增长 12.6%。2018 年 1~8 月，中国企业在"一带一路"沿线国家新签对外承包工程项目合同 2589 份，新签合同额 610 亿美元，占同期中国对外承包工程新签合同额的 44%，同比下降 27.8%；完成营业额 509 亿美元，占同期总额的 53.6%，同比增长 17.7%。

中国会同有关国家和地区，推动了一批重大项目陆续落地，亚吉铁路、蒙内铁路竣工通车，中老铁路、中泰铁路、雅万高铁、匈塞铁路、巴基斯坦喀喇昆仑公路二期、卡拉奇高速公路已经开工，斯里兰卡汉班托塔港、巴基斯坦瓜达尔港、希腊比雷埃夫斯港等建设工程运行顺利，中俄、中哈、中缅等油气管道项目的建设或运营都在有序推进。同时，中国还进一步放宽外资准入领域，营造高标准的国际营商环境，吸引沿线国家来中国投资。

3. 境外经贸合作区建设

中国企业按照市场化运作的模式，根据自身发展的需要，同时结合所在国家资源禀赋、市场需求和发展战略等因素，在"一带一路"沿线 20 个国家建设了 56 个境外经贸合作区。经贸合作区的建设对于促进沿线国家经济发展、产业升级，推动所在国家工业化的进程，以及双边经贸合作的发展，都发挥了积极的作用。截至目前，经贸合作区建设累计投资超过 185 亿美元，入区企业超过 1000 家，总产值超过 500 亿美元，为东道国创造了超过

11 亿美元的税收和 18 万个就业岗位①。

经贸合作区有以下几个类型，主要是加工制造类、资源利用类、农业产业类、商贸物流类、科技研发类以及综合开发类。柬埔寨西哈努克港经济特区已经成为柬埔寨重要的纺织产品生产基地，对西哈努克省的经济贡献率超过了 50%，解决了当地就业 1.7 万人。匈牙利建成了两个园区：一个是宝思德经贸合作区；另一个是商贸物流经贸合作区。埃及苏伊士经贸合作区目前累计投资 7.8 亿美元，生产总值超过 6 亿美元。另外，中老跨境合作区、中巴经济走廊、中俄蒙经济走廊、中国—白俄罗斯工业园、中白工业园、印尼青山工业园、中塔工业园、泰中罗勇工业园等园区建设进展顺利。

中国将继续加强规划引导，推动战略对接，完善合作机制，发挥中国企业、东道国企业、第三方企业的各自优势，与东道国一道推进经贸合作区的建设，更多惠及当地民众。

4. 自由贸易区建设

截至目前，中国已经与 22 个国家和地区签署并实施了自贸协定，其中涉及"一带一路"沿线国家和地区的有 11 个，包括中国和东盟、巴基斯坦、新加坡等国和地区的自贸协定。中国与东盟的自贸区升级议定书于 2016 年 7 月开始实施，与格鲁吉亚的自贸协定也将签署，它将成为欧亚地区第一个与中国签署自贸协定的国家。中国将与 20 个沿线国家推进自贸区建设，目前，正积极推动区域全面经济伙伴关系协定（RCEP）谈判，与以色列、马尔代夫、斯里兰卡、海合会等的自贸区谈判，与尼泊尔、孟加拉国等国家开展自贸协定的联合可行性研究。中国与摩尔多瓦已结束了自贸谈判联合的可行性研究，将适时启动正式谈判。此外，中国还将与巴基斯坦、新加坡开展进一步的自贸协定升级谈判；在亚太自贸协定项下，中国与印度、斯里兰卡、孟加拉国和老挝四个"一带一路"沿线国家，已经结束了第四轮关税减让谈判，目前正在抓紧准备实施；中国还与欧亚经济联盟商定，建立自贸区长远发展目标，并于 2017 年 4 月底已经开始了第三轮经贸合作协议的谈判。

---

① 李永成．"一带一路"倡议下的中国发展领导力［J］．重庆社会科学，2018（2）：38－45.

三、推进"一带一路"国际经济合作的政策建议

(一)坚持"引进来"和"走出去"并重,深化双向投资合作

"引进来"和"走出去"是"一带一路"国际合作的重要内容。在新形势下,坚持"引进来"与"走出去"并重,就是要进一步挖掘双向投资潜力,促进要素自由流动、资源高效配置和市场深度融合,为发展开放型世界经济注入新动能。一是继续稳步扩大对外投资,充分发挥市场在资源配置中的决定性作用,并更好发挥政府作用,以企业为主体、市场为导向,扩大对沿线国家投资。二是鼓励沿线国家来中国投资,积极开展"一带一路"投资促进工作,发挥好国家级经济技术开发区、边境经济合作区、跨境经济合作区等平台作用,吸引沿线企业到中国投资兴业,特别是投向高新技术产业、先进制造业和现代服务业,支持国内实体经济发展①。三是营造投资合作良好环境,提升政府公共服务水平,及时发布投资环境、产业合作和国别指南等信息,推动与沿线国家商签或修订双边投资、领事保护、司法协助、人员往来便利化等条约和协定,为企业投资创造有利条件②。

(二)完善机制,加强"一带一路"贸易合作

中国与"一带一路"沿线国家贸易合作还存在诸多障碍,如"一带一路"沿线国家经贸发展水平差异明显,贸易壁垒普遍较高,抬高了贸易成本。文化多元、地区冲突不断、地缘政治不稳等,加大了贸易风险。为此,一是要根据不同的贸易伙伴,积极推进双边、区域自由贸易协定谈判,逐步消除贸易壁垒,实现贸易便利化,为贸易合作提供贸易规则的制度保障。二是要建立完善的风险评估机制,联合预警,及时防范,减少冲突,规避风险,尽可能减少地区政治、军事形势的不稳定对贸易产生的负面影响。三是要办好中国国际进出口博览会,搭建好经贸交流新平台,优化出口商品结

---

① 周跃辉. "一带一路"建设进展及展望 [J]. 党课参考,2018 (9):60-73.
② 高虎城. 积极促进一带一路国际合作 [N]. 人民日报,2018-01-19 (7).

构，提高传统优势产品的竞争力，壮大装备制造等新的出口主导产业，加强跨境电子商务合作，大力发展服务贸易。四是积极寻求新的贸易增长点，中国的传统货物贸易优势为劳动密集型的加工制造业，沿线部分贸易伙伴的优势集中于资源密集型产品，还有一些国家农产品贸易优势明显。虽然中国与沿线国家具有较强的贸易互补性，但传统的比较优势对贸易增长的带动效应不足。各国应联合科技研发，将技术成果转化为实际的产品竞争优势，发展资本密集型、技术密集型产业，向高技术商品贸易推进，提升产品在全球价值链中的地位①。

（三）促进基础设施互联互通，突破沿线经济合作发展"瓶颈"

"一带一路"沿线国家多为经济欠发达国家，基础设施严重不足，区域联通水平低，严重制约了区域经济合作。因此，基础设施互联互通是"一带一路"倡议优先考虑的领域。目前，在该领域面临着许多亟待解决的问题，如各国、各次区域的经济发展目标不同，设施建设规划繁多，技术标准不统一，制度性壁垒错综复杂。另外，各领域设施联通的机制建设进展也不均衡，在区域和跨区域等多边合作机制建设上进展相对较慢，政府间合作机制建设大多采取合作备忘录的方式，具有约束力的区域或双边协议较少②。

为了破解这些难题，提升合作的深度和实效，一要完善基础设施联通网络，要以六大国际经济合作走廊③建设为重点，大力推进陆上、海上、天上、网上四位一体的联通。二要协调政策、规则和标准，积极协调与相关国家和地区基础设施建设规划、质量技术体系对接，实施政策、规则、标准三位一体的联通。三要创新设施联通融资渠道，充分发挥亚洲基础设施投资银行、"丝路基金"等金融平台作用。

---

① 杨荣珍，贾瑞哲. "一带一路"贸易合作的机遇与挑战 [N]. 光明日报，2017 – 08 – 01 (14).

② 赵晋平. "一带一路"理论探索与政策实践取得积极进展 [J]. 中国经贸导刊，2017 (22)：7 – 10.

③ 六大国际经济合作走廊指中蒙俄、新亚欧大陆桥、中国—中亚—西亚、中国—中南半岛、中巴、孟中印缅。

（四）加强创新能力开放合作，增强发展新动力

抓住"一带一路"倡议契机，加强创新能力开放合作，构建开放型创新体系，推动沿线国家创新资源共享、创新优势互补，共同实现创新引领和驱动发展。一要鼓励技术引进与合作研发，促进技术引进消化吸收与再创新。积极引导外商投资方向，鼓励外商投资战略性新兴产业，推动跨国公司、国际知名研究机构在国内设立研发中心。二要积极建立国际创新合作机制，打造"一带一路"国际开放创新合作网络。三要构建沿线国家创新发展网络，建设一批国际合作创新中心，发展一批高水平国际化中介服务机构，在沿线国家建立一批海外研发中心，形成政府、企业、投资机构、科研机构、法律机构、中介机构高效协同的国际化合作网络。四要加强创新人才资源交流合作，实施更加开放的人才政策，畅通吸纳海外高端人才的绿色通道。

（五）推动开放合作，完善全球经济治理体系

中国致力于建设开放型世界经济，推动经济全球化朝着更加开放、包容、普惠、平衡、共赢的方向发展。"一带一路"是一种非排他性的、开放的合作倡议，它提供了开放包容的合作平台，有助于推动中国和沿线国家共同参与全球经济治理体系的改革完善，提高发展中国家在规则制定中的话语权。

要与沿线国家积极落实"一带一路"贸易畅通合作倡议，利用自贸区、上海合作组织以及国际博览会等合作平台，进一步提升贸易经济便利化与自由化水平，推动相关国家扩大市场开放，支持多边贸易体制，加快实施世贸组织《贸易便利化协定》，共同反对保护主义。在战略推进过程中，与沿线国家建立高层对话机制，在国际经济事务中，加强战略协调和政策沟通，加强国际间的情报共享，尤其是涉及重大战略性合作项目，尽可能发掘国家之间的利益契合点。要不断提升经济治理水平，主动参与和引领全球经济议程，支持扩大发展中国家在国际事务中的代表性和发言权。

（六）构筑多层次人文交流平台，促进包容发展

文化相通相融是"一带一路"建设的重要组成部分，它为沿线国家政治经济合作提供了坚实的社会基础和人文基础，是"一带一路"建设的重要驱动力。只有深化人文交流，才能推动实现包容和可持续发展，才能在相互理解、友好相待中构建命运共同体。

要秉承丝绸之路精神，在科学、教育、文化、体育、卫生、民间交往等各领域广泛开展合作，为"一带一路"建设夯实民意基础，筑牢社会根基。要努力开辟更多合作渠道，开拓更多人文交流合作的新领域，要通过大力发展文化产业带动国际文化贸易，建立完善多层次人文交流合作机制，创新合作模式，形成政府主导、企业参与、民间促进的立体格局。要加强与沿线各国艺术家、文化官员、智库、汉学家、翻译家等之间的文化交流与互鉴。要用好历史文化遗产，增进中国与沿线各国在联合申遗、考古等方面的合作，联合打造具有丝绸之路特色的旅游产品和遗产保护。要借助互联网、移动终端等新兴媒体，搭乘"互联网＋"的快车，加快推动中华优秀传统文化与现当代优秀文化"走出去"，鼓励文化企业在"一带一路"沿线国家和地区投资。

| 第七章 |

促进国际产能合作

促进国际产能合作是中国推动经济结构调整和产业转型升级的重要举措，是推动新一轮高水平对外开放、增强国际竞争优势的重要内容，是开展互利合作的重要抓手。加快铁路、电力等国际产能合作，有利于中国发挥比较优势，统筹国内、国际两个大局，提升开放型经济发展水平。当前，全球基础设施建设掀起新热潮，发展中国家工业化、城镇化进程加快，积极开展境外基础设施建设和产能投资合作，有利于深化中国与有关国家的互利合作，促进当地经济和社会发展。中国正在着眼全球经济发展新格局，把握国际经济合作新方向，把国内产能优势、资金优势与国外需求相结合，优化国际产能合作。本章通过建立效用、生产、贸易函数，构建博弈模型，证明了"一带一路"倡议下的国际产能合作是互惠互利、促进中国与其他国家协同发展的战略，分析中国与"一带一路"沿线国家国际产能合作的障碍，并提出相应的政策建议。

一、国际产能合作的概念

（一）国际产能合作产生的背景

2013 年 9 月，习近平主席在哈萨克斯坦首次提出"丝绸之路经济带"；一个月后，习近平主席又提出创建亚洲基础设施投资银行和"海上丝绸之路"。后来这些旨在促进区域经济合作的伟大构想被称为"一带一路"。"一带一路"倡议秉承共商、共享、共建的原则,致力于从政策沟通、设施联通、贸易畅通、资金融通和民心相通五个方面实现亚、欧、非和太平洋地区的交流与合作①,范围涉及欧亚、亚太等地区,是一条极具发展潜力的经济走廊,对于维护全球贸易体系和建立开放型世界经济意义重大。"一带一路"倡议是中国政府根据国际和地区形势变化,为了促进沿线各国加强合作、共克时艰、共谋发展而提出的倡议构想,其内涵丰富、涉及面广、包容性强,具有深刻的时代背景:

其一,随着经济全球化的不断深入,区域经济一体化的快速推进,全球贸易、投资以及全球经济增长格局步入深刻调整期,特别是亚欧国家正处于经济转型升级的关键时期,区域发展活力与合作潜力亟待进一步激发(安宇宏,2015),"一带一路"沿线国家对基础设施建设和推动工业化进程需求潜力巨大。

其二,改革开放40年来,中国的工业化发展取得了较大的成就,中国占世界经济份额不断提升,中国在世界的贸易、投资份额不断提高,金融实力不断增强(李丹、崔日明,2015),"一带一路"倡议的实施在增强中国工业化的"外溢"效应、推动沿线国家产能合作、深挖对外贸易潜能、加快区域经贸合作和一体化等方面带来重大机遇(陈继勇等,2017)。

然而,2008年世界金融危机以来,世界经济复苏乏力,中国的经济发展出现结构性失衡和部分产业产能过剩等问题。近20年来,中国的对外贸易迅猛发展,这得益于"中国制造产品输出"这一传统的国际贸易形式。但随着国际形势的不断变换以及贸易环境的日益复杂,尤其是全球价值链的转型升级和世界贸易格局的优化调整,国内产业的调整与升级却困难重重。对内,过剩产能严重恶化产业组织、激化金融风险,使资源环境约束矛盾突出(江飞涛等,2012);对外,国内产业承受着发达国家"高端制造业回流"和新兴市场"低端制造业争夺"的双重压力及各种贸易保护政策的"产业狙击"(熊勇清、李鑫,2016)。为破解国内产能过剩的现实困境和应对国际贸易新格局的调整,在"一带一路"倡议的基础上,国务院提出国际产能合作战略,目的在于借助"一带一路"所创造的平台,充分利用国内优势产

---

① 国家发展改革委,外交部和商务部.推动共建丝绸之路经济带和21世纪海上丝绸之路的愿景与行动[M].北京:人民出版社,2015.

能，化解产能过剩问题以促进区域经济协调发展，在合作和共赢视角下谋求贸易投资结构转型。

（二）国际产能合作的提出

"一带一路"倡议的推出不仅能完善全球产业布局，契合沿线国家推动工业化的现实需求，也为中国参与国际产能合作带来新机遇。国际产能合作这一概念源于 2014 年 12 月 15 日由中国总理李克强和哈萨克斯坦总理马西莫夫敲定、被媒体戏称为哈萨克斯坦阿斯塔纳"天价早餐"的 180 亿美元订单①。当李克强总理提出中国在哈萨克斯坦就地建厂从而与哈萨克斯坦的"光明大道"计划接轨时，哈萨克斯坦总统直接把该倡议称为"李计划"。中哈围绕"中哈产能合作框架协议"达成初步共识，并在深刻理解两国产能合作的出发点和落脚点后，敲定了这笔涉及基础设施、公路、住房等 10 多个领域的大单。这不仅是中哈产能合作计划的起点，也是"国际产能合作"的起点。2015 年 5 月，国务院发布《关于推进国际产能和装备制造合作的指导意见》，第一次以国务院文件的形式推进装备和产能国际合作。

1. 国际产业转移与国际合作的四次浪潮

国际产能合作并不是一个新鲜的概念，自英国工业革命以来，发达国家（地区）曾多次以向外转移产业的形式开展国际产能合作（董小君，2014）。第一次国际产业转移浪潮，"世界工厂"从英国变迁至美国，美国跃升为全球最大的工业国；第二次国际产业转移使日本和德国等次发达国家在承接了美国产业转移后迅速发展；第三次国际产业转移浪潮，日本和德国的产业转移至东亚"四小龙"带动了以东亚为主的发展中国家（地区）的崛起；第四次国际产业转移是由中国倡导的国际产能合作，与以往的单方向产业转移不同，这次不再是简单的由经济发达国家向新兴欠发达国家转移，而是"双向转移"（赵晓、陈金保，2012）。其原因在于受金融危机的冲击，虚拟经济不能长期脱离实体经济的观点已达成各界共识，欧美国家"再工业化"战略

---

① 杨芳. 解密"国际产能合作"的来龙去脉［EB/OL］. http://politics.people.com.cn/n1/2015/1213/c1001-27922214.html.

盛行，"去工业化"到"再工业化"的转变必然会引起高端产业链条回流。另外，由于产业低端链条向成本更低的地区转移，中国制造业的海外市场以及国际分工地位亦面临着新兴市场经济国家的挤压，这些无疑都将重构国际分工和产业竞争格局。国际产业转移与国际合作的四次浪潮详细历程见表7.1、表7.2。

表7.1 　　　　　　　　　　　　　**四次国际产业转移与国际合作浪潮**

时期	国际产业转移	国际产能合作
第一次浪潮（18世纪至19世纪上半叶）	陆续完成工业化的发达国家出现产能过剩，不断占领落后地区市场	殖民扩张，无平等的国际产能合作
第二次浪潮（20世纪50年代至60年代）	（1）从美国向欧洲转移：第二次世界大战期间，美国的工业迅猛发展，产能利用率超过85%，对西欧各国进行经济援助、协助重建；（2）从美国向日本转移：朝鲜战争的爆发加快了转移和重建步伐；（3）从苏联向中国转移	资本主义和社会主义国家阵营内部转移。一种霸权同盟式合作机制。欧洲实现战后复兴，日本崛起为世界第二大经济体，第三世界国家进入发展起飞阶段
第三次浪潮（20世纪70年代至21世纪初）	冷战结束后，为了应对世界石油危机的冲击和日元汇率升值的影响，日本选择了对外投资、重构国内产业结构的国际产业转移道路，产能从日本向东亚"四小龙"转移	发达国家向发展中国家产业转移，逐渐形成WTO框架下的贸易投资规则。发达国家仍然主导"游戏规则"，国际产业合作呈现"中心—外围"的不平等格局
第四次浪潮（2012年之后）	完成工业化的中国成了制造业大国，中国在"一带一路"倡议中提出的国际产能合作，是适应第四次国际产业转移浪潮提出的跨国合作发展道路，在各国的实践探索中逐渐形成新的国际产业发展合作机制	发展中国家间内部转移及发达国家在发展中国家的布局调整，努力形成平等共赢的国际合作机制

资料来源：刘勇，黄子恒，杜帅，吴斌，孙欣如. 国际产能合作：规律、趋势与政策 [J]. 上海经济研究，2018（2）：100－107。

表7.2 　　　　　　　　　　　　　　**钢铁产业的三次国际产能转移**

时期	国际产能转移
第一次（19世纪后期）	钢铁产业从英国转移到美国，美国逐渐成为全球最大的钢铁生产国
第二次（20世纪60年代至70年代）	日本、德国和苏联的钢铁产量扩张推动了全球的第二次钢铁产业转移
第三次（20世纪末至21世纪初）	中国的钢铁行业带动了全球的第三次钢铁产业转移

资料来源：赵润之. "一带一路"战略下的对外直接投资与产能转移 [D]. 南京大学，2018.

2. 第四次国际产能合作的特点

作为发展中国家的中国在自身发展与对外合作实践过程中不断探索具有中国特色的共同发展模式，为了统筹国际国内"两个大局"，利用好国际国内"两个市场、两种资源"，中国政府提出了国际产能合作（李克强，2015），掀起了第四次国际产业大转移浪潮。

第四次国际产能合作是在金融危机后，顺应和平、发展、合作、共赢的新潮流而作出的伟大倡议，是在推进全方位开放的背景下，中国将自身的产能、技术与资金等优势转化为市场与合作优势的重要途径（宁吉喆，2016）。产能合作倡议涉及的国家范围广、涵盖内容全，始终坚持平等互利、生态环保、转让技术、社会责任和不附加政治条件等原则，在推进工业化进程中实现"质"与"量"的共同发展。中国倡导的国际产能合作不是贸易创造、贸易转移理论的简单重叠，也不是前三次产业转移经验的直接复制，而是在总结和遵循世界经济发展规律的前提下结合中国和世界各国国情探索出的新的国际合作模式，是从理论到实践的探索创新（刘勇等，2018）。

（三）中国对外国际产能合作进展

2014年，李克强总理提出国际产能合作的理念，不仅能将中国的优质产能输送给其他国家，满足不同国家工业化发展需求，例如利用中国钢铁、水泥、平板玻璃等多方面优质生产线帮助"一带一路"沿线国家建造更好的公路、铁路和基础设施；还鼓励两个国家共同开发第三方市场，由双赢变为三赢，例如，法国提供核心技术，中国提供优质装备，为英国建造发电站；还可以促进中国与其他国家的互联互通，例如中泰铁路的修建，令中泰游客能够以低成本乘坐火车往返于昆明和曼谷之间，再例如中国和塞尔维亚将一起改造升级匈塞铁路。未来，国际产能合作还将致力于建造横跨太平洋和大西洋的两洋铁路，贯穿东南亚的泛亚铁路，连接欧亚的中欧陆海快线，一起开发清洁能源，建设公路、机场、通信网络，全世界不同国家可以通过国际产能合作构建起一个新的国际合作坐标系，创造就业和财富，创造新的发展机遇①。

---

① 2分钟看懂李克强格外看重的这件事 [EB/OL]. http://www.gov.cn/xinwen/2015 - 12/24/content_5027351.htm.

  自"一带一路"倡议和国际产能合作战略提出以来，产能合作规模迅速
扩大。就非金融领域对外直接投资流量而言，自2013年以来，中国对外直
接投资流量快速增长，见图7.1。据商务部公布的国际产能合作统计数据显
示，从行业分布情况来看，2015年，中国非金融类对外直接投资流向制造业
的投资为143.3亿美元，同比增长105.9%，其中流向装备制造业的投资为
70.4亿美元，同比增长154.2%，占制造业对外投资的49.1%，占同期总投
资额的6%。2016年，中国非金融类对外直接投资流向制造业的投资为
310.6亿美元，同比增长116.7%，其中流向装备制造业的投资为178.6亿美
元，是上年的2.5倍，占制造业对外投资的57.5%，占同期总投资额的
10.5%。2017年，中国非金融类对外直接投资流向制造业191.2亿美元，同
比下降38.4%，占同期总投资额的15.9%，其中流向装备制造业108.4亿美
元，较上年下降39.3%，占制造业对外投资的56.7%。2018年1~8月，中
国对外直接投资流向制造业122.8亿美元，同比增长5.7%，占同期总投资
额的16.6%，其中流向装备制造业48亿美元，同比下降28%，占制造业对
外投资的39.1%[①]。

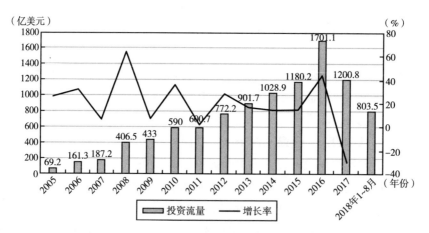

图7.1　2005~2018年8月中国非金融领域对外直接投资额及其增长率

资料来源：根据中华人民共和国商务部对外投资和经济合作司网站有关统计数据整理。

  由图7.1可知，2017年中国对外直接投资出现下降，究其原因，一方

　　①　2018年1~8月国际产能合作统计数据［EB/OL］. http：//hzs. mofcom. gov. cn/article/date/201809/20180902790255. shtml.

面是非理性对外投资得到有效遏制，"降虚火""挤水分"使对外投资更加稳健理性。2017 年对外投资总体情况是与中国对外发展水平相适应，符合经济发展规律，受东道国普遍欢迎①。另一方面是中国政府加大限制资本外流力度，而美国政府以国家安全为由推迟或阻止中国对美国企业的收购②。

图 7.2 描述的是中国对"一带一路"沿线 65 个国家对外投资流量总和，流量增长趋势与全国对外投资流量大体相同。根据商务部统计数据显示，截至 2017 年底，中国企业共对"一带一路"沿线的 59 个国家非金融类直接投资 143.6 亿美元，建立了初具规模的合作区，同比增长了 3.5%，主要投向新加坡、马来西亚、老挝等国家；对沿线国家实施并购共 62 起，投资额 88 亿美元，同比增长 32.5%；对外承包工程方面，截至 2017 年底，同沿线国家新签对外承包工程项目合同超过 7000 份，合同金额高达 1443.2 亿美元，占同期新签合同额的 54.4%③。

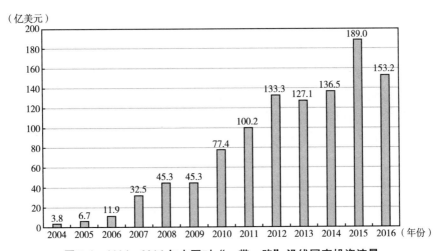

图 7.2 2004～2016 年中国对"一带一路"沿线国家投资流量

① 许婷. 2017 年我国对外直接投资下降约三成 非理性对外投资得到有效遏制 [EB/OL]. http://www. financialnews. com. cn/hg/201801/t20180117_131625. html.

② 驻塞尔维亚经商参处. 2017 年中国对外直接投资首次下降 [EB/OL]. http://www. mofcom. gov. cn/article/i/jyjl/m/201809/20180902792238. shtml.

③ 商务部对外投资和经济合作司. 2017 年我对"一带一路"沿线国家投资合作情况 [EB/OL]. http://hzs. mofcom. gov. cn/article/date/201801/20180102699459. shtml.

二、国际产能合作的研究综述

(一) 国际产能合作

国际产能合作存在相近的研究术语——国际产能转移 (international relo-cation of production)，但是对国际产能转移的研究主要集中在跨国公司的微观行为研究 (Lampon & Gonzalezbenito, 2015)。而现在提出来的国际产能合作不能简单地理解成传统的国际产业转移，而是国际产业转移和国际合作两大理论的结合，前者是企业行为决策基础，后者是国家战略基础。

国际产业转移是国际产能合作的基础，工业革命后全球掀起了国际产业转移的浪潮 (张梅，2016)，产品生命周期理论、要素禀赋理论、边际产业转移理论、技术地方化理论、技术创新产业升级理论相继出现以解释这一现象 (董小君，2014)。然而这些理论都是在比较优势理论和新古典分析框架的基础上解释国际产业转移的基础动因 (丁建军，2011)。后来克鲁格曼 (Krugman) 的新经济地理学 (NEG) 在产业分析的过程中引入空间因素，指出在新经济地理分析框架下，产业转移是生产活动在空间的集聚或发散过程。

国际合作是国际产能合作的制度基础，推动历史上三次国际产业转移浪潮的国际合作理念分别是霸权合作论、国际机制合作论和共有观念合作论。我国在全球治理、全球发展的理论与实践探索过程中提出国际产能合作，目的是在国际产业转移过程中形成一种新型、平等、共赢的发展合作机制，在降低国际产业转移制度成本的基础上实现国际产能合作。

国际产能合作是国与国之间产业互通、优势互补的合作方式，它将国际产业转移与对外直接投资相结合，是一种新的合作模式 (夏先良，2015)。刘勇等 (2018) 指出国际产能合作通过国际贸易、国际投资、国际开发合作等方式，使生产要素在全球范围内实现重新配置进而重新构建全球产业链、价值链与资本链。

(二) 产能过剩

学界对产能过剩的研究成果颇丰，学者们通常把产能过剩归因于"市场

失灵"和中国经济转型过程中的体制缺陷。萨洛普（Salop，1979）、曼昆等
（Mankiw et al.，1986）运用博弈分析方法，认为寡头垄断市场存在"过度
进入"，即不完全市场会产生市场失灵；卡米恩和施瓦茨（Kamien & Schwar-
tz，1972）、迪克西特（Dixit，1980）等认为，企业常常投入大量乃至过度
的资本以阻止潜在企业进入市场，导致产能过剩发生。罗云辉（2004）认为
企业的合谋意愿激励着企业不断提高产能。由于当前的市场经济不完善，
"市场失灵"不足以解释中国的产能过剩，仅在微观层面的产能过剩治理会
使治理成本远大于收益（蒋飞涛等，2012）。国内学者通常把产能过剩视为
是中国经济转型过程中体制缺陷的结果。周敏等（2012）认为，在中国式分
权体制下，地方政府官员之间的政绩竞争导致了产能过剩。王文甫等
（2014）认为，产能过剩的主要原因是地方政府干预过多。

至于化解产能过剩的途径，王立本等（2015）提出要创新政府干预方
式、政绩考核标准；杨振兵（2016）指出要优化市场准入、退出机制；徐朝
阳等（2015）提出要建立、维护市场竞争环境。

（三）"一带一路"与国际产能合作

致力于成为世界上跨度最长、发展前景最为广阔的经济走廊的"一带一
路"倡议，促进了中国工业化的"外溢"效应。随着"一带一路"倡议的
实施，中国与周边国家在基础设施、能源合作、贸易与投资等领域的合作将
不断加深（郭建鸾等，2017），这也为在"一带一路"的基础上形成产业集
聚和产能合作创造良好的条件。王本力等（2015）以美国的四次国际产能合
作为例，指出国际产能合作是解决中国过剩产能的新思路。类似的，熊艾伦
等（2015）基于国际经验的分析表明，化解产能过剩难题的最有效策略便是
实行国际产能合作。集产业转移和产业开发于一体的国际产能合作，是基于
国际产业分工和全球产业发展的内在需求（刘勇等，2018）。熊勇清、李鑫
（2016）指出国际产能合作能破解中国制造业海外市场的"三重、双向压
力"，实现中国制造从"产品输出"转向"资本输出"、从"产能优势"转
向"市场优势"、从"产品买卖"关系转向"合作共赢"关系。安宇宏
（2015）指出开展国际产能合作要内外兼修，对内要统筹协调政府与企业的
关系；对外要抓住重点，根据项目成熟和难易程度，循序渐进地推进。

综上所述，第一，国际产能合作符合国际产业转移规律，助力全球经济转型和实现合作共赢。"一带一路"倡议中的"和平合作、开放包容、互学互鉴、互利共赢"发展理念给"国际产能转移"赋予了中国特色，逐渐发展成了"国际产能合作"这一旨在推动全球，尤其是中小发展中国家的发展的国际合作机制。

第二，要实现中国经济的可持续发展就必须要解决产能过剩问题。中国在产业结构调整过程中要兼顾国内产业结构变化特点和全球经济的密切联系，国际产能合作是"产业"和"能力"的释放，是在释放外部消费需求的基础上让"中国制造"走向国际、让各国产业共同升级。

第三，"一带一路"倡议和国际产能合作无论是在经济上还是外交上，都对中国意义重大，能够扩大中国对沿线国家乃至世界的影响力。中国提出国际产能合作，是在国际产业转移中形成一种新型、平等、共赢的发展合作机制，这是一种全球治理、全球发展的理论与实践探索。

三、国际产能合作的战略价值分析

（一）效用函数

中国用地区 1 来表示，"一带一路"沿线国家用地区 2 来表示。假定两地区只生产两种商品，则其效用函数分别为：

$$U_1 = \alpha_1(q_1 + q_2) - \frac{1}{2}(q_1^2 + 2\beta q_1 q_2 + q_2^2) + y$$

$$U_2 = \alpha_2(q_1 + q_2) - \frac{1}{2}(q_1^2 + 2\beta q_1 q_2 + q_2^2) + y$$

其中，α_i 表示两地区的市场规模，$\beta \in [0,1]$ 表示产品之间的差异大小，$\beta = 1$ 表示两种产品可完全替代，$\beta = 0$ 表示两种商品完全异质，y 表示计价物，则反需求函数可表示为：

$$p_{ji} = \alpha_i - q_{ji} - \beta_{-ji}$$

其中，$i = 1$，2；$j = 1$，2；q_{ji}表示地区 i 销售的商品 j 的数量。

（二）生产

假定地区 1 即中国共有 2 个企业，编号为 1 和 2，生产两种商品，即地区 1 能生产所有产品；而地区 2 即"一带一路"沿线国家只有 1 个企业，也就是说地区 2 只生产一种产品，且与地区 1 的企业 1 所生产的产品相同，编号为 0。用 q_j 表示由中国的企业 j 所生产的产品数量，投入的产能用 $\bar{q}_j$ 表示，则生产 q_j 产品的平均可变成本可用 $c(q_j \mid \bar{q}_j)$ 来表示。借鉴赵润之（2018）的研究成果，提出的利润函数如下：

$$\pi_j(q_j, \bar{q}_j; p_{ji}) = (p_{ji} - c(q_j - c(q_j \mid \bar{q}_j)))q_j - \bar{q}_j$$

另外，产能投入的增加将提高产品生产的固定成本，但会降低产品生产的平均可变成本，企业可以通过企业效率参数 θ_j（$\theta_j > 1$）来决定是否投入产能进行产品生产，我们将企业的平均可变成本函数用下式表示：

$$c(q_j \mid \bar{q}_j) = \frac{\theta_j^{1+\eta}}{\eta}\left(\frac{q_j}{\bar{q}_j}\right)^\eta$$

从上式可知，θ_j 与企业的平均成本同向变动，即 θ_j 越小，企业的平均成本越小，企业效率越高。不妨假设：$\theta_0 > \theta_1 > \theta_2$。这是因为，当前中国存在产能过剩的行业主要为煤炭、钢铁等，这些行业的国内企业效率虽然相对低下，但是相对于"一带一路"沿线各国，仍然具有相对优势。另外，中国的新兴行业鲜有产能过剩问题，同时发展中国家的新兴行业亦尚不发达。根据利润函数与平均可变成本函数，可得企业利润最大化时产量与产能的关系式：

$$\frac{q_j}{\bar{q}_j} = \frac{1}{\theta}$$

可见，θ 越小，即企业效率越高，该企业的产量产能比即产能利用率越大，则地区 1 的社会总产能利用率可表示为：$(q_1 + q_2)/(\bar{q}_1 + \bar{q}_2)$，于是，企业的总成本函数为：

$$c(q_j \mid \overline{q}_j)q_j + \overline{q}_j = \frac{1+\eta}{\eta}\theta_j q_j$$

而地区 i 的福利函数为：

$$W_i = U_i - \sum_{j=1}^{n_i} p_j q_j - Y + \sum_{j=1}^{n_i} \pi_j$$

其中，n_i 表示地区 i 的企业数量：$n_1 = 2, n_2 = 1$。

（三）贸易

根据克鲁格曼（1991）的研究成果，两地区之间的贸易存在"冰山成本"，即由于运输成本的存在，若要将 q 单位商品从地区 1 运往地区 2，必须从地区 1 发出 $\tau q(\tau \geqslant 1)$ 单位商品，其中 $(\tau - 1)q$ 表示运输损耗，τ 越大，贸易成本越高；$\tau = 1$，表示两地区之间的贸易无成本。

假定运费由消费者承担，若地区 1 商品 j 的价格为 $p_1(q_j(1))$，则该商品运往地区 2 的销售价格为 $\tau p_1(q_j(1))$，若地区 2 商品 j 的价格为 $p_2(q_0(2))$，则运往地区 1 的销售价格为 $\tau p_2(q_0(2))$。

（四）比较静态分析

1. 封闭经济下的市场均衡

若两地区无贸易往来，则市场均衡状态为：$q_j(1) = q_j, q_1(2) = q_0$，$q_2(2) = 0$，由反需求函数可得：

$$p_{11} = \alpha_1 - q_1 - \beta q_2$$
$$p_{21} = \alpha_1 - q_2 - \beta q_1$$
$$p_{12} = \alpha_2 - q_0$$

其中，p_{ji} 表示商品 j 在地区 i 的销售价格，由利润函数和总成本函数可得企业利润最大化的一阶条件为：

$$\frac{\partial \pi_1}{\partial q_1} = \alpha_1 - 2q_1 - \beta q_2 - \frac{1+\eta}{\eta}\theta_1 = 0$$

$$\frac{\partial \pi_2}{\partial q_2} = \alpha_1 - 2q_2 - \beta q_1 - \frac{1 + \eta}{\eta}\theta_2 = 0$$

$$\frac{\partial \pi_0}{\partial q_0} = \alpha_2 - 2q_0 - \frac{1 + \eta}{\eta}\theta_0 = 0$$

从而求得企业产量为：

$$q_1^* = \frac{\alpha_1(2 - \beta)\eta - (1 + \eta)(2\theta_1 - \beta\theta_2)}{(4 - \beta^2)\eta}$$

$$q_2^* = \frac{\alpha_1(2 - \beta)\eta - (1 + \eta)(2\theta_2 - \beta\theta_1)}{(4 - \beta^2)\eta}$$

$$q_0^* = \frac{\alpha_2\eta - (1 + \eta)\theta_0}{2\eta}$$

可得封闭条件下的产品价格：

$$p_1 = \frac{\alpha_1(2 - \beta)\eta + (1 + \eta)((2 - \beta^2)\theta_1 + \beta\theta_2)}{(4 - \beta^2)\eta}$$

$$p_2 = \frac{\alpha_1(2 - \beta)\eta + (1 + \eta)((2 - \beta^2)\theta_2 + \beta\theta_1)}{(4 - \beta^2)\eta}$$

$$p_0 = \frac{\alpha_2\eta + (1 + \eta)\theta_0}{2\eta}$$

封闭条件下各个企业的利润为：

$$\pi_1 = \frac{2(\alpha_1(2 - \beta)\eta - (1 + \eta)(2\theta_1 - \beta\theta_2))^2}{(4 - \beta^2)^2\eta^2}$$

$$\pi_2 = \frac{2(\alpha_1(2 - \beta)\eta - (1 + \eta)(2\theta_2 - \beta\theta_1))^2}{(4 - \beta^2)^2\eta^2}$$

$$\pi_0 = \frac{2(\alpha_2\eta - (1 + \eta)\theta_0)^2}{4\eta^2}$$

同时，地区 1 的总体产能利用率为：

$$CU^* = \frac{q_1 + q_2}{\overline{q}_1 + \overline{q}_2} = \frac{(2 - \beta)(2\alpha_1\eta - (1 + \eta)(\theta_1 + \theta_2))}{\alpha_1\eta(2 - \beta)(\theta_1 + \theta_2) - 2(1 + \eta)(\theta_1^2 - \beta\theta_1\theta_2 + \theta_2^2)}$$

根据福利函数可得地区 1 和地区 2 的社会福利分别为：

$$W_1^* = \frac{\begin{array}{l}2\alpha_1(2-\beta)^2(3+\beta)\eta(\alpha_1\eta-(1+\eta)(\theta_1+\theta_2))\\+(1+\eta)((12-\beta^2)(\theta_1^2+\theta_2^2)-2\beta(8-\beta^2)\theta_1\theta_2)\end{array}}{2((2-\beta)^2(2+\beta)^2\eta^2}$$

$$W_2^* = \frac{(\alpha_2\eta-(1+\eta)\theta_0)(4-\theta_0-\eta(4-3\alpha_2-\theta_0))}{8\eta^2}$$

2. 开放经济下的市场均衡

"一带一路"倡议促进了要素的自由流动，加快各国的市场融合，使国内市场和国际市场融合成为一个开放的市场。一方面，中国与沿线国家增设的铁路运输路线、签订的双边海运（河运）协定大大降低了贸易成本；另一方面，由于地理、文化、政治等因素，中国与各沿线国家尚不能完全融合，贸易成本必然存在，我们用 τ 表示。

另外，"一带一路"倡议所形成的一系列经济走廊（中巴经济走廊、孟中印缅经济走廊）开拓了各国的市场规模，故假定实行"一带一路"倡议后，地区 2 的市场规模与地区 1 相同，即：$\alpha_2 = \alpha_1$，为了简化分析，我们假定 $\beta = 0$，即两种商品完全异质。

在开放经济条件下，同样生产产品 1，在地区 1 的企业 1 的生产效率高于地区 2 的企业 0，即产品 1 将只从中国出口到"一带一路"沿线国家，商品 2 则完全由中国的企业 2 生产并在两地销售。则贸易成本为：

$$p_{12} = \tau p_{11}$$
$$p_{22} = \tau p_{21}$$

企业 0、企业 1、企业 2 的利润函数分别为：

$$\pi_0 = p_{12}q_0 - \frac{1+\eta}{\eta}\theta_0 q_0$$

$$\pi_1 = p_{11}q_1 - \frac{1+\eta}{\eta}\theta_1 q_1$$

$$\pi_2 = p_{21}q_2 - \frac{1+\eta}{\eta}\theta_2 q_2$$

市场出清条件：

$$q_{11} + q_{12} = q_0 + q_1$$
$$q_{21} + q_{22} = q_2$$

则利润最大化的一阶条件：

$$\frac{\partial \pi_0}{\partial q_0} = \alpha_1 - q_{12} - q_0 - \frac{1+\eta}{\eta}\theta_0 = 0$$

$$\frac{\partial \pi_1}{\partial q_1} = \alpha_1 - q_{11} - q_1 - \frac{1+\eta}{\eta}\theta_1 = 0$$

$$\frac{\partial \pi_2}{\partial q_2} = \alpha_1 - q_{21} - q_2 - \frac{1+\eta}{\eta}\theta_2 = 0$$

求得各企业产量：

$$q_0^\Delta = \frac{2\alpha_1\eta\tau - (1+\eta)(\theta_0(2+\tau) - \theta_1\tau)}{2\eta(1+\tau)}$$

$$q_1^\Delta = \frac{2\alpha_1\eta + (1+\eta)(\theta_0 - \theta_1(1+2\tau))}{2\eta(1+\tau)}$$

$$q_2^\Delta = \frac{2\alpha_1\eta - \theta_2(1+\eta)(1+\tau)}{\eta(2+\tau)}$$

$$q_{11}^\Delta = \frac{2\alpha_1\eta\tau - (1+\eta)(\theta_0 + \theta_1)}{2\eta(1+\tau)}$$

$$q_{21}^\Delta = \frac{\alpha_1\eta\tau - (1+\eta)\theta_2}{\eta(2+\tau)}$$

$$q_{12}^\Delta = \frac{2\alpha_1\eta - (1+\eta)(\theta_0 + \theta_1)\tau}{2\eta(1+\tau)}$$

$$q_{22}^\Delta = \frac{\alpha_1\eta(2-\tau) - (1+\eta)\theta_2\tau}{\eta(2+\tau)}$$

由企业 1 和企业 2 在开放经济条件下的产量必然不小于封闭条件下的产量可知：$q_1^\Delta \geqslant q_1^*, q_2^\Delta \geqslant q_2^*$。可以得出：

$$\tau < \min\left\{\frac{\alpha_1\eta + (1+\eta)\theta_0}{\alpha_1\eta + (1+\eta)\theta_1}, \frac{2\alpha_1\eta}{\alpha_1\eta + (1+\eta)\theta_2}\right\}$$

在 α_1 足够大的时候，贸易成本接近 1，即当贸易成本足够小时，两地市场才会发生贸易往来。企业 1 的利润为：

$$\pi_1^\Delta = \frac{(2\alpha_1\eta + (1+\eta)(\theta_0 - \theta_1(1+2\tau)))^2}{4\eta^2(1+\tau)^2}$$

$$\pi_2^\Delta = \frac{(2\alpha_1\eta - \theta_2(1+\eta)(1+\tau))^2}{\eta^2(2+\tau)^2}$$

$$\pi_0^\Delta = \frac{(2\alpha_1 \eta \tau - (1+\eta)(\theta_0(2+\tau) - \theta_1 \tau))^2}{4\eta^2 (1+\tau)^2}$$

企业 1 的产能利用率为：

$$CU^\Delta = \frac{2\alpha\eta(4+3\tau) - (1+\eta)(2\theta_2(1+\tau)^2 - \theta_0(2+\tau) + \theta_1(2+5\tau+2\tau^2))}{\begin{array}{c}2\alpha\eta(2\theta_2(1+\tau) + \theta_1(2+\tau)) - (1+\eta)(2\theta_2^2(1+\tau)^2 \\ - \theta_0\theta_1(2+\tau) + \theta_1^2(2+5\tau+2\tau^2))\end{array}}$$

两地区的社会福利分别为：

$$W_1^\Delta = \frac{4\alpha_1^2 \eta^2 \Gamma_{11} + 4\alpha_1 \eta(1+\eta)\Gamma_{12} + (1+\eta)^2 \Gamma_{13}}{8\eta^2 (1+\tau)^2 (2+\tau)^2}$$

$$W_2^\Delta = \frac{4\alpha_1^2 \eta^2 \Gamma_{21} + 4\alpha_1 \eta(1+\eta)\tau\Gamma_{22} + (1+\eta)^2 \Gamma_{23}}{8\eta^2 (1+\tau)^2 (2+\tau)^2}$$

其中：

$\Gamma_{11} = 16 + 24\tau + 15\tau^2 + 6\tau^3 + 2\tau^4 > 0$

$\Gamma_{12} = \theta_0(2-\tau)(2+\tau)^2 - \theta_1(2+\tau)^2(2+5\tau) - 2\theta_2(1+\tau)^2(4+5\tau) > 0$

$\Gamma_{13} = 3\theta_0^2(2+\tau)^2 - 2\theta_0\theta_1(2+\tau)^2(1+4\tau) + 4\theta_2^2(1+\tau)^2(3+4\tau+2\tau^2)$
$\quad\quad + \theta_1^2(2+\tau)^2(3+8\tau+8\tau^2) > 0$

$\Gamma_{21} = 8 + 8\tau + 6\tau^2 + 6\tau^3 + 3\tau^4$

$\Gamma_{22} = \theta_1(2+\tau)^2(2\tau-1) - \theta_0(2+\tau)^2(5+2\tau) - 2\theta_2(1+\tau)^2(2-\tau)$

$\Gamma_{23} = \theta_0^2(2+\tau)^2(8+8\tau+3\tau^2) - 2\theta_0\theta_1\tau(2+\tau)^2(4+\tau) + \tau^2(4\theta_2^2(1$
$\quad\quad + \tau)^2 + 3\theta_1^2(2+\tau)^2)$

（五）比较分析

由于模型较多，计算结果比较复杂，因此，在不影响分析的一般性前提下，采取数值分析法对比分析"一带一路"倡议实施前后的产能利用率变化。在保证企业生产的产品数量为正的条件下，我们取：$\alpha_1 = 20, \alpha_2 = 12$，$\eta = 0.5, \theta_0 = 5, \theta_1 = 2, \theta_2 = 1.5$。

假设相较于中国而言，"一带一路"沿线国家的产能严重不足，其产能利用率相对较低。根据前述理论模型，探讨国际产能合作战略下产能利用率与市场融合度之间的关系，将数值代入前述模型，条件为：$1 < \tau < 35/26$。

就企业利润而言，将数据代入对应的利润函数，开放经济条件下的各个企业利润结果如下：

$$\pi_1 = 98,\ \pi_1^\Delta = \frac{(24.5 - \tau)^2}{(1 + \tau)^2},\ 97.39 < \pi_1^\Delta < 138.06$$

$$\pi_2 = 60.06,\ \pi_2^\Delta = \frac{4(20 - 2.25(1 + \tau))^2}{(2 + \tau)^2},\ 77.42 < \pi_2^\Delta < 106.78$$

$$\pi_0 = 4.50,\ \pi_0^\Delta = \frac{(15.5\tau - 15)^2}{(1 + \tau)^2},\ 0.06 < \pi_0^\Delta < 6.25$$

可得出命题 1：在实行"一带一路"政策后的开放经济下，企业 1 和企业 2 的利润相较于封闭经济条件下都将提升。地区 2 的企业 0 的利润变化同市场融合度密切相关，当市场融合度足够高时，企业 0 的利润却下降；反之，企业 0 的利润将上升。

其经济学解释为：一方面，由于科学技术等的落后，地区 2 的企业 0 的生产效率落后于地区 1 的企业 1，从而使企业 0 失去其在本地的垄断地位、利润有所下降；另一方面，在开放经济条件下，利润随着市场规模的扩大会有所上升，"一带一路"倡议下的国际产能合作无疑会扩大地区 2 的市场规模，这两方面共同作用于企业 0，即当市场融合程度 τ 较低时，市场规模的扩大是企业利润变化的主要原因，此时企业 0 的利润会上升；而当市场融合程度 τ 较高时，企业 0 的垄断地位受到严重威胁，此时企业 0 的利润将会减少。

对比产能利用率，可得：

$$CU^* = 0.57561$$

$$CU^\Delta = \frac{10.5\tau^2 + 88.5\tau + 90.5}{-18.75\tau^2 + 71.5\tau + 151.25},\ 0.9289 < CU^\Delta < 1.0709$$

可得出命题 2："一带一路"倡议下的国际产能合作会提高地区 1 的产能利用率；且地区 1 的产能利用率会随着市场融合程度 τ 的提升而下降。原因可能在于企业 1 的生产效率虽然高于地区 2 的企业 0，但是在地区 1 仍属于产能利用率较低的企业。而同企业 2 相比，市场融合程度的提升对企业 1 的激励效应更大，结果就会出现企业的生产效率越低，其产出反而越高的现象，即地区 1 的产能利用率随着市场融合度的提高而下降的现象。

就社会福利而言，经计算可得：

$$W_1^* = 156.56, \quad W_1^\Delta = \frac{400\Gamma_{11} + 60\Gamma_{12} + 2.25\Gamma_{13}}{2(1+\tau)^2(2+\tau)^2}, \quad 173.37 < W_1^\Delta < 229.63$$

$$W_2^* = 92.81, \quad W_2^\Delta = \frac{400\Gamma_{21} + 60\tau\Gamma_{22} + 2.25\Gamma_{23}}{2(1+\tau)^2(2+\tau)^2}, \quad 111.58 < W_2^\Delta < 136.22$$

从而得出命题3："一带一路"倡议实施后，两地的福利水平都得到改善，且两地市场融合程度 τ 越高，社会福利越高，意味着国际产能合作能够让中国与沿线国家的关系实现从"买卖关系"到"合作共赢"的转换，也让中国在合作的过程中实现大国责任担当，这与"互利共赢"的战略初衷一致。

对比命题2和命题3可知，较高的市场融合度会带来产能利用率的下降和社会福利的上升，这意味着在实际生产过程中，要权衡社会福利和产能过剩问题的严重性以寻求一个恰当的市场融合度。

（六）结论与建议

本节通过建立效用、生产、贸易函数，构建博弈模型，用贸易成本来衡量中国与"一带一路"沿线国家的市场融合程度，讨论"一带一路"背景下国际产能合作战略实施前后，企业利润、产能利用率以及社会福利等经济指标的变化情况，以及上述指标与市场融合度 τ 之间的关系。主要结论如下：

首先，"一带一路"背景下的国际产能合作，通过开拓、融合海外市场扩大了中国产品的市场规模，从而提高中国的企业利润，国际产能合作确实能化解中国的产能过剩问题。对于"一带一路"沿线国家的影响主要取决于市场融合程度，即当贸易成本较低时，当地企业利润低于封闭时期的企业利润；当贸易成本较高的时候，当地企业利润高于封闭时期的企业利润。

其次，"一带一路"背景下国际产能合作政策的实行，通过开拓市场而提高了对中国过剩产品的需求，地区1的产能利用率得到显著提高，但是由于产能过剩常常伴随着生产效率低下，国际产能合作带来的地区1产能利用率的提高会随着市场融合度的提高而略微下降。

最后，国际产能合作战略实施后，中国和"一带一路"沿线国家的社会福利都将得到改善，因此"一带一路"倡议下的国际产能合作是互惠互利、促进中国与其他国家协同发展的战略。

根据以上结论，得出政策建议如下：

第一，利用中国制造业的比较优势，结合各个国家的资源禀赋和不同的市场需求，同"一带一路"沿线国家深化合作，推动钢铁、有色金属、高铁等优势产业输出，带动当地经济发展，形成新的产业链和消费市场，在化解国内过剩产能的同时，提升中国的产业影响力。

第二，加快实行"走出去"战略，完善政府激励约束机制。由前述命题3可知，市场融合程度的提升会提升消费者的效用，但也会降低社会福利，这意味着国际产能合作战略可能会受到沿线国家企业的抗拒，政府可以出台相应的补贴、税收政策以保证战略的顺利推行，打造缓解国内产能过剩和提升两地福利水平的双赢局面。

第三，推动跨境交通、通信网络建设。由前面分析可知，沿线交通等基础设施直接影响着国际产能合作战略的践行成效，但基础设施建设严重滞后问题在沿线各国还普遍存在，中国应该充分利用亚投行、丝路基金等有利资源，保证交通、通信网络建设的投入力度。

第四，产能过剩看似源于需求不足，实际上是供需的不匹配和生产的无效率，因此要增加创新投入，建立市场导向的技术创新体系，优化提高产能利用率。产能合作的一大重要特点是各国产业互补性很强，所以要注重利用各自的比较优势，通过制造业与战略性新兴产业合作实现产业结构升级。

由于中国"一带一路"倡议实施不久，大规模产业的海外转移也没有进行，因此缺乏足够的数据支撑本章的结论，本章的模型分析依然是像众多文献一样，从化解中国产能过剩的角度对中国产业的海外转移和跨国并购进行了可行性分析。当中国进行大规模的产业海外转移后，便可以对本节的理论进行实证分析。

四、与"一带一路"沿线国家国际产能合作的障碍与对策

（一）主要障碍

1. 沿线国家期待与质疑并存

习近平总书记在谈及"一带一路"构想时，特别强调"民心相通"的

重要性。然而"民心相通"的难度实际上可能远远超过道路建设等有形的障碍（何茂春等，2015），多数国家一方面希望得到中国资金、技术等方面的支持；另一方面，随着中国的经济总量增大，发展速度很快，又害怕本国过度依赖中国。畏惧和担忧再加上西方国家不断鼓吹"中国威胁论"，使中国的对外开放进程障碍重重。一方面，"一带一路"沿线国家的产业结构不够合理、经济发展欠发达以及市场需求能力不够旺盛使得这些国家在开放的程度、合作的深度、执行的力度上常常有所保留；另一方面，一些国家认为中国是在谋求地区影响力，自己只是扮演跳板国的角色（何茂春、田斌，2016），这意味着单纯的利益交换并不能达到一些国家的期许，如何在国际产能合作的过程中消除这些国家的疑虑，避免给沿线国带来利益、机会不对等的感受是实施国际产能合作战略面临的现实难题。

2. "逆全球化"趋势的制约以及大国的掣肘

国际金融危机及欧债危机的深层次影响尚未消除，世界经济持续低迷，复苏乏力，给中国的国际产能合作带来很大的挑战。值得一提的是，"逆全球化"在部分国家愈演愈烈——美国总统特朗普强调"美国利益优先"，强硬保护主义和资源要素流动壁垒大大阻碍了经济全球化的深入发展与合作。根据世界贸易组织（WTO）统计，WTO 成员自金融危机以来共推出 2000 多项贸易限制措施，其中美国的措施最为激进；欧盟的"爬行贸易保护主义"盛行，而且在对华贸易中表现明显（尤宏兵，2018），而与中国有产能合作的中东欧 16 国中有11 国属于欧盟成员，这显然会影响中国与中东欧国家的经济合作。

"一带一路"途经的地区自然资源丰富，对于其他世界大国同样极具吸引力，激烈的资源争夺主要体现在宗教、民族冲突和地区动荡。沿线的大国，如俄罗斯与印度等，非沿线国家和地区，如美国、日本和欧盟等，提出过自己的经济策略（见表 7.3）。

表 7.3 大国丝绸之路战略

国家和地区	提出战略	内容
美国	新丝绸之路计划	源自霍普金斯大学斯塔尔于 2005 年提出的"新丝绸之路"构想，旨在以阿富汗为中心，把中亚和南亚连接起来，把中俄排除在外。"新丝绸之路计划"的部分项目已经竣工，如乌兹别克斯坦—阿富汗铁路、塔吉克斯坦桑土达水电站

续表

国家和地区	提出战略	内容
日本	新丝绸之路外交	1997 年，由前首相桥本龙太郎首次提出，旨在保障日本能源来源的多元化以抗衡中国和俄罗斯。2004 年，日本重提"丝绸之路外交"战略，并推动设立"中亚＋日本"合作机制。2012 年，日本向"丝绸之路地区"提供 2191.3 万美元的政府发展援助，投资领域涉及道路、机场、桥梁、发电站、运河等基础设施建设。2015 年 10 月，安倍晋三出访蒙古国和中亚五国，目的是要激活"日本与中亚对话"机制，侧重在运输和物流等领域促进合作，表明日本针对中国的"跟跑外交"策略已在中亚拉开帷幕
欧盟	欧盟与中亚：新伙伴关系战略	2007 年首份系统的中亚战略文件出台，要求积极介入中亚事务，通过重塑中亚国家的发展方向来实现"一个更加安全世界里的欧洲"的整体目标。从核心特征来看，欧盟中亚政策的主要实现手段是援助外交，主要目的是价值输出和利益共享

资料来源：邵育群. 美国"新丝绸之路"计划的实施前景［J］. 南亚研究，2016（3）：38 - 52 + 157；黎跃进. 日本"丝绸之路"热及其成因探析［J］. 北方工业大学学报，2018，30（3）：39 - 43；徐刚. 欧盟中亚政策的演变、特征与趋向［J］. 俄罗斯学刊，2016，6（2）：17 - 28.

由表 7.3 可知，当今世界诸大国都是"一带一路"利益相关国家，对中国的"一带一路"倡议，虽然没有公开反对，但是各国媒体报道却吐露心声①：美国媒体认为"中国用两条丝绸之路还击华盛顿"；日本媒体认为中国是在西面、西南以及南面扩张影响力；俄罗斯媒体认为中国在丝绸之路上的投资目的是为了摆脱"美元之深渊"；在其他沿线国家表示愿意同中国展开经济合作的时候，印度政府却选择了沉默。综上可见，各国在对"一带一路"问题上各有所想，各有所图。美国担心其贸易优势下降，中亚顾虑中国扩张，俄罗斯担忧欧亚联合，印度忧心打破其印度洋霸主优势，发展中国家大多积极期待中国的资金、技术等援助。然而"一带一路"这一方略的落实离不开沿线各国和外部国家，尤其是主要发达国家的积极参与，中国在"一带一路"谋求区域贸易合作过程中要克服的障碍很多。

3. 中国企业"走出去"："站住容易站稳难"

国际产能合作加快了中国企业"走出去"步伐，对中国企业而言是增强国际化经营能力、全面提高开放型经济水平的一次战略发展机遇。然而目前中国企业在海外位于"站住容易站稳难"的尴尬处境，主要原因在于：尚未

---

① 何茂春，张冀兵，张雅芄，田斌."一带一路"战略面临的障碍与对策［J］. 新疆师范大学学报（哲学社会科学版），2015，36（3）：36 - 45 + 2.

形成明确的国际价值共识；对贸易自由化规则缺乏深入了解；法律和劳工保障制度差异等。若企业未深入学习相关规则就贸然踏上了"一带一路"，结果很可能导致签约容易获益难、诉讼难以及撤资难。具体可参见案例1，制度差异使中国企业在"走出去"的过程中难免受到各种抵制。

案例1：西亚国家卡塔尔规定雇主必须在应结付日起7日内将员工工资汇至银行，按期支付劳动报酬。若雇主未及时支付，将采取停发任何营业执照等行政处罚甚至是监禁等刑事处罚。2014年第18号决议还对劳动者的住宿条件与标准作出新规定。卡塔尔国目前正鼓励兴建劳工大型高端居住社区，保证劳动者享有高水平的娱乐休闲生活，社区的建设还将遵循最高安全标准与卫生标准。该国劳动调查专员对用人企业进行监督，调查员拥有总检察官授予的司法拘捕权，对违反劳动法的犯罪行为可施行拘捕与定罪。根据2004年第14号法令的劳动法规定，劳动调查专员拥有"在白天或夜晚任何工作时间，无须提前告知便可进入工作场所，对记录、账本、档案等任何与劳动者相关的文件进行检查，确定其行为是否合法"等职权[①]。

4. 政治不稳定带来的投资风险

政治不稳定带来的投资风险给中国的项目开展带来极大的影响，详见案例2、案例3。

案例2：斯里兰卡是21世纪"海上丝绸之路"的重要节点。中国交通建设集团与斯里兰卡港务局合作开发的科伦坡港口城是中国投入"21世纪海上丝绸之路"建设的一个标志性工程。2014年习近平主席访问斯里兰卡期间，曾与时任斯里兰卡总统拉贾帕克萨一道为港口城奠基揭幕。然而，转折出现在2015年初，在1月8日举行的总统选举中，反对党共同候选人西里塞纳获胜。新总统一反前任的姿态，威胁取消港口城项目。即便这个项目是斯里兰卡迄今为止最大的外商直接投资项目，建成后可供约27万人居住生活，同时将创造超过8.3万个就业机会，但斯里兰卡方仍借由环境问题，要求搁置项目进行重新评估[②]。

案例3："丝绸之路经济带"上的中吉乌铁路，2013年12月吉尔吉斯斯

---

① 卡塔尔关于外国劳工的相关规定 [EB/OL]. 商务部网站，2015 – 11 – 20.
② 斯里兰卡新政府批准继续建设港口城项目 [EB/OL]. 新华网，2015 – 02 – 05.

坦总统阿坦巴耶夫表示：应坦率承认"中吉乌铁路项目"对北京和塔什干而言更有用却不能解决吉的任何问题。而吉尔吉斯斯坦国内的反对派更是认为，中国可能借助铁路投资换取吉的银、铝、铜、煤等矿产资源的开采权，因此要坚决地予以反对①。

（二）应对策略

1. 明确指导思想

大国思维、树立正确义利观是指导中国扩大开放的指导方针。中国在进行经贸谈判时要"立足长远，兼顾当前"，深入了解沿线国家诉求，采取有针对性的应对方案，努力契合战略构想和各国战略诉求，通过国际产能合作的方式换取中国所需的市场、资源，以及公平、公正的贸易规则，吸引各方力量参与到"一带一路"上来，最终形成各方战略共赢的局面。

2. 积极开展经济外交

坚持与邻为善、以邻为伴，坚持睦邻、安邻、富邻，特别提出要突出体现"亲、诚、惠、容"四字理念。摒弃经济利益至上的旧思维，与各国坦诚相待、关切各方核心利益，提升利益融合水平。

4. 调动中国企业"走出去"的积极性，不断提升其国际竞争力

国家需要针对中国产业发展阶段性特点和企业发展的内在需求，进一步推动"走出去"战略，培育更有竞争力的投资主体，鼓励更多的国内企业走出国门；企业要建立和完善一套人才引进和培养体系，建立起科学成熟的人才激励机制（林奇炼、黄梅波，2018）；加大相关智库建设，鼓励各界对沿线国家的政治、法律、交易习惯、文化进行系统研究，从而为企业"走出去"提供具有建设性、可行性、专业性的合理建议。

当今世界，全球经济陷入持续低迷的状态，面临深刻变革：一方面，经济全球化是全球发展趋势；另一方面，全球的保护主义与逆全球化思潮涌

①　吉尔吉斯斯坦拒绝参与中吉乌铁路项目［EB/OL］. 俄罗斯之声电台网站，2013 - 12 - 19.《参考消息》编译.

动。经济全球化面临更多风险和挑战。党的十九大报告提出，要主动参与和推动经济全球化进程，发展更高层次的开放型经济，推动形成全面开放新格局；要以"一带一路"倡议为重点，坚持"引进来"和"走出去"并重；创新对外投资方式，促进国际产能合作，形成面向全球的贸易、投融资、生产、服务网络，加快培育国际经济合作和竞争新优势；奉行互利共赢的开放战略，谋求开放创新、包容互惠的发展前景，坚持推动构建人类命运共同体。党的十九大报告将推进"一带一路"倡议放到了更加重要的位置，作为形成全面开放新格局的重点工作。"一带一路"倡议中的国际产能合作，将成为推动第四次国际产业转移的重要标志性行动，将有助于逐步探索形成更加平等、开放、创新、共赢的新的国际合作开发机制，进一步走向世界、发展更高层次的开放型经济[①]。截至目前，中国对外产能合作总体开局良好，以铁路和高铁为代表的重大产能合作项目开始在全球落地扎根。在一些意愿较强烈、基础条件较好的支点国家，合作已初具规模[②]。

未来，中国将在理念上更加开放包容，方向上更加注重普惠平衡，效应上需更加注重公正共赢，充分发挥产业、技术和资金等方面的优势，重点从项目、资金保障、本土化经营、制度建设等方面出发，妥善分析政治、经济风险因素；认真研究不同国家的环保、劳工等政策差异；正确应对国际产能合作过程中可能出现的负面舆论，积极、稳妥地推进国际产能合作，实现中国与"一带一路"沿线各国的互利共赢。

---

① 刘勇，黄子恒，杜帅，吴斌，孙欣如. 国际产能合作：规律、趋势与政策［J］. 上海经济研究，2018（2）：100－107.

② 张梅. 对外产能合作：进展与挑战［J］. 国际问题研究，2016（1）：107－119.

| 第八章 |

促进自由贸易区建设

中国自由贸易区是指在国境内关外设立的，以优惠税收和海关特殊监管政策为主要手段，以贸易自由化、便利化为主要目的的多功能经济性特区。中国建立自由贸易区，是积极参与国际竞争与合作，构建更高层次开放型经济新体制的重要抓手。本章主要分析新时代中国自由贸易区建设面临的挑战，面临的利益主体协调、区内区外改革协同、政府主导与市场需求协同性等问题，从自由贸易区目标、全球布局、体制机制等方面提出相应的对策建议。

一、自由贸易区建设的背景与意义

（一）自贸区建设有利于促进国际贸易和投资深入发展

自贸区作为国际航运中心的中转站，方便中国企业与世界各国企业交割货物，能迅速带动金融、服务和高新技术等产业快速发展，从而推动该地区的交通运输、教育、建筑业等相关产业进一步发展①。基础设施的完善、相关法律制度体系的建立和产业集群的形成能够吸引世界各国企业的投资，最终为推动生产率提升和促进经济增长提供源源不断的动力。自贸区地理位置选择对自贸区长远发展具有重要作用。如果自贸区建在临港地区，可以充分

---

① 李光辉. 中国自贸区建设的发展实践研究 [J]. 东北亚经济研究，2017（1）：50－56.

利用地理优势，将自贸区打造成国际海上航运中转站，大力发展海上运输、国际航运经济，鼓励开展国际中转集装业务，这有利于国际物流运输业务的企业降低交通运输成本，提高物流运输效率。同时，自贸区推动一国和地区成为世界金融或商贸中心后，又能够依托强大的物流中转平台，提升本国在国际贸易中资源配置和大宗商品交易等方面的话语权，进而促进国际贸易的高质量发展，这一点对中国来说尤为重要①。目前中国正处于经济转型的关键时期，"引进来"战略的实施使中国积累了雄厚的资本，"走出去"战略使中国企业增强参与国际竞争的能力，并积累了丰富的经验。建设自贸区，旨在把"引进来"与"走出去"更好地结合起来，自贸区作为国际贸易的一个桥梁，有利于劳动、知识、技术、信息等各种生产要素深度参与国际分工，增强了与世界其他国家和地区的紧密联系。中国建立自由贸易区，是积极参与国际竞争与合作，构建更高层次开放型经济新体制的重要抓手。

（二）自贸区建设有利于夯实前期改革的成果

在当前形势下，一方面，世界经济总体上仍旧低迷，欧洲国家主权债务危机、美国财政危机以及新兴经济体自身经济增速放缓，这些因素都进一步倒逼中国国内经济结构转型升级，而经济结构内部发展不平衡导致的体制机制问题也日益显现出来，新时代背景下中国急需转型以应对经济中出现的新问题。另一方面，中国作为全球第二大经济体，正在积极参与国际竞争，全面融入经济全球化。中国也与其他国家保持紧密联系，无论是在政治、经济还是文化领域。因此，中国必须结合国内外客观情况，制定自己的改革措施，促进产业转型升级，以此推动经济稳定持续发展；也需要制定好进一步促进改革的措施，但是具体怎么做，政府如何应对新形势下出现的新问题，在深化改革的过程中，还是需要政府慢慢摸索，主动出击，于是便有了建设自由贸易区的提议。制度创新是创新之本，有了制度创新，才有了核心竞争力，才能以更开放的姿态迎接来自其他国家和地区的挑战，才能在全球化竞争局势中获得一

---

① 田惠敏，熊超，田天. 自贸区建设的战略意义及其发展趋势研究［J］. 中国市场，2015（48）：111 – 116.

席之地①。要想逐步建立健全开放型经济体制，就需要进行制度创新，突破局限，并根据现实情况作出进一步的调整。通过自贸区这个平台，运用市场经济、法律和政治等手段，将投资方向由高耗能、高污染、低收益的行业，向金融业和服务业等低耗能、低污染、高收益行业转移，推动经济结构优化升级。

（三）自贸区建设对周边城市具有辐射带动作用

中国建设自贸区，能够促进自贸区周边城市的发展。以上海自贸区为例，中国商务部公布的数据显示，2018年上半年，浦东新区实现进出口额为9431亿元，增长达20%，增速为近六年之最，同时远高于中国其他地区经济增速。上海自贸区在其建设过程中，取得了全方位、多类型的制度创新成果。周边城市吸收借鉴上海自贸区建设的成果经验，以更好地推动本地区的经济发展。同时，上海自贸区的建立，相当于把国际贸易舞台搬到了上海，降低了周边城市参与国际贸易的成本，也缩短了进入世界市场的距离。周边城市更容易获得国际资本、先进技术以及海外企业的投资，享受更加便利的国际贸易服务，促进本地区外贸进出口稳定增长。建设自贸区，必然会加速区域内资源的消耗，导致区域内要素稀缺，致使自贸区内劳动力、土地、厂房等有形要素价格大幅提高，对自贸区内某些要素密集型企业产生重大影响，如制造业企业。这类企业可以选择向自贸区周边城市转移。周边城市的成本相较于自贸区低，且离自贸区较近，迁移到这些城市，同样能享受到自贸区建设所带来的便利。因此，周边城市承担了承接自贸区产业转移的重任，从而带动了本地区相关产业的发展。

（四）自贸区建设带动本国经济发展，推动产业结构优化升级

建设自贸区，要求发挥市场在资源配置中起决定性作用，政府不对市场做过多干预，同时也要求人民币能够自由兑换，也需要改革税收体制。因此，对自贸区建设所作出的改革举措可以为全国性的改革提供示范效应。在

---

① 周经，冯德连. 习近平对马克思主义国际经济理论的新发展［J］. 渤海大学学报（哲学社会科学版），2018，40（5）：45－48.

这个进程中，改革红利将会充分地释放出来，最终能够推动中国经济结构的转型升级。同时，建立自贸区，打造中国经济升级版，确保中国经济能够可持续发展。当前，中国经济正处于转型升级的重要时期。2012 年以来，世界经济复苏迹象迟迟未现，中国对外贸易大幅回落，对国内经济造成了巨大冲击。在此背景下，建立自贸区，是中国顺应全球化潮流的表现，中国期待与其他国家和地区进行正常的商业贸易往来，对外释放友好的信号，能够吸引其他国家和地区的外资企业的加入，从而获得正的外贸效应，用贸易带动经济的发展，从而为经济转型升级创造良好的内部环境。也就是说，以改革促开放、促发展，在推进自贸区进行改革的同时，也要提高中国对外开放水平，将自贸区建设的经验由点推及至面，充分发挥自贸区示范带头作用，同时为全国其他地区服务，与其他城市和地区共同发展。

二、新时代中国自由贸易区建设面临的挑战

（一）国际因素影响

1. 全球贸易保护主义盛行及逆全球化趋势加强

自 2008 年发生金融危机以来，世界经济增速放缓，恐怖主义和极端主义案件频发，全球信贷突然收缩，金融环境意外收紧，有利于全球贸易增长的国际环境正在发生变化。综观全球，自贸区在世界范围内的推广受到了严重影响①。从 2012 年到现在，全球生效的自由贸易协定数量不仅没有增加，反而减少了许多，截止到今天正式生效的协议所剩无几。与此同时，受制于反全球化浪潮，加上各国各地区之间贸易冲突的加剧，多边和地区贸易合作面临考验，推进贸易投资自由化，加快区域经济一体化的进程受阻，部分发达国家呈现出保守甚至倒退的倾向，尤其是 2016 年的英国脱欧事件。2017 年美国新总统上台后提出的一系列美国优先政策，2018 年上半年发生的中美贸易冲突，使得大国之间的关系紧张，各国贸易摩擦严重影响了世界上其他国家的正常贸

---

① 刘志中．"新丝绸之路"背景下中国中亚自由贸易区建设研究［J］．东北亚论坛，2014 (1)：113 – 127.

易，贸易摩擦局势若持续恶化下去，将损害全球经济。对以自由贸易协定为代表的区域一体化的忧虑加深，使得各国政府都不得不考虑接下来该如何行动。

2. 国际贸易投资规则面临重构

全球金融危机之后，发达国家要求加快重构国际贸易规则的步伐以保持其在国际贸易中的竞争力和全球价值链顶端位置。例如部分发达国家积极推动跨太平洋伙伴关系协定（TPP）的谈判进程，一方面，这些国家以国际形势已经发生变化为由，要求重构已经不适应当下全球经济发展需要的国际贸易投资规则。另一方面，为了能够掌握制定国际贸易投资规则的主动权，占领未来国际竞争制高点，这些国家针对知识产权保护及劳工权益保护等方面提出更高标准[①]。发达国家提出的新一代贸易投资规则中的某些规则在很大程度上是针对中国提出的，像欧美强烈要求在新规则中加入准入前国民待遇和国有企业"竞争"中立原则，这些规则均指向了中国部分领域出现的投资开放不足、部分行业中国有企业占据主导地位以及监管方面与美欧方面所提出的新规则不符的问题。特朗普上台，美国政府宣布退出跨太平洋伙伴关系协定，其他部分双边投资协定发展的前景也不明朗，这些高标准的国际贸易投资规则表面上是为了提高国际贸易水平，规范国际贸易行为，实际上是针对中国不断扩大的改革开放力度加以限制，会严重影响中国的贸易和投资格局。国际贸易规则的重构对中国拓展外部空间形成较大压力。因此，中国必须争取制定国际贸易投资规则的主动权，参与国际上重大的自贸区谈判，熟悉国际规则。中国等发展中国家由于历史原因，经济发展落后于欧美等发达国家，因此，中国应与其他发展中国家加强合作，防止发达国家把这些新规则当竞争手段使用，成为压制发展中国家企业竞争力的重要武器。

（二）中国自身因素影响

1. 尚未建立完善的风险防控体系

根据世界组织原则，建设自贸区，就需要中国与自贸区伙伴降低关税水

---

① 李光辉，袁波，王蕊．加快实施自贸区战略的困难及对策［J］．国际经济合作，2014（11）：23 - 25.

平，甚至可以实行零关税政策，虽然降低关税能够惠及各参与方的企业，但对国内某些行业可能会造成不利影响。关税减让使得国内部分行业失去了长久以来中国实行的高关税的庇护，在与外来企业的竞争中，失去本土优势，加大了中国企业竞争压力。受低关税冲击的企业若缺少政府的援助，面临被市场淘汰的风险，将会降低本土产业对于建设自贸区的积极性。因此，需要建立一整套完善的风险防控体系和政府援助制度，减少低关税对产业带来的伤害。然而中国目前自贸区建设经验不足，并未建立相应的风险防范体系，对重点产业的发展缺乏实时跟踪、监测，对低关税对弱势行业造成负面效应缺乏预判。此外，自贸区建设是中国加大开放力度，积极融入全球化的表现，但是也可能带来一些风险，如意识形态安全风险、金融风险及信息安全风险等，而中国自贸区建设仍处于试验和摸索的阶段，对应的风险防控体系不完善、不系统。

2. 市场经济体制不完善，体制机制改革遇到"瓶颈"

根据世贸组织规定的标准，与其他国家和地区签订自由贸易协定中，如在服务贸易领域，需采用正面列表方式，不得将环境、劳工与贸易挂钩等。目前，许多发达国家在加入自贸区时，要求与建设国签订的自贸协定中添加新内容，如劳动保障、政府采购等规则[①]。中国目前还要一段时间来适应并接受这些新规则、新标准，同时要创新出一套相应的体制机制与新规则予以相契合，法律法规需要做出进一步调整，并对这些调整可能带来的经济安全风险做好防范工作。在自贸区内需对体制机制进行改革，实施的政策跟区外具有较大差异时，如当自贸区内与区外其他地区存在利率汇兑差时，跨区套利行为便会疯狂产生，而监管机构无法及时准确地监控到这种套利活动的存在，这样就容易与区外改革产生协同性问题。因此，自贸区的体制机制改革实际上还要受到区外的相关改革的牵制。有些发达国家市场经济体制健全，建成了高度市场化的外汇、货币和商品市场。在建设自贸区时，这些国家无须对体制机制做出重大变革。而中国自贸区除了要对非金融领域进行改革外，还要对金融体制进行改革，而金融体制改革会牵动社会经济发展全局，对其改革需慎之又慎。

---

① 朱秋沅. 欧盟自由区海关制度分析及对中国自贸区建设的启示 [J]. 国际贸易, 2014 (5): 36-45.

3. 对自贸区建设认识不足

根据世贸组织的最惠国待遇和国民待遇原则，要求自贸区各参与方能够对大部分货物贸易实行零关税政策，禁止设置关税壁垒，在自贸区内实现货物的自由流通，同时为了减少投资障碍，需要降低自贸区内市场准入条件。要想加入自贸区，成为自贸区的参与方，就必须大幅提高对外开放水平，但有人质疑中国的对外开放程度，甚至认为有过度开放之嫌，因此继续推进开放完全没有必要。但是根据有关部门测算的数据显示，中国在世界上最不开放经济体中排名靠前，这种认识与中国现实的开放情况形成了较大差异。虽然，相对于小型经济体来说，大型经济体在对外开放程度方面会低一点，但在与大型经济体的比较中，如美、英、德等11个主要经济体，中国比日本的开放程度还高一点。还有一些人认为自贸区的发展会给国家带来巨大利益，但这种利益仅存在于经济领域。其他国家自贸区建设实践表明，自贸区的建设不仅能带来经济利益，而且各参与方均能从中获益，但是获益大小不一。对大国而言，企业能够凭借丰富的贸易投资经验及先进的技术水平，在自贸区内贸易自由化的氛围下迅速成长并站稳脚跟，获取经济利益。除此之外，自贸区还有巩固各参与方之间双边外交关系的作用，增进友谊，促进合作，减少摩擦，化解矛盾。所以自贸区建设决不能仅看到它所带来的经济利益，还要综合考虑政治、外交、地缘等多方面利益。

4. 忽视自贸区对产业发展的促进作用，自贸区建设进程缓慢

部分学者忽视自贸区能够给产业发展带来的积极效应，过度关注自贸区政策与产业政策相冲突的那一面，对自贸谈判存在排斥心理，致使中国建设自贸区进程放缓。中国目前正在积极调整产业结构，加快转变经济增长方式，与此同时，要求中国贸易政策增添符合时代发展的新内容。除此之外，自贸区建设的最终目标是双方实现零关税，从而便利投资，给予对方优惠待遇，且给予之后就不予撤回。因此自贸区建成后，政府可使用的手段和政策变少了。产业发展没了政府的充分保护，可能会受到来自外部的较大冲击。因此，在自贸区建设过程中，应充分考虑产业发展问题及相对应的解决措施，不宜过快推进与有关国家的自贸谈判。在中国加快对外

开放步伐的同时，贸易政策与产业政策的关系也越来越紧密。建设自贸区，可以扩大中国产业发展空间，在开放条件下，一个国家产业的发展必然离不开来自其他国家的对手与之竞争，在与其他国家产业相互竞争的同时相互促进发展。当前，中国某些行业面临严重的产能过剩，国内消费能力不足，重复建设等问题突出，一些新兴产业干脆放弃国内市场，严重依赖外部市场。

三、自由贸易区建设过程中需要重视的主要问题

（一）自贸区建设中不同利益主体的协调问题

在自贸区建设过程中难免存在利益冲突，需要考虑整体与局部、长远与当前利益的不同诉求。由于不同地区、不同消费者、不同生产者、不同产业间都会存在利益矛盾，在谈判过程中，一方受到损害就会强烈反对建设自贸区，而获益一方会支持建设，这种情况会造成自贸区谈判陷入僵局。僵局导致的最终结果是不利于中国经济长远发展，中国人民的社会福利水平也会随之下降。因此如何协调各方的利益成为能否顺利推进自贸区建设的关键。在当前经济全球化背景下，自贸区的建设能够促进经济发展，社会福利也会随之增加，客观上也提供了一种公共产品。政府必须要履行自身的职责，建设合理的机制来协调内部利益，以减少公共决策中的"搭便车"现象①。鉴于此，一是要建立利益补偿机制。建设自贸区，对于受到市场开放冲击的企业，政府可以给予这些企业适当的转产补贴、减税等优惠，减轻这些企业对于自贸区建设的不适感。二是要建立畅通的信息交流机制。企业可能对政府设立的自贸区协定等内容不了解，从而不能掌握自贸区有关的详细资料。政府可以对社会发布一些有关自贸区战略和贸易协定等相关内容的信息，使企业认识到自贸区建立对企业产生的是有利影响，会促进企业的发展。三是要建立协调机构，站在国家层面的政府机构能够更迅速、更高效地处理复杂的利益关系。

---

① 岳文，陈飞. 积极加速我国自由贸易区的建设步伐［J］. 经济学家，2014（1）：40-47.

（二）区内区外改革协同性问题

由于中国社会主义市场经济体制仍不完善，自贸区区内改革与区外改革的协同性问题也值得思考。尤其是金融领域，发达国家不需要对金融制度进行较大改革，因为这些国家在某些方面本来就是市场化的，如汇率、利率、资本管制、本币自由兑换等①。由于金融制度对于经济全局具有较强的冲击力及影响力，对于中国自贸区而言，进行金融制度改革是中国目前最艰巨的任务。由于中国国内金融体系改革尚未完成，自贸区内与自贸区外其他地区会存在利率、汇率差，大量投机者就会进行套利活动。监管当局要想阻止这些套利活动具有较大难度，所以区域外的金融改革会牵制着自贸区内的金融改革②。利率汇率影响着体制、资本项目开放、交易清算系统等诸多因素，对于自贸区建立人民币交易、定价、清算中心也有较大的影响。因此政府也需要充分协调自贸区内外改革的步骤。

（三）政府主导与市场需求协同性问题

由于自贸区改革的主导者仍是政府，自贸区改革释放的最大红利并不是来自市场，因此为了改革而改革的现象时有存在，市场与政府之间的关系往往会因此得不到理顺。有些政策在出台时并没有针对企业的需求进行摸底，因而仅起到形式上的作用，对于区域内企业发展没有实质的作用。例如，海关出台的 23 项便利措施之一的"先进区后报关"是实施较为成功的措施。企业可以直接把货物从区外提到区内，货物进到区内再向海关申报，而不需要在当时进行进境备案手续。这个措施从表面来看似乎能够节约企业通关时间，但实际上并没有节约企业通关时间，因为企业在货物进区时还是需要进行进境备案报关程序，实际操作还是和以前无太大差别。这个措施在出台的时候就存在监管脱节的问题，因为只有海关允许先进区后报关，而商检（检

---

① 竺彩华，李锋．上海自贸区建设的主要成就与问题分析 [J]．亚太经济，2016（1）：107 - 111.

② 祝佳音．中国上海自贸建设的进展问题及政策建议 [J]．吉林金融研究，2014（7）：5 - 9.

验检疫）不允许企业货物先进区后报关，所以实际效果大打折扣。这一措施先从外高桥保税区开始实行试点，有 54 家企业作为试点企业，但截至目前仅有极少数几家企业采用此项措施。目前，就上海自贸区来说，境外直接进入区内的一线进境保税货物，海关不再核验商检部门签发的《入境货物通关单》。但是上海以外的区域进境并转至自贸区的进境保税货物，海关仍需进行核验商检部门签发的《入境货物通关单》，显然这一做法也没有节约企业通关时间。

四、进一步促进自由贸易区发展的建议

（一）明确自贸区建设总体框架

自贸区是一国和地区在对外经济活动中，对货物监管、外汇管理等领域，实行特殊经济管理体制、政策的特定区域。自贸区由各类企业构成，企业是自贸区微观主体，自贸区要尽可能地服务企业。目前中国海关特殊监管区域活动范围是在国务院的批准下划分的，划分范围有限，不可能所有的企业都能入驻特殊监管区域。作为对比，美国自贸区分为通用区和子区两种。通用区位于海港、机场和一些工业园区内，面积大，可以包容较多的企业，有利于发挥产业集群效应。子区以企业为主，每个子区对应一个企业，但一个企业也可以拥有多个子区。子区的建立是为了弥补通用区物流量大、交通拥挤、距离厂区远等缺陷。若借鉴美国自贸区的做法，则中国自贸区不能局限于海关特殊监管这一片区域，还应设立企业子区，使自贸区在空间布局上不再只是固定的区域，而是构成点面结合、以点带面、星罗棋布的统筹格局。中国自贸区建设起步较晚，目前没有此类服务。今后需要不断完善，设立自贸区虚拟服务区，推出相应的企业子区服务。

（二）明确建设自贸区目标

一方面，中国自贸区设立时的定位是承接产业转移、推进加工贸易升级、扩大对外贸易以及促进出口等。从定位来看，中国自贸区建设主要是为

了促进出口贸易，发展外贸。但随着中国经济快速发展以及世界经济局势的变化，这一目标已不再适用。美国自贸区实行内需与外需并重，甚至是内需为主、外需为辅的策略，即以内贸为主、外贸为辅。借鉴美国自贸区建设思路，针对目前中国严峻的外贸形势，笔者建议，以建立自贸区为契机，提高国内货物进入自贸区的比例，以此带动内需发展。建设自贸区需要统筹国内贸易与国外贸易的总体格局，走一条内外需、内外贸均衡发展，符合中国特色的贸易之路。所以在衡量自贸区建设成果上，不能将出口作为唯一的衡量指标，还应看企业的国际竞争力，这样才能更好地促进中国经济均衡发展。另一方面，中国自贸区也应立足于全球布局。党的十九大报告指出，要深化供给侧结构性改革，转变经济发展方式。所以自贸区建设要立足于推动国内经济转型发展，优化进出口结构、引进外资，创新市场制度，通过层次更高的国际化来带动产业结构优化升级。在立足全球布局的同时，也需要保持在全球市场中的竞争优势①。

（三）加快推进自贸区全球布局

从全球范围来看，尤其是在非洲和拉丁美洲，发展中国家还是占据绝大多数。但发展中国家发展潜力巨大，所以中国未来重点应放在与发展中国家自贸区进行深入合作，拓展与发展中国家的关系。非洲和拉丁美洲的多数国家相对中国而言，处于全球产业链中的下游位置，它们急于向中高端发展。这使得中国与发展中国家建立互惠互利的自贸区成为可能。短期来看，中国可以先与一些地理位置距离较近且经济发展较好的国家谈判签约，形成以贸易和投资为基础的双边经济合作关系，力争建成几个自贸区，由此发挥示范效应。长期来看，逐步扩大中国自贸区建设范围，依托国际市场，形成有全球影响力的自贸区。

目前，在全球化中占据主导地位的依然是发达国家，中国自贸区建设有来自发达国家的挑战，但同时也带来了机遇。美国近期宣称要退出TPP，对中国发动贸易战，试图打击中国的对外贸易，抑制中国未来发展。这给中国建设自贸区带来了巨大的挑战。但是，在全球产业链中，发达国家占据上游

---

① 陈林．自由贸易区建设中的经验、误区与对策［J］．经济学家，2016（5）：87-95.

位置，相对发达国家来说，中国则处在产业链的中下游。发达国家国内一些产业面临转型升级，势必会有产业逐渐退出国内市场，在全球范围内寻找最佳市场，这时中国可承接产业转移。所以，虽然中国处于产业链中低端，但中国与发达国家合作空间较大。因此中国与发达国家应深化合作，互利共赢。

（四）创新国内体制机制

政府需要进一步转变职能，简政放权，改革自贸区谈判相关的体制机制。相关政府部门也需要构建信息沟通渠道，完善决策方法，提高决策效率。政府也需要组建国家安全审查部门，建立安全与监管机制，对外商投资等在内的有关事项进行必要审查。政府还可以通过第三方机构评估自贸区建设对于中国经济发展、价格、就业等产生的影响，针对可能发生的问题要及早做出防范及应急措施，减轻可能带来的不利影响。

（五）积极扩大产业开放

政府可以推进产业开放进程，建立贸易竞争性指数、出口相似度指数、市场占比指数等在内的综合指标体系，全面评估自贸区建设对于各产业的影响[1]。建立事前事后应对措施，做好自贸区对产业影响的事前评估和预警工作，以及事后相关的处理措施，有序保护国内产业安全。建立符合中国特色社会主义市场经济体制的贸易调整援助制度，对于因自贸区建设而导致的贸易、产业转移而因此受到利益损失的企业和工人等，可以提供技术支持和咨询服务，对于损害严重的，政府可以给予一定的财政补助，以此打消一些利益受损者对于建设自贸区的疑虑[2]。

（六）推进自贸区金融改革

2015 年，中国人民银行等五部委和上海市人民政府联合印发《进一步

---

① 高志刚，王彦芳，刘伟. 丝绸之路经济带背景下中国－欧亚经济联盟自贸区建设研究 [J]. 国际贸易问题，2017（5）：80－90.

② 陈志阳. 加快我国自贸区建设面临的四大困难与对策 [J]. 对外经贸实务，2012（1）：20－23.

推进中国（上海）自由贸易实验区金融创新试点 加快上海国际金融中心建设方案》，明确提出五大任务，即上海自贸区要率先实现人民币资本项目可兑换、进一步扩大人民币跨境使用、不断扩大金融服务业对内对外开放、加快建设面向国际的金融市场，以及不断加强金融监管切实防范风险。对这五大任务，应该先后有序，尤其涉及资本账户开放，更需要谨慎安排。对中国来说，稳增长、国际化与防风险三大目标之间如果必须有所取舍的话，那么国际化应该而且必须放在最后。因为中国未来经济转型成功与否、产业基础是否牢固、金融市场是否成熟等因素决定了人民币国际化能否成功。在这些问题未得到明确答案时，仓促推进资本账户开放弊大于利。因此必须在包括利率市场化、市场化汇率机制形成等国内金融改革体系基础之上，且国内宏观经济运行稳定等条件之下，才可以推进资本账户开放。当前，实行经常项目便利化措施应该是自贸区金融改革的重点，原因如下：一是经常项目下贸易便利化措施改革风险更可控；二是经常项目下仍然存在阻碍贸易便利化的金融障碍，如对外支付便利性等。中国金融开放应该是循序渐进的，首先可以先开放服务于实体经济的经常项目下的金融业务，其次，等条件允许再开放资本项目。

第九章

培育世界级先进制造业集群

党的十九大报告指出，加快建设制造强国，加快发展先进制造业，促进中国产业迈向全球价值链中高端，培育若干世界级先进制造业集群。世界级先进制造业集群以其规模经济、范围经济、网络经济和主导全球价值链地位等经济效应，得到世界各个国家和地区的青睐。美国硅谷高科技、美国西雅图航空产业、德国斯图加特汽车、日本东京汽车、中国光谷、中国深圳通讯设备、芬兰埃斯波通讯设备、瑞士手表、印度班加罗尔信息产业等先进制造业集群成长的成功实践显示出集群经济的旺盛生命力。先进制造业集群政策支持正成为许多国家和地区提高产业国际竞争力的重要措施。本章主要分析世界级先进制造业集群的概念界定与本质特征、成长机制，并对中国世界级先进制造业集群发展现状作出评估与对策建议。

一、世界级先进制造业集群的内涵与本质特征

（一）世界级先进制造业集群的内涵

对世界级先进制造业集群（world-class advanced manufacturing clusters）的理解需要从先进制造业集群（advanced manufacturing clusters）和世界级产业集群（world-class clusters）入手。先进制造业集群具有产业集群的一般特征，同时体现制造业先进性。与传统制造业集群相比，先进制造业集群具有

产业、技术、制造模式和管理的先进性①。先进制造业集群是随着现代科技和信息技术发展而产生的动态概念，体现制造业集群的网络化、信息化、智能化、柔性化和生态化方向。世界级产业集群强调产业集群的全球竞争力和世界级产业共生平台。成长春等（2016）认为，世界级产业集群拥有全球视野，在全球范围内配置创新资源和开展创新活动，对全球产业的科技创新、产业升级、市场营销、空间网络和区域经济等具有影响力和控制力。杨春蕾（2018）认为，世界级产业集群是一种链式共生平台，由比较优势产业和各类生产要素集聚与融合形成。这种链状关系包括产业链、供应链、价值链、服务链、信用链、信息链和资金链等。

世界级先进制造业集群作为先进制造业集群的高级形态和产业集聚高地，是在一定地理范围内具有全球竞争力和影响力的先进制造业网络。侯彦全等（2018）认为，世界级先进制造业集群是在一定区域内的先进制造业网络，由若干拥有特定先进技术企业、行业组织和科研院所等机构围绕共同目标共生形成，具有组织高度网络化、强大包容性和根植性特征，能够引领全球技术创新和产业变革。郭永海等（2018）认为，世界级先进制造业集群是具有全球影响力的先进制造业网络，由龙头企业、科研院所与相关支持机构等高度集聚形成，产业技术领先，集群协同度高。杜宇玮（2018）认为，一个具有国际竞争力的世界级先进制造业集群至少应满足四个标准：行业、技术、产品与组织的"先进性"，拥有完整产业链和价值链的"系统性"，兼具规模效应和辐射效应的"集群性"，深度融入并主导全球价值链分工的"世界性"。

世界级先进制造业集群的内涵体现在三个方面：一是地域性，是某一制造业中若干跨国公司和大量中小企业的地理集中；二是世界性，集群处于全球价值链中高端；三是先进性，在科技创新、商业模式、产业生态等方面引领世界某一制造业向高端化、智能化、服务化、绿色化、生态化发展。世界级先进制造业集群是先进制造业企业及其关联机构、中介机构与科研机构在一定地域范围内的地理集中，是一种独特的开放的区域创新网络；是在技术、产品、工艺、营销等全球价值链环节处于中高端，在国际化运营、商业模式、产业平台、网络链接、集群治理等方面具有处于世界领先水平的先进制造业集群。

---

① 简晓彬，陈宏伟. 先进制造业的培育机制及路径——以江苏省为例［J］. 科技管理研究，2018，38（7）：148－156.

（二）世界级先进制造业集群的本质特征

世界级先进制造业集群的本质特征是主导全球价值链，引领世界科技创新、品牌创新、国际化创新、网络创新和集群治理创新。

1. 主导全球价值链

世界级先进制造业集群通常由一家或几家大型企业，以及大量中小企业构成，大企业与小企业之间形成明显的配套协作和互惠共生关系。集群经济影响的地理范围大、规模经济效应显著、市场占有率高，在全球价值链中具有重要地位。

2. 集群科技创新引领

美国硅谷信息产业集群、德国沃尔夫斯堡汽车集群、中国深圳信息产业集群等世界级先进制造业集群，重视研发投入，引领世界制造业科技创新方向。根据欧盟委员会官网发布的 2017 全球企业研发投入排行榜，德国大众2017 年研发投入 137 亿欧元，连续 4 年位居第一位；美国谷歌和微软研发投入分别为 129 亿欧元和 124 亿欧元，位居第二、第三名；华为研发投入 104亿欧元，超过苹果研发投入（95 亿欧元），位居全球第六名、中国第一名。深圳信息产业集群具有世界级科技创新能力。深圳研发投入占 GDP 的比重从 2012 年的 3.81% 上升至 2017 年的 4.13%。深圳市发布的《2017 年知识产权发展状况白皮书》显示，2017 年《专利合作条约》（patent cooperation treaty，PCT）国际专利申请量 20457 件，占全国的 43%。深圳信息产业集群拥有华为、中兴、腾讯、苹果公司华南运营中心、微软公司物联网实验室、高通公司无线通信和物联网技术展示中心等一批知名企业。

3. 集群品牌创新引领

世界品牌实验室研究认为，国家品牌对一个企业或产品品牌的贡献至关重要，贡献率为 29.8%。例如，瑞士手表是高质量手表的象征，对瑞士手表企业和手表产品的营销具有正面影响。又如，"德国制造"这一国家品牌体现产品质量和安全，对德国经济发展的贡献显著。"德国制造"标志的产品在世界市场上具有营销优势，不仅德国机械设备、汽车等制造业产品受到消费者青睐，而且德国制造业的管理人员更容易获得理想的职位。国家品牌或区域品牌形象，意味着消费者对一个国家或一个区域产品的总体印象。日本前首相中曾根康弘曾说，"在国际交往中，索尼是我的左脸，松下是我的右脸"。世界级先进制造业集群拥有著名的区域品牌。旧金山的硅谷、武汉光谷、青岛家电、合肥智能语音等都是世界级区域品牌。集群区域品牌具有地域性、产业性、名牌性，具有非竞争性、非排他性等公共物品特性。从世界范围看，政府往往是区域品牌建设的组织者和推动者。

4. 集群国际化创新引领

世界级先进制造业集群国内外要素双向流动频繁，内向国际化和外向国际化相互促进。"本地蜂鸣–全球通道"（local buzz and global pipelines）理论可以解释本地信息流动及外部知识交换等现象（Bathelt et al.，2004）。"本地蜂鸣"是指地理空间的临近、企业及其相关机构之间频繁交流与交易、人与人之间的面对面频繁交流，进而促进隐性知识在产业集群中的流动现象。"全球通道"是指集群企业获取国际化外部资源的战略通道，强调跨国公司和国际企业在产业集群成长中的重要功能。集群国际化有利于集群企业获取全球生产网络的技术和知识溢出，有利于促进集群本地知识与全球知识的相互融合，促进集群技术创新、知识创造和产业升级。学习过程和知识获取是有区别的，学习过程发生在本地集群网络，知识获取发生在集群国际化的全球通道。高水平的产业空间集聚和多元化的全球通道同时并存，是集群成长的特殊优势。欧文–史密斯和鲍威尔（Owen-Smith & Powell，2004）的研究证明，全球通道输送的外部知识对波士顿生物技术集群创新具有决定性影响。

5. 集群网络创新引领

集群网络具有较高的贸易自由化和便利化水平，拥有比其他区域低得多的制造成本以及贸易制度成本。萨克森尼（Sexanian，1994）对美国硅谷和128号公路两个高新技术产业集群基地进行比较研究发现，硅谷创新繁荣与128号公路创新衰落的原因是两者的制度和文化差异，硅谷形成了一种分散但合作的产业合作创新系统，而128号公路却以独立、自给自足的公司为主导。

6. 集群治理创新引领

集群治理（cluster governance）是一种集群主体间的协调机制，协调集群主体之间的正式和非正式契约关系①。波瑞（Boari，1999）基于产业集群内部治理结构特征，认为集群治理演进有四个阶段，即准纵向一体化、纵向依赖关系、纵横双向互动关系和网络层级关系，这一演进进程的实质是向竞争与合作有序、协同创新演进。集群治理主要体现在三个方面：核心企业协调、行业协会治理和地方政府治理。核心企业协调依赖信任、声誉、正式或非正式契约、股权等机制，集群中核心企业往往规模大，科技创新能力强，品牌效应大，居于集群网络中心位置，在世界级先进制造业集群治理中发挥着主要作用。行业协会代表大多数企业利益，协调企业、地方政府、社会公众之间关系，强化行业自律。地方政府则通过公共政策影响集群企业的竞争与合作行为，促进集群协调创新、互惠共生和集聚成长。

二、世界级先进制造业集群的成长机制

产业集群的成长机制有动力机制、主体机制等方面。总体看来，世界级先进制造业集群成长的动力机制有区域创新网络驱动力、市场与政府驱动力和全球价值链驱动力。主体机制是主导企业、地方政府和合作机构的作用机制，三者通过科技创新、制度创新和协同创新促进世界级先进制造业集群成长，如图9.1所示。

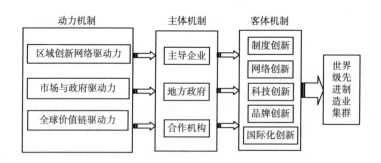

图9.1　世界级先进制造业集群成长机制

---

① 李世杰. 基于集群剩余索取权的产业集群治理机制研究 ［J］. 管理世界，2013（7）：178 - 179.

（一）动力机制

1. 区域创新网络驱动力

集群创新网络驱动是先进制造业集群成长的根本动力。随着区域经济发展和科技进步，依靠自然资源和生产要素的大量投入促进集群成长的粗放型和数量型模式难以为继。同时随着国际竞争的加剧，以及反倾销、反补贴、绿色贸易壁垒等贸易保护主义手段的滥用，集群企业的低成本优势迫切需要向质量、技术、标准、品牌、售后服务等新竞争优势转变。依靠自然资源、生产要素驱动的集群，其可持续发展前景受到前所未有的挑战。从产业集群的生命周期看，在集群诞生阶段，自然资源和投资驱动有利于产业集群形成一定规模，产生规模经济和集聚经济效应，形成低成本优势，在集群成长阶段，企业之间的低成本竞争导致竞相低价，而低价格往往是低质量的代名词，低成本优势迫切需要转变。在这一阶段，集群的数量型发展必须向质量型发展转变。区域创新网络形成的学习经济效应、技术溢出效应、竞合经济效应和共生经济效应，促进企业之间比学赶超和合作共赢。创新驱动成为世界级先进制造业集群发展的主要动力。

2. 市场与政府驱动力

市场主导和政府引导是先进制造业集群成长的基本动力。市场主导包括市场需求的拉动和市场竞争的推动。市场需求是拉动集群创新的力量，起到"胡萝卜"的作用，是诱导先进制造业集群持续发展的原始动力，可以吸引企业家投资，激励企业家创新，引导政府扶持。市场竞争是集群创新的推力，起到"大棒"的作用，迫使企业竞相改进生产技术，提高劳动生产率，激发企业兼并重组，促进资本积累。政府引导包括政府资金投入、税收优惠、金融支持等政策的拉力，以及环保标准、投资限制等政策的压力。

3. 全球价值链驱动力

嵌入全球价值链是先进制造业集群成长的外部拉力。全球价值链驱动力有三种类型——生产者驱动、消费者驱动和混合驱动。生产者驱动价值链是技术能力驱动价值链，主要以生产型跨国公司的研发水平、核心技术、工艺水平、技术标准等技术能力为核心，协调全球价值链的研发、生产、营销、物流、回收等经济活动。技术能力领先的跨国公司，在全球价值链中具有技术支配地位，通过制定和实施技术标准和贸易规则，分享国际分工利益的绝大部分。购买者驱动型价值链是市场能力驱动价值链，主要以流通型跨国公司的销售、渠道、品牌、物流等市场能力为核心，协调全球价值链的研发、生产、营销、物流、回收等经济活动。市场能力领先的跨国公司，在价值链中占市场营销支配地位，掌握对全球价值链的市场营销支配权①，通过营销渠道控制、品牌溢价和大规模物流优势，分享国际分工利益的绝大部分。绝对的生产者驱动价值链和绝对的消费者驱动价值链很少，大多全球价值链的主导企业兼有生产者驱动力和消费者驱动力。在世界级先进制造业产业集群中，往往具有一个或几个集群核心企业，这些核心企业往往是技术能力领先的跨国公司，或市场能力领先的跨国公司，或兼有两种能力领先的跨国公司。

（二）主体机制

1. 企业主体

集群企业主体有核心企业和外围企业之分。核心企业主导型集群企业间网络是介于科层制和市场制之间的中间型体制，具有连续性共生弱科层性质。产业集群在核心企业领导下，制定共同发展战略，加强协同创新，管理分销网络，以及实施集群国际化战略。

核心企业位于外围企业网络和客户网络的中心，起着领导者的作用。核心企业具有更大规模、更高成长性、更强创新能力、更大的采购零配件能力，依靠其实力和商誉倡导企业之间信任、契约、连续性交易文化。由于核心企业具有规模、市场地位、核心知识、企业家能力等优势，核心企业有能力和动机做出对集群其他企业具有正外部性的经营和投资活动（Nijdam & DeLangen，2003）。核心企业往往是集群内的"知识守门者"，具有广泛的外

---

① 冯德连. 全球价值链下中国劳动密集型产业集群升级机制与策略 [J]. 江淮论坛，2017
(2)：57 - 63 + 193.

部网络联系基础，在集群创新网络中处于创新网络中心位置。朱利尼亚（Giuliani，2005）研究发现，核心企业能够通过其较强的知识和技术吸收能力，有效吸收来自产业集群外部的异质性知识与技术，同时可以将所吸收的外部异质性知识和技术转换成为可被集群内部识别、学习和吸收的集群知识和技术，将"知识的空气"弥漫到集群上空①。集群核心企业的行为对外围企业具有两种较强的正外部性：一是网络的正外部性，主要是指对集群内部企业分包网络和集群外部的生产网络的正面作用；二是集群的正外部性，主要是指对集群中的共性技术研发、职业教育、人力资源培训、信息服务、产业联盟、公共服务机构、公共产品提供等方面的正面作用。

企业主体的核心是企业家。企业家位于世界级先进制造业集群创新之轮的"轴心"，是企业创新发展的主导者。企业家创新的动机主要有个人收入增加、信誉追求和事业追求等。优胜劣汰的市场竞争锻炼出一批又一批企业和企业家。竞争性行业国有企业的企业家薪酬应由市场决定，而不应由政府决定。成功的世界级先进制造业集群往往拥有一批勇于创新和善于创新，具有风险精神和预测能力的企业家。在深圳，一批民营企业家凭借好奇、冒险、创意与融合，对深圳信息产业集群创新发挥了重要作用。例如，马化腾（腾讯公司董事会主席兼首席执行官）、任正非（华为技术有限公司主要创始人、总裁）、李东生（TCL 集团股份有限公司董事长兼 CEO）、陈志列（研祥高科技控股集团董事局主席）等贡献卓越，均入选中华全国工商业联合会发布的"改革开放 40 年百名杰出民营企业家"名单。

2. 政府主体

地方政府在先进制造业集群成长中的作用主要有三个方面：一是集群网络的促进器（facilitator），促进集群企业结网，营造互惠共生的集群网络结构；二是动态比较优势的催化剂（catalyst），扶持潜在比较优势产业，支持核心企业、专精特新企业、独角兽企业；三是公共机构的建立者（builder），提供公共产品，支持共性技术研发，促进产业联盟。政府通过战略与规划、资金支持、政产学研合作等制度创新引导世界级先进制造业集群成长。

---

① Giuliani E., Bell M. The Micro-determinants of Meso-level Learning and Innovation: Evidence from a Chilean Wine Cluster [J]. Research Policy, 2005 (1): 47 – 68.

（1）战略与规划引导。美国通过《美国竞争力再授权法案2010》和2011年修订的《1980年史蒂文森－怀勒技术创新法案》布局战略性新兴产业集群。上述法案要求美国商务部启动区域创新战略计划（RIS），鼓励和支持区域创新发展战略。战略计划的主要内容有支持区域创新集群的专项经费、支持科技园区的专项经费、科技园区基础设施贷款担保、区域创新研究和信息计划、支持小企业参与集群合作网络等①。2012年美国政府提出"国家制造业创新网络计划"（national network for manufacturing innovation, NNMI），在全国范围内建立多个制造业创新中心，形成新技术研发和产业化的协作网络。德国把集群战略作为顶层设计，构建组织革命（以高新技术战略代表）、工业革命（以工业4.0代表）和组织革命（集群战略代表）的国家战略体系，三大革命三位一体，相互促进。德国集群战略启动较早，1995年德国实施生物区域计划，2007年实施领先集群竞争计划和2012年实施走向集群计划。日本不甘落后，2001年实施产业集群计划，2002年实施知识集群计划和城市区计划，重点建立集群发展的精准长效机制，促进跨部门跨产业协同，培育区域合作创新系统。

（2）资金支持。美国商务部2010年实施的区域创新战略计划中，设立"种子基金"项目，股权投资区域产业集群内的初创企业。硅谷高新技术集群的创新发展与政府对风险投资引导密不可分。在斯坦福大学旁边的沙丘大街3000号，集合了200多家风险投资机构，集聚了全美30%以上风险投资资金量。德国对领先集群提供资金支持，促进企业技术研发合作，每个领先集群支持5年，合计4000万欧元。

（3）政产学研合作。2010年美国能源部与商务部经济发展局、小企业局、国家标准技术研究院等部门联合，支持宾夕法尼亚大学建立能效建筑领域的大费城创新集群，即建筑能源创新联盟，资助金额1.3亿美元。

3. 集群合作机构

集群合作机构，如行业协会等，作为企业与政府的中介机构，发挥协同创新的作用。集群合作机构一方面贯彻区域地方政府的集群政策精神，另一

---

① 李昕. 美国联邦政府鼓励区域创新集群的政策分析 [J]. 全球科技经济瞭望, 2017, 32 (7): 21－27.

方面向区域地方政府反映集群企业的诉求和呼声。例如，德国的集群合作机构是介于政府和市场之间处于中立地位的"第三方"，具有桥梁和纽带作用，既贯彻地方政府的经济发展战略意图，又精准服务集群企业。德国集群合作机构多数是公司型组织，部分是联合会型组织。如德国东威斯特法伦-丽璞（Ostwestfalen-Lippe，OWL）智能制造创新集群的合作机构主要是 It's OWL。该机构是非营利组织，当地政府管辖，公司化运作。其核心职责是指导集群创新项目申报、技术转让、资金分配、对外合作对接、专业知识共享等。

三、中国世界级先进制造业集群发展的特征

（一）部分先进制造业集群具备国际竞争力

联合国工业发展组织（United Nations Industry Development Organization，UNIDO）的统计报告显示，2010 年中国制造业产值达 2.05 万亿美元（按 2011 年初汇率计算），占世界制造业产出的 19.8%，位居全球第一。此后 8 年，中国制造业产值一直保持世界第一。2017 年中国工业增加值为 28 亿元人民币，占 GDP 的比重达 33.85%[①]。220 多种工业产品产量位居世界第一，例如彩色电视机、家用电冰箱、空调、洗衣机等家用电器，微型计算机、手机、集成电路等信息产品，汽车、船舶等运输产品，粗钢、电解铝、化纤、平板玻璃等中间产品。在高速轨道交通、北斗卫星导航、移动通信系统设备、载人航天设备、万米深海石油钻探设备百万千瓦核电装备、特高压输变电设备、火电装备、水电机组等先进制造业方面，中国已经具备全球竞争力。武汉光谷、深圳计算机与通信集群、青岛家电产业集群等已经成为世界级先进制造业集群。

以家电产业集群为例，世界级家电产业集群主要分布中国、日本和韩国，见表 9.1。日本东京家电产业集群中有日立、索尼、东芝和松下四家企业入选 2018 年财富世界 500 强，合计营业收入 2693.6 亿美元；韩国家电产

---

① 国家统计局. 中华人民共和国 2017 年国民经济和社会发展统计公报 [R]. 2018 - 02 - 28.

业集群中有三星电子和LG电子两家企业入选2018年财富世界500强，合计营业收入2662.5亿美元；中国家电产业集群中有美的和海尔两家企业入选2018年财富世界500强，合计营业收入593.5亿美元。

表9.1 世界级家电产业集群分布

世界级家电产业集群	核心企业	营业收入（亿美元）	世界500强排序	主要集聚地
中国家电产业集群	美的	357.9	323	中国广东佛山
	海尔	235.6	499	中国山东青岛
日本家电产业集群	日立	845.6	79	日本东京
	索尼	771.2	97	日本东京
	东芝	356.3	326	日本东京
	松下	720.5	114	日本大阪
韩国家电产业集群	三星电子	2119.4	12	韩国京畿道城南
	LG电子	543.1	178	韩国首尔

资料来源：根据2018年财富世界500强整理。

广东珠三角家电产业集群具有较强的国际竞争力，见表9.2。在珠三角家电产业集群中，美的、海信科龙电器、珠海格力电器、TCL、创维数码和康佳六家企业入选2018年财富中国500强，合计营业收入897.4亿美元；在青岛家电产业集群中，青岛海尔和青岛海信两家企业入选2018年财富中国500强，合计营业收入284.4亿美元。

表9.2 世界级中国家电产业集群分布

中国家电产业集群	核心企业	营业收入（亿美元）	中国500强排序	主要集聚地
广东珠三角家电产业集群	美的集团股份有限公司	357.9	32	广东佛山
	海信科龙电器股份有限公司	49.5	221	广东佛山
	珠海格力电器股份有限公司	222.0	56	广东珠海
	TCL集团股份有限公司	165.3	71	广东惠州
	创维数码控股有限公司	56.5	196	广东深圳
	康佳集团股份有限公司	46.2	240	广东深圳
青岛家电产业集群	青岛海尔股份有限公司	235.6	51	山东青岛
	青岛海信电器股份有限公司	48.8	225	山东青岛

资料来源：根据2018年财富中国500强整理。

从世界通信设备产业集群看，中国深圳通信设备产业集群全球领先。通信是信息社会的"神经网络"。当前全球五大通信设备巨头是位于中国深圳的华为、位于美国圣何塞的思科、位于芬兰埃斯波的诺基亚、位于瑞典斯德哥尔摩的爱立信和位于中国深圳的中兴，中国占两家，其中华为位列第一。2018年财富世界500强显示，华为营业收入893.1亿美元，远高于思科（480.1亿美元）、诺基亚（260.9亿美元）和爱立信（235.6亿美元）的营业收入，见表9.3。从盈利能力指标利润额看，思科第一（96.1亿美元），华为第二（70.2亿美元），而诺基亚和爱立信处于亏损状态。中国深圳通信设备产业集群的两家核心企业华为和中兴合计营业收入达1054.1亿美元。

表9.3　　　　　　　　　　世界级通信设备产业集群分布

世界级通信设备产业集群	核心企业	营业收入（亿美元）	利润（亿美元）	世界500强排序	主要集聚地
中国通信设备产业集群	华为	893.1	70.2	72	中国深圳
	中兴	161.0	6.79	—	中国深圳
美国通信设备产业集群	思科	480.1	96.1	212	美国圣何塞
芬兰通信设备产业集群	诺基亚	260.9	−16.84	457	芬兰埃斯波
瑞典通信设备产业集群	爱立信	235.6	−41.2	500	瑞典斯德哥尔摩

资料来源：根据2018年财富世界500强和财富中国500强整理。

（二）先进制造业集群存在价值链低端锁定的风险

在全球价值链中，不同国家和地区产业集群的话语权和支配权不同，导致不同产业集群在全球价值链中的地位有一定差异。价值链治理模式可以体现不同区域产业集群的价值链地位差异。汉弗莱和施米茨（Humphrey & Schmitz，2002）认为，价值链治理模式有四种类型，即市场型、网络型、准科层型和科层型，这四种类型在全球价值链上的权力对称程度逐渐加大。格瑞菲、汉弗莱和斯特金（Gereffi，Humphrey & Sturgeon，2005）认为，价值链治理模式有五种类型，即市场型、关系型、俘获型、科层型和模块型，五种类型的交易复杂程度、可编码化能力以及供应能力有一定差异，从价值链行为主体之间协调能力看，市场型最低，而科层型最高。准科层型与俘获型价值链治理模式类似，价值链行为主体权力不对等，一方控制权大于另一方，控制权大的一方获取更大的贸易利益。发展中国家产业集群与发达国家相比，价值链控制力明显处于弱势，在全球价值链上往往被国外跨国公司控制，处于准科层型或俘获型价值链治理模式中。在发展中国家集群中，企业技术创新、营销创新、工艺升级、国际化战略往往受制于国外跨国公司。

联合国亚太经济社会委员会2017年发布的《将贸易和投资引向可持续发展报告》显示，中国是全球制造业和装配业的重要贸易枢纽，电话机、数据处理设备、集成电路等电子和机械产品具有比较优势。部分关键领域核心技术、关键技术缺乏自主知识产权，面临"低端锁定"的风险。中国制造业全行业技术创新贡献率平均水平约为40%，远远低于美、日、韩等制造业创新驱动型国家水平（平均70%以上）[①]。世界品牌实验室的品牌影响力（brand influence）包括三项关键指标，即市场占有率（market share）、品牌忠诚度（brand loyalty）和全球领导力（global leadership）。该实验室于2017年推出世界最具影响力的500个品牌，对全球2万个知名品牌评价优选得出，入榜国家28个。从品牌数量的国家分布看，美国、法国、英国分列第一、第二、第三位，分别入选233个、40个、39个。日本、中国、德国、瑞士、意大利分列第四、第五、第六、第七、第八位，分别入选38个、37个、26个、21个和14个。中国有37个品牌入选，列第五位，但相对于13亿人口大国、世界第一大货物贸易国和世界第二大经济体，中国世界品牌数量明显不足。

（三）先进制造业集群成本居高不下

中国制造综合要素成本、营商成本和创新成本都相对比较高（庞瑞芝，2018）。中国制造业综合要素成本上升的主要原因是土地成本、资金成本、税费成本和综合供应链成本。土地成本过高、融资难、融资贵等问题普遍存在。2017年全球190个有数据经济体企业综合税率排名中，中国综合税率以67.3%名列第12位，远超亚太企业综合税率均值36.4%，高于美国

---

① 李俊江，孟勐. 基于创新驱动的美国"再工业化"与中国制造业转型［J］. 科技进步与对策，2016，33（5）：51－55.

（43.8％）、日本（47.4％）、印度（55.3％）、英国（33.7％）、韩国（33.5％）等国家。综合供应链成本是供应链上下游环节综合成本，包括通关、商检、物流、供应商交付、采购商付款等①。营商成本和创新成本涉及开办企业、办理施工许可证、获得电力、登记财产、获得信贷、保护中小投资者、纳税、跨境贸易、执行合同和办理破产等方面。世界银行《2018年营商环境报告》显示，在全球190个经济体中，中国营商环境居第78位，落后于新加坡（第2位）、美国（第6位）、英国（第7位）、加拿大（第18位）、德国（第20位）、法国（第31位）、日本（第34位）等发达国家，中国整体营商环境仍有较大的改善空间。

（四）集群企业主体活力有待加强

集群企业主体活力不足主要体现在企业盈利能力弱和企业家阶层培育不够两个方面。一是集群核心企业盈利能力不足。全球制造商集团发布的2017年《全球制造500强》营业收入排行榜入选国家共计36个。从企业数量的国家分布看，美国、日本位于制造业大企业的第一阵营，分别有133家、85家；中国、德国、法国和英国位于制造业大企业的第二阵营，分别有57家、26家、25家、23家。中国虽然有57家制造商入选，但"中国制造"与"美国制造""日本制造"不仅在大企业数量上有很大的差距，而且企业盈利能力不足。以营业收入排名的前十家企业中，美国2家（埃克森美孚、苹果），中国大陆3家（中国石油化工、中国石油天然气和上海汽车），日本1家（丰田汽车），荷兰1家（壳牌石油），德国1家（大众汽车），英国1家（英国石油），韩国1家（三星电子）。但是以净利润排名的前十家企业中，中国大陆没有一家企业上榜，而美国上榜6家（苹果、微软、强生、奥驰亚、吉利德科学和国际商业机器），日本上榜1家（丰田汽车），韩国上榜1家（三星电子），俄罗斯上榜1家（俄罗斯国家天然气）。二是对企业家阶层培育不够。企业家精神的本质特征是创新精神和风险精神。这两种精神是推动集群成长的重要力量。中国市场经济体制和与此相关的制度还不完善，

---

① 庞瑞芝. 打造世界级先进制造业集群首要是降成本、提效率［J］. 国家治理, 2018（25）: 3-5.

行政垄断、不公平竞争、公有产权主体缺位、私有产权保护不到位等问题依然存在，尊重企业家、培育企业家、以企业家为荣、弘扬企业家精神的社会文化氛围尚未形成。

四、培育中国世界级先进制造业集群的政策建议

培育世界级先进制造业集群需要核心企业、地方政府和中介机构合力推进，发挥区域创新网络驱动力、市场和政府驱动力以及全球价值链驱动力的合力驱动，制定和落实发展规划，加强先进制造业集群网络创新、技术创新、品牌创新和国际化创新。

（一）制定世界级先进制造业集群发展规划

围绕《中国制造 2025》科学布局中国世界级先进制造业集群。各级政府要根据本地区实际情况制定世界级先进制造业集群发展规划。一是瞄准新一代信息技术、高端装备、新材料、生物医药等重点产业集群。布局新一代信息技术产业、高档数控机床和机器人、航空航天装备、海洋工程装备及高技术船舶、先进轨道交通装备、节能与新能源汽车、电力装备、农机装备、新材料、生物医药及高性能医疗器械等先进制造业集群。二是打造自主可控先进制造业生态系统[①]。在科技创新、品牌培育、国际化等方面规划先进制造业集群核心能力和国际竞争优势。融入全球价值链，开放共赢。推动全产业链整合协同，形成上中下游联动机制，促进制造业数字化、网络化、智能化，提高关键技术和关键零部件国产化能力。推进互联网、大数据、人工智能与先进制造业融合，促进科技创新、现代金融、人力资源与先进制造业集群协同，促进新技术、新业态、新管理和新模式的运用。应用精准供应链管理、全生命周期管理、大规模个性化定制、协同设计、电子商务等重塑产业价值链体系。三是加强规划的系统性、先进性和可评估性。根据区域要素禀

---

① 刘明达，顾强. 从供给侧改革看先进制造业的创新发展——世界各主要经济体的比较及其对我国的启示 [J]. 经济社会体制比较，2016（1）：19 – 29.

赋、产业生命周期、动态比较优势、政府支持力度等因素，制定切实可行的五年规划和年度计划，加强规划实施的质量评估与动态监管①。

（二）加强先进制造业集群网络创新

高效集群创新生态环境能够积极有效地动员社会资源，迅速形成较为高效的先进制造业系统，为社会提供具有竞争力的产品与服务。政府和社会公共部门以提供公共或半公共产品为特征的集体行动，对于提升中国制造业产业集群的竞争力有至关重要的作用（刘志彪，2018）。政府和中介机构在优化集群创新环境方面要有所作为。一是营造高级生产要素和优质企业集聚的营商环境。降低制度性交易成本，加快"放管服"改革，推行"一趟不用跑"和"最多跑一趟"政府服务，促进贸易与投资便利化。深化国有企业改革，大力发展混合所有制经济；毫不动摇地支持、保护、扶持民营经济和非公有制经济发展，激发与保护企业家精神，弘扬"鼓励冒险、包容失败"的创新创业文化，激发各类市场主体活力。坚持"竞争中性"原则。经济合作与发展组织（OECD）于2012年出版的《竞争中立：维持国有企业与私有企业公平竞争的环境》一书中提到，"竞争中性"是指一个市场上的所有经营主体，在经营与竞争的过程中，无论其所有制如何，均不存在过度的、不适当的竞争优势或劣势。竞争中性将有效提高生产分配效率，并促进政府在监管过程中坚持公平公正原则。这一原则是体现市场经济本质要求的重要原则，现已成为当前国际通行的规则。二是构建开放合作和互惠共生的集群网络。从集群企业的共生环境入手，发挥核心企业、竞争规则，以及股权、契约、信任、文化等内生媒介的作用，推进集群企业之间的对称性互惠的连续共生。培育合格、平等的共生单元，加强共生秩序建设。组建一批产业技术联盟，统筹推动技术、产品、业态和模式创新。三是强化区际产业集群合作。加强长三角、珠三角、京津冀以及城市群的集群区际合作。培育世界级先进制造业集群需要科学设计各省市区和各个城市之间的产业分工与协作。加强世界级先进制造业集群园区和示范区建设，引导企业、资金、人才、项

---

① 黎文娟，李杨，张舰侯，彦全. 发达国家培育先进制造业集群的经验启示［N］. 中国经济时报，2018-08-30（005）.

目向园区集聚，不断提升集群示范区域的引领力和影响力。进一步消除阻滞要素流通的政策壁垒、市场壁垒和体制机制障碍。按照市场化要求共同建立有机统一的区域大市场，在更大范围内推动资源整合和要素自由有序流动。在市场准入条件、监管规则、技术标准、资质认证等方面形成区域一致性制度框架。四是推进先进制造业集群治理结构优化。培育具有若干大企业为核心、大量中小企业为主体、地方政府和合作机构为配合的中卫型集群治理结构，提升先进制造业集群在全球价值链中的控制力。壮大具备国际竞争力的集群企业主体，支持集群企业间战略合作和兼并重组，在若干重点先进制造业领域推动形成一批国际一流企业，强化企业盈利能力和产业链控制能力[①]。打造具有比较优势的中小企业和创客群体，引导中小企业专注细分市场，支持独角兽和瞪羚企业成长，发展成为"专精特新"和"小巨人"企业。引导大企业与中小企业建立合作共赢的协作关系，大力扶持初创期创新创业型企业和创客群体。

（三）加强先进制造业集群科技创新

加强先进制造业集群核心技术研发。在经济全球化趋势下，一个国家和地区的先进制造业组织形态既嵌入本地产业集群，同时又嵌入全球价值链。发展中国家产业的双重嵌入对建设世界级先进制造业集群来说，既有有利的一面，也有不利的一面。历史上，既有双重嵌入成功的经验，也有双重嵌入失败的教训。以日本、亚洲"四小龙"为代表的新兴工业化经济体利用参与全球价值链的契机实现了价值链提升；而菲律宾、越南、巴基斯坦、孟加拉国等发展中国家则嵌入全球价值链低端，陷入"网络陷阱"。墨西哥、巴西、阿根廷等国家随着全球价值链的深度参与，在成功跨越中等收入阶段后出现价值链地位固化的风险。一项研究表明，持续的研发投入是规避"网络陷阱"的关键[②]。掌握一批自主知识产权的关键核心技术与设备是培育世界级先进制造业集群重要措施。支持企业实施卡脖子技术与装备攻关，支持创新

---

① 刘明达，顾强. 从供给侧改革看先进制造业的创新发展——世界各主要经济体的比较及其对我国的启示 [J]. 经济社会体制比较，2016（1）：19-29.

② 沈能，周晶晶. 参与全球生产网络能提高中国企业价值链地位吗："网络馅饼"抑或"网络陷阱" [J]. 管理工程学报，2016，30（4）：11-17.

能力强的集群核心企业承担技术与装备任务。鼓励集群核心企业建设具有独立法人资格的企业技术研究院。构建新型产学研协同创新机制，支持集群核心企业牵头组建制造业创新中心、产业技术创新中心等新型创新主体，采取政府支持、股权合作、成果共享的市场化运作，实施产业共性技术攻关①。

（四）加强先进制造业集群品牌创新

旧金山"硅谷"、德国斯图加特汽车、中国"光谷"、中国中关村高科技产业等都是著名的区域产业品牌。先进制造业区域品牌是产业集群发展到一定阶段的产物。区域产业品牌具有地域特性、产业性、品牌特性，同时具有公共物品特性，即具有非竞争性、非排他性等公共物品特性。地方政府和行业协会联合发力，推进产业集群区域品牌建设。地方政府担当引导者、投资者、扶持者的角色。引导区域主导产业的发展方向，通过土地、引导资金、人力资源投入促进区域品牌建设，通过主流媒体、广告等方式宣传推广，扶持核心企业与行业协会，切实保护和利用区域品牌。行业协会通过行业规范加强企业自律，维护区域产业品牌形象。

（五）加强先进制造业集群国际化创新

地方产业集群升级为世界级产业集群，必须嵌入全球价值链，整合国际资源，在全球进行优化布局，提升国际竞争力。一是促进产业集群外向国际化。有效组合和完善产业集群出口贸易、技术转让和对外直接投资，技术装备走出去与配套服务协同推进，加强与国际一流企业合作。重点培育以技术、标准、品牌、质量、服务为核心的对外经济新优势。促进企业创新商业运作模式，构建全产业链战略联盟，形成综合竞争优势。二是促进产业集群内向国际化。雄厚资本、高端人才和前沿技术是引领产业集群转型升级的重要力量。抓住集群产业链关键环节建链、补链、强链，引资、引技与引智相结合。吸引跨国公司、研发机构、高等学校入住先进制造业集聚区，加强与世界500强和行业领军企业及知名院所机构的合作。

---

① 谢志成. 着力建设自主可控的先进制造业体系［N］. 新华日报，2018 - 08 - 28（013）.

第十章

培育具有全球竞争力的世界一流企业

党的十九大报告提出，要深化国有企业改革，发展混合所有制经济，培育具有全球竞争力的世界一流企业。在全球新一轮科技革命、产业深度变革、产业国际竞争日益激烈的大背景下，具有全球竞争力的世界一流企业对于一个国家和地区抢占全球技术制高点、谋取全球价值链核心地位、促进产业迈向全球价值链，具有重要的战略意义。本章主要研究中外企业在企业规模、企业效益、国际化程度、品牌价值等方面的差异，剖析中国企业在国际化程度、企业效益、技术创新能力、企业结构等方面存在的问题，提出培育中国世界一流企业的对策建议。

一、世界一流企业的界定

企业是经济价值和社会价值的创造者，建设现代化经济强国必须以企业的兴盛为依托，一个现代化经济强国也必须依靠具有全球竞争力的世界一流企业的支撑。改革开放以来，中国经济快速发展，一批具有社会影响力的中国企业逐渐登上了世界的舞台。特别是党的十九大报告提出，"培育具有全球竞争力的世界一流企业"，为中国企业下一步如何发展树立了明确的目标，指明了前进的方向。

经过多年的积累与发展，中国企业的综合实力在不断增强，市场规模和商品质量也在不断提高，涌现出一些具有重要影响力的大企业。在《财富》杂志历年发布的500强榜单中，中国企业上榜数量出现了持续增长，2016年上榜 110 家，2017 年上榜 115 家，2018 年上榜 120 家，仅次于美国的 126 家。其中国家控股的国家电网、中石化、中石油更是位居榜单的第二、第三、第四位。虽然中国 500 强企业远远多于像日本、德国等国家的企业，但是在反映企业发展质量的相关指标上（国际化程度、市场竞争力、创新程度等），中国明显落后于日本、德国等国家。特别是在企业的品牌价值、社会声誉及影响力上远远不如日本、德国等国家的企业。但是也无须妄自菲薄，中国的很多企业在相关领域已经处于世界领跑行列（如高铁、电子通信等），很多企业已经具备了成为世界一流企业的基础。

　　对于世界一流企业特征的探讨以及如何培育世界一流企业是一个值得研究的课题，不同的学者对于世界一流企业及相关培育的认识也不尽相同。德鲁克在 20 世纪初提出"企业存在于社会的目的，是为客户提供商品或服务，而不是追求利润最大化"这一理念，对当时以利润界定企业成败的理论形成了巨大的冲击。潘石和董经纬（2013）认为"世界一流企业"从字面意思来看，就是在全球范围内，在核心素质、运营绩效和综合创造价值等方面，在其领域位于一等水平的企业。它是具有不断自主创新能力并将其作为核心支撑，具有综合国际竞争力的企业。李泊溪（2012）认为世界一流企业具有以下共同之处：重视战略变革、追求产品创新、发展独特竞争优势、企业形成体系并达到一定规模、全球范围配置资源、高水平利用资本市场、高水平人才队伍、为顾客和股东创造最大价值、重视社会责任。张文魁（2012）认为世界一流企业在国内、国际竞争中锤炼，不断地争取更多市场份额，不停地创造和分享价值，学会回报社会而不是光考虑赚钱，凝聚品牌价值并传承下去，培育更多的优秀人才，努力适应国际先进惯例和规则的机制，形成自己的企业文化。刘慧智（2014）提出世界一流企业应具备 10 个方面的核心要素：集团公司掌控、供应链服务、人才开发与企业文化、业务结构、资本运营、科技创新、信息化、国家化、风险掌控以及社会责任。黄群慧、王涛（2017）认为世界一流企业的 11 个特征为：强大的企业家精神、重在以"文"化人的组织文化、追求长远价值和优秀品质、获取著名品牌和良好声誉、擅长以发展型战略应对复杂多变的环境、业务架构转型、全球化的资源配置和管理能力、优秀的公司治理结构、推行紧密化的集团掌控、管理创新能力、人力资源管理战略型与价值型的财务管理。李鹏飞（2017）运用"GREAT"标准定义世界一流企业。G：公司治理完善；R：受到广泛尊重；

E：超强执行力；A：锐意改革进取；T：引领趋势发展。"GREAT"有"卓越强大"的意思，意味着企业要成为世界一流企业必须做到做优这五个方面。黄群慧（2018）认为中国企业与世界先进一流企业相比，在创新能力、品牌影响力、服务水平、国际化水平方面依然存在不足，尚需不断完善。

在当前中国进一步扩大对外开放，推动形成全面开放新格局的新形势下，中国企业应立足自身实际情况，借鉴世界一流企业建设及改革的经验，不断加强完善管理机制，并适当运用激励和竞争机制，拓展核心业务，采取相应的风险防御措施以应对改革可能带来的风险，从而加快实现中国企业成为国际一流企业的目标[①]。对于世界一流企业及其特征的认识，以及如何培养世界一流企业，学者们从不同视角进行了探讨。

二、中外企业比较分析

对于中国企业与世界一流企业的差距，本章主要用比较研究方法分析。比较研究方法是对企业与企业之间的相似性或相异程度的研究与判断的方法，根据一定的标准，对两个相同行业的企业进行考察，寻找异同。利用比较分析法分析现实中的问题，能够更好地将理论与实践联系在一起，从而可以在实践的过程中总结和归纳出合适的解决思路。比较研究方法很契合本章的研究主体，在比较分析的过程中，本章尽可能用归纳的方法将所需要的信息提取出来并且汇总，深层次挖掘世界一流企业成长过程中各个阶段所需的资源要素以及各个阶段可能存在的危机和挑战。本节主要从企业规模、企业效益、国际化程度、品牌价值4个方面来进行比较。

（一）企业规模比较

本节使用企业的营业收入和资产总额两个指标衡量企业的规模，这两项

---

① 董福贵，吴南南，杨尚东，程俊杰. 具有全球竞争力的世界一流企业的特征及培育路径——以电网企业为例 [J]. 现代经济探讨, 2018 (3): 97 – 104.

指标是衡量企业规模最常用的指标。中国企业尤其是中央企业的崛起，巩固了中国内地企业在《财富》500 强中的地位①。

本节使用 2018 年《财富》世界 500 强的排名数据。《财富》500 强的榜单排名按照企业的营业收入排序，从一个方面反映了各国企业的规模状况，同时按照非金融类企业和金融类企业反映两类企业规模与各国分布情况。本节选取以非金融类企业在榜单中排在前 100 位的企业，金融类企业在榜单中排在前 50 位的企业作为研究对象。研究结果见表 10.1 和表 10.2。

表 10.1　　　2017 年全球 100 家非金融类上榜企业各国平均量比较

国家	上榜家数（家）	营业收入（亿美元）	资产总额（亿美元）	利润（亿美元）	净利率（%）	资产收益率（%）	股东权益（亿美元）
美国	34	1373	3009	82	6.2	5.1	431
中国	23	1235	2381	30	2.8	2.3	570
日本	10	1087	1830	70	5.8	3.5	556
德国	9	1161	1850	64	5.4	3.6	526
法国	5	935	1773	31	3.0	1.5	470
荷兰	4	1549	1953	50	3.1	2.9	604
韩国	3	1269	1836	139	7.8	5.5	903
俄罗斯	3	926	2067	77	7.9	4.5	1085
英国	2	1600	1692	25	1.8	1.9	565
瑞士	2	1483	1347	65	5.4	4.9	564
意大利	2	821	1624	40	5.0	2.6	497
新加坡	1	1364	486	8	0.6	1.7	60
巴西	1	888	2514	-1	-0.1	0.0	798
墨西哥	1	739	1090	-148	-20.1	-13.6	-768
上榜企业平均		1247	2338	59	4.6	3.5	521

资料来源：根据 2018 年《财富》世界 500 强整理。

① 高玉婷. 中央企业国际竞争力的多维度评价 [J]. 中国流通经济, 2016 (9)：116 - 125.

表 10.2   2017 年全球 50 家金融类上榜企业各国平均量比较

国家	上榜家数 （家）	营业收入 （亿美元）	资产总额 （亿美元）	利润 （亿美元）	净利率 （%）	资产收益率 （%）	股东权益 （亿美元）
中国	12	922	17097	161	17.0	0.9	1268
美国	9	969	13413	133	11.8	1.3	1771
法国	5	964	16608	53	5.4	0.3	848
日本	5	711	17392	50	8.2	0.4	667
英国	4	769	12217	52	7.2	0.4	753
德国	3	801	10574	24	1.7	0.3	627
巴西	3	599	4033	54	8.8	1.3	351
西班牙	2	670	12814	57	8.5	0.5	846
荷兰	1	654	4754	28	4.3	0.6	289
意大利	1	1006	6449	24	2.4	0.4	301
瑞士	1	640	4221	30	4.7	0.7	331
荷兰	1	563	10133	62	10.9	0.6	582
俄罗斯	1	497	4710	129	25.9	2.7	596
印度	1	476	5545	-7	-1.5	-0.1	353
加拿大	1	386	9410	87	22.7	0.9	573
上榜企业平均		820	13188	91	10.4	0.7	988

资料来源：根据 2018 年《财富》世界 500 强整理。

1. 上榜企业数量对比

在前 100 位非金融类企业的榜单中，美国上榜企业数量达到 34 家，遥遥领先。中国上榜企业数量达到 23 家，日本 9 家。前 50 位金融类企业中，中国上榜家数最多，达到 12 家，其次是美国 9 家，法国和日本各 5 家。

2. 企业营业收入对比

在前 100 位的非金融类企业榜单中，各国企业营业收入的差距非常明显。上榜的英国企业（2 家）2017 年平均营业收入达到 1600 亿美元，为最高。荷兰上榜企业（4 家）2017 年平均营业收入达到 1549 亿美元。中国上榜企业（23 家）2017 年的平均营业收入为 1235 亿美元，低于英国、荷兰、瑞士、美国、新加坡、韩国企业的平均营业收入，但超过日本、德国、法国、俄罗斯、意大利等国家上榜企业的平均营业收入。2017 年前 100 位非金融类企业的平均营业收入规模为 1247 亿美元，中国企业的平均营业收入没有达到世界平均水平。非金融类企业营业收入排在第一位的为美国的沃尔玛公司，其 2017 年的营业收入水平达到 5003 亿美元，中国上榜企业中营业收入最高的为国家电网公司，其 2017 年的营业收入水平为 3489 亿美元，与沃尔玛相比仍然存在较大的差距。

在前 50 位的金融类企业榜单中，各国企业营业收入的差距明显。上榜的 1 家意大利企业（意大利忠利保险）2017 年平均营业收入达到 1006 亿美元，为最高。美国上榜企业（9 家）2017 年平均营业收入达到 969 亿美元。中国上榜企业（12 家）2017 年平均营业收入为 922 亿美元，略低于美国、法国企业的平均营业收入，但超过日本、英国、德国等国家上榜企业的平均营业收入。2017 年前 50 位金融类企业的平均营业收入规模为 820 亿美元，中国企业的平均营业收入超过世界平均水平。企业营业收入排在第一位的为美国的伯克希尔－哈撒韦公司，其 2017 年的营业收入水平达到 2421 亿美元，中国上榜企业中营业收入最高的为中国工商银行，其 2017 年的营业收入水平为 1530 亿美元，与伯克希尔－哈撒韦公司相比仍然存在较大的差距。

3. 企业资产总额对比

在前 100 位的全球非金融类企业榜单中，各国企业资产总额的差距较大。2017 年前 100 位的非金融类企业的平均资产总额为 2338 亿美元，企业平均资产额最高的为美国，2017 年其 34 家上榜企业的平均资产总额达到 3009 亿美元。其次为巴西的一家上榜企业，其 2017 年的资产总额为 2514 亿美元。中国排在第三位，23 家上榜企业 2017 年平均资产总额为 2381 亿美元，略高于全球前 100 强企业的平均资产总额。企业资产总额排在第一位的为美国的房利美，其 2017 年的资产总额水平达到 33455 亿美元，中国上榜企业中资产总额最高的为中国邮政集团，其 2017 年的资产总额水平为 14226 亿美元，与美国房利美相比仍然存在较大的差距。

在前 50 位的全球金融类企业榜单中，各国企业资产总额也出现较大差距。全球金融类企业 50 强的平均资产总额为 13188 亿美元，企业平均资产总额最高的为日本企业，2017 年其 5 家上榜企业的平均资产总额达到 17382

亿美元。其次为中国的上榜企业,中国 12 家金融类企业平均资产总额为 17097 亿美元。美国企业排在第三位,9 家上榜企业 2017 年平均资产总额为 13413 亿美元,略高于全球前 50 强金融类企业的平均资产总额。企业资产总额排在第一位的为中国工商银行,其 2017 年的资产总额水平达到 40060 亿美元,远高于世界前 50 强的平均资产水平。

(二) 企业效益比较

企业效益是其综合实力的具体体现。随着经济全球化的发展,跨国公司面临更加多样化的挑战。企业的持续发展,不仅需要规模做大,更要追求高质量的发展,追求更好的经济效益。本节使用企业净利润总额、净利率与资产收益率 3 个指标衡量企业的效益状况,并仍然以非金融类企业(主营业务为非金融保险的企业)和金融类企业(主营业务为金融保险的企业)分类比较。非金融类企业选取在榜单中排在前 100 位的企业,金融类企业选取在榜单中排在前 50 位的企业作为研究对象。研究结果见表 10.1 和表 10.2。

1. 企业净利润总额比较

利润总额是指企业在一定时期内通过生产经营活动所实现的最终财务成果,是衡量企业经营业绩的一项十分重要的经济指标。工业企业的利润总额,主要由销售利润和营业外净收支(营业外支出抵减利润)两部分构成。

在 2017 年前 100 位非金融类企业的榜单中,各国企业平均净利润的差距比较大。各国企业平均净利润总额为 58.6 亿美元。企业平均净利润总额最高的为韩国,2017 年其 3 家上榜企业的平均净利润总额达到 138.3 亿美元,尤其是韩国的三星电子,其 2017 年净利润达到 365.8 亿美元。其次为美国企业,其 34 家上榜企业平均净利润总额达到 81.7 亿美元,美国的苹果公司的净利润达到 484 亿美元,居各国企业之首。排在第三位的是日本企业,2017 年 10 家日本上榜企业的平均净利润总额为 69.7 亿美元。中国上榜企业的表现差强人意,平均净利润总额只有 29.9 亿美元,远远低于大部分国家上榜企业的净利润。中国上榜企业中表现最好的是华为公司,其 2017 年净利润为 70.2 亿美元,但其盈利水平仍然低于美国和韩国企业的平均盈利水平,更远远低于苹果和三星的盈利水平。

在前 50 位金融类企业的榜单中，各国企业平均净利润出现较大差距。上榜企业平均净利润总额为 91 亿美元。企业平均净利润总额最高的为中国，中国上榜金融类企业的平均净利润额达到 161 亿美元，尤其是中国工商银行，其 2017 年净利润达到 423 亿美元（在金融类企业中，仅仅低于美国伯克希尔－哈撒韦公司 449 亿美元的利润水平）。其次为美国企业，其上榜企业平均净利润额达到了 133 亿美元。排在第三位的是俄罗斯的 1 家企业，2017 年其上榜企业的净利润额为 129 亿美元。中国金融类上榜企业的表现非常抢眼，平均净利润额远远高于日本、英国、德国等国家上榜企业的净利润，日本上榜企业的平均净利润仅为 50 亿美元，英国仅为 52 亿美元，德国仅为 24 亿美元。

2. 企业净利率比较

净利率也称为净利润率，反映企业净利润占营业收入的比值，是企业竞争力的一种间接表现。企业净利率越高，说明企业从营业收入中获取利润的能力越强。影响该指标的因素较多，主要有成本、价格、销售数量、期间费用及税金等。

在 2017 年前 100 位非金融类企业的榜单中，各国企业平均净利率为 4.59%，企业平均净利率最高的为俄罗斯，2017 年其 3 家上榜企业的平均净利率达到 7.93%，尤其是俄罗斯天然气工业股份有限公司，其 2017 年净利率达到 10.9%。其次为韩国企业，其 3 家上榜企业平均净利率达到 7.77%，韩国的三星电子的净利率达到 17.3%。排在第三位的是美国企业，2017 年 34 家美国上榜企业的平均净利率为 6.15%，美国康卡斯特电信公司的净利率达到 26.9%，居各国企业之首，美国威瑞森电信公司的净利率也达到了 23.9%。中国上榜企业的表现较差，平均净利率只有 2.84%，没有达到全球的平均净利率水平，远远低于大部分国家上榜企业的净利率水平。中国上榜企业中表现最好的是中国移动通信，其 2017 年净利率为 9.9%，但其盈利水平仍然远远低于美国通信企业的盈利水平。墨西哥、巴西和新加坡上榜企业的净利率比较低，尤其是墨西哥石油公司的净利率为 −20.1%，巴西国家石油公司的净利率也为负值，只有 −0.1%。

在金融类企业的榜单中，各国企业平均净利率为 10.4%，可以看出金融类企业的平均净利率水平远远高于非金融类企业的净利率水平。企业平均净利率最高的为俄罗斯，2017 年其上榜企业的平均净利率达到 25.9%。其次为加拿大企业，其上榜企业平均净利率达到22.7%。排在第三位的是中国企业，2017年12家中国上榜企业的平均净利率为17.0%，中国工商银行的净利率达到了27.7%，居各国企业之首，中国建设银行的净利率达到了25.9%。中国上榜企业的净利率表现非常好，高于美国金融类企业的净利率（11.8%），也高于全球的平均净利率水平。意大利、印度上榜企业的净利率比较低，尤其是印度国家银行的净利率仅为－1.5%。

3. 企业资产收益率比较

资产收益率是用来衡量企业的盈利能力的指标之一，又称资产回报率，其含义是每单位资产创造的净利润。计算公式为：资产收益率 = 净利润/平均资产总额×100%。资产收益率越高，表明企业资产利用效果越好。

在2017年前100位非金融类企业的榜单中，各国企业平均资产收益率为3.48%。企业平均资产收益率最高的为韩国企业，其3家上榜企业平均资产收益率达到5.50%，韩国的三星电子的资产收益率达到13%。其次为美国企业，2017年其上榜企业的平均资产收益率达到5.06%，尤其是美国Alphabet公司，其2017年资产收益率达到19.4%，苹果公司的资产收益率达到12.9%。排在第三位的是瑞士企业，2017年其上榜企业的平均资产收益率为4.90%。中国上榜企业的表现较差，平均资产收益率只有2.27%，远远低于大部分国家上榜企业的资产收益率水平。中国上榜企业中表现最好的是太平洋建设集团，其2017年净资产收益率为5.6%，但其盈利水平仍然不高。墨西哥、巴西和新加坡上榜企业的资产收益率比较低，尤其是墨西哥石油公司的资产收益率仅为－13.6%，巴西国家石油公司的资产收益率为0。

在非金融类企业的榜单中，各国企业平均资产收益率为0.7%，远远低于非金融企业的资产收益率，这主要是由于金融类企业相对庞大的资产规模所导致的。企业平均资产收益率最高的为俄罗斯企业，其上榜企业平均资产收益率达到2.7%。其次为巴西企业，2017年其上榜企业的平均资产收益率达到1.33%。排在第三位的是美国企业，2017年美国上榜企业的平均资产收益率为1.28%。中国上榜企业的表现一般，平均资产收益率只有0.9%，略高于全球50家上榜企业的平均水平。中国上榜企业中表现最好的是中国人民保险，其2017年资产收益率为1.7%。全球50家上榜企业中表现最好的是美国的伯克希尔－哈撒韦公司，其资产收益率达到了6.4%。印度、法国和德国上榜企业的资产收益率比较低，尤其是印度国家银行的资产收益率仅为 -0.1%。

（三）国际化程度分析

1. 全球 100 家非金融类企业国际化程度的比较

关于国际化程度，联合国贸发会议（UNCTAD）开发出了跨国指数（TNI）来衡量企业的国际化程度。跨国指数是以下三个比重的平均数，即海外销售收入占总销售收入的比重、海外资产占总资产的比重以及海外雇员数占总雇员数的比重。具体计算公式是：跨国指数 =（国外资产/总资产 + 国外销售额/总销售额 + 国外雇员数/总雇员数）/3 × 100%。

跨国指数越高，企业的国际化程度就越高。目前国际上大型跨国公司跨国指数集中在 30% ~ 60%，部分跨国公司甚至可以达到 80% 以上。

对于非金融类企业，联合国贸发会议每年对全球 100 家最大的跨国公司，按照企业国外资产占总资产的比重进行排名。各国企业比较情况见表 10.3。

表 10.3　　　2017 年全球 100 家非金融类上榜企业国际化程度比较

国家	上榜家数（家）	海外资产（亿美元）	跨国指数（%）	国家	上榜家数（家）	海外资产（亿美元）	跨国指数（%）
美国	20	920	52.5	荷兰	1	837	94.7
英国	14	1073	83.0	韩国	1	834	62.0
法国	12	749	68.8	卢森堡	1	687	85.5
日本	11	110	55.7	挪威	1	597	29.6
德国	11	976	64.3	澳大利亚	1	552	60.3
中国	6	764	56.7	新加坡	1	528	96.2
瑞典	5	815	77.6	以色列	1	506	80.1
冰岛	4	111	78.7	瑞典	1	438	87.2
西班牙	3	875	71.9	芬兰	1	428	91.1
意大利	2	119	57.0	比利时	1	1652	80.2
加拿大	2	537	54.9	上榜企业平均		901	66.1

资料来源：根据 UNCTAD 发布的数据整理。

（1）企业数量。按照海外资产排名的跨国企业（非金融类企业）100 强中，美国上榜企业数量达到 20 家，遥遥领先，英国、法国也分别达到了 14 家和 12 家。而中国上榜企业数量只有 6 家（包含中国台湾和中国香港企业在内）。

（2）平均海外资产规模。在按照海外资产排名的跨国企业（非金融类企业）100 强中，全球企业平均海外资产额为 901 亿美元。英国企业的平均海外资产额为 1073 亿美元，居各国之首。德国企业平均海外资产额达到 976 亿元。排在第三位的美国企业，其平均海外资产额为 920 亿美元。中国上榜企业的总体海外资产规模偏小，只有 764 亿美元，没有达到全球的平均水平。中国香港的和记黄埔集团海外规模达到 1258 亿美元，是中国海外资产额最高的企业。

（3）跨国指数。在按照海外资产排名的跨国企业（非金融类企业）100 强中，全球平均跨国指数为 66.1%。荷兰只有 1 家企业上榜，就是荷兰的电信巨头 Altice NV，其跨国指数达到 94.7%。卢森堡同样也只有 1 家企业（ArcelorMittal）上榜，这家企业的跨国指数达到了 85.5%。英国上榜企业的数量较多（14 家），而且其平均跨国指数达到 83%。冰岛、瑞典、西班牙、法国等欧盟国家的跨国指数也达到较高水平。相比之下，中国上榜的 6 家企业平均跨国指数只有 56.7%，处于较低水平，中国台湾的鸿海精密集团和中国香港和记黄埔的跨国指数较高，超过 80%，但大陆的几家企业，如海航集团、中远集团的跨国指数只有 50% 左右，而腾讯只有 41%，中海油只有 23.2%。

2. 金融类企业国际化程度的比较

本节使用联合国贸发会议公布的全球金融类企业 50 强，按照 GSI 指数进行排名的榜单作为分析材料，分别比较各国上榜企业的 GSI 指数平均值、国际化指数平均值、东道国数量平均值和上榜企业数量（见表 10.4）。

GSI 指数是联合国贸发会议衡量金融类企业国际化程度的重要指标，其计算方法为：

$$GSI = \sqrt{\frac{外国实体机构数量}{实体机构总数量} \times 东道国数量}$$

其中，外国实体机构数量/实体机构总数量又被称为国际化指数。

表 10.4 **2017 年全球 50 强金融类企业各国比较**

国家	GSI 指数	国际化指数	东道国分布数量（个）	上榜企业数量（家）
美国	36.2	43.3	33	13
瑞士	35.0	83.1	15	4
德国	59.2	64.0	55	4
英国	51.4	68.8	39	4
中国	30.0	54.1	17	3
瑞典	28.9	69.5	12	3
意大利	51.6	72.5	37	2
法国	65.9	67.7	65	2
西班牙	48.8	72.2	33	2
奥地利	38.6	60.8	25	2
日本	32.6	54.4	20	2
新加坡	23.9	68.9	9	2
荷兰	40.0	84.2	19	1
加拿大	34.5	56.8	21	1
卡塔尔	33.1	91.3	12	1
阿联酋	29.3	71.4	12	1
南非	28.9	59.5	14	1
澳大利亚	24.8	51.4	12	1
马来西亚	22.2	54.7	9	1

资料来源：根据 UNCTAD 发布的数据整理。

（1）GSI 指数。可以看出，法国尽管只有 2 家企业上榜，但其 GSI 指数比较高，平均为 65.9，法国巴黎银行的 GSI 指数达到 66.7，在全球排名第 3。德国有 4 家企业上榜，其平均的 GSI 指数达到 59.2，德国安联保险的 GSI 指数为 80.1，在全球居首。英国上榜企业数量达到了 4 家，其平均的 GSI 指数为 51.4，英国渣打银行的 GSI 指数为 65.1，在全球排名第 5。美国尽管上榜企业数量最多（13 家），但其 GSI 指数平均为 36.2，美国 GSI 指数最高的运通公司，达到 51.6，在全球排名第 11。中国上榜企业数量为 3 家，GSI 指数平均为 30.0，中国 GSI 指数最高的是中国工商银行，为 41.0，在全球排名第 18，中国 GSI 指数最低的是中国建设银行，为 21.9，在全球排名第 48。

（2）国际化指数。在国际化指数比较方面，最高的是卡塔尔，只有1家企业上榜（卡塔尔国家银行），其国际化指数达到91.3（卡塔尔国家银行实体机构总量只有23家，其中21家分布在海外）。其次是荷兰，荷兰也只有1家企业上榜（荷兰国际集团），其国际化指数达到84.2（荷兰国际集团实体机构总量只有57家，其中48家分布在海外）。瑞士的国际化指数平均达到83.1（4家企业上榜），瑞士苏黎世保险集团的国际化指数是全球最高的企业，达到95.5（瑞士苏黎世保险公司实体机构总量只有44家，其中42家分布在海外）。中国企业的国际化指数平均只有54.1，其中中国工商银行的表现最好，其实体机构的总数量是40家，其中32家分布在海外，国际化指数达到80%。

（3）东道国分布数量。法国企业表现最好，其上榜企业平均的东道国分布数量达到65个；其次是德国企业平均55个；排在第三位的是英国企业平均37个。中国企业东道国分布数量平均只有17个。德国的安联保险分布在全球76个东道国，是全球分布最广的金融类企业。作为对比，中国工商银行只分布在21个东道国。

（四）企业品牌价值分析

"品牌价值"一词关键在于"价值"，它源于经济学上的"价值"概念。迈克尔·波特在其《品牌竞争优势》一书中曾提道："品牌的资产主要体现在品牌的核心价值上，或者说品牌核心价值也是品牌精髓所在。"[1] 企业的品牌价值已经得到了全世界的广泛认可。品牌价值的高低可以直接衡量一个企业的发展水平，提升品牌价值成为企业提升市场知名度和显示度的有效手段。世界一流企业在品牌形象与社会声誉方面共同特点有：企业的产品和服务是可信赖的；企业财务业绩优秀，有可持续的竞争力；企业行为富有责任感，能够负责任地对待每一个利益相关方，自觉维护利益相关方的权益，以建立和谐的利益相关者关系为己任；在社会性维度方面关注度及参与度高，社会贡献度处于全球领先地位；在各利益相关方心目中有良好的形象与声

---

① 尚光辉. 企业品牌和产品品牌的关系模型——基于品牌资产和品牌价值基础［J］. 经济研究导刊，2016（1）：10－11＋17.

誉，获得了消费者广泛的情感认同与尊敬①。

本节使用WPP②发布的"2018年BrandZ全球最具价值品牌100强"榜单（见表10.5）作为分析材料。100强品牌总价值为4.4万亿美元，比2017年增长了21%。京东品牌价值比2017年增加了94%，领军2018年品牌价值增速最快的20个品牌。

表10.5　　　　　　全球最具价值品牌100强各国比较　　　　　　单位：亿美元

国家	美国（55）	中国（15）	德国（8）	法国（4）	英国（4）	日本（3）	西班牙（2）
平均品牌价值	554.1	429.3	282.2	287.4	215.9	213.4	248.4

注：括号内表示上榜家数。
资料来源：根据WPP发布的数据整理。

美国有55个品牌上榜，远远超过其他国家。中国有15个品牌上榜（含中国香港1个品牌）。其他国家上榜品牌数量依次为：德国8个，法国和英国各4个，日本3个，澳大利亚、加拿大、西班牙各2个，印度、印度尼西亚、意大利、韩国和瑞典各1个。

平均品牌价值方面，美国企业的平均品牌价值为554.1亿美元，不仅数量遥遥领先，而且品牌价值也居各国企业之首。谷歌蝉联全球最具价值品牌，苹果紧随其后，两大品牌的价值都超过了3000亿美元。亚马逊和微软的品牌价值超过了2000亿美元，在全球排名前10的品牌中，美国品牌占8席。中国企业的平均品牌价值达到429.3亿美元，不论是品牌数量还是品牌价值，都居全球第二位。中国品牌腾讯和阿里巴巴进入了十强，品牌价值超过千亿美元，腾讯的品牌价值为1789.9亿美元，阿里巴巴的品牌价值达到1134亿美元。

三、中外典型企业成长的比较分析

世界一流企业在成长过程各个阶段中所需的关键要素和管理手段具有很

---

① 黄群慧，余菁，王涛. 培育世界一流企业：国际经验与中国情境［J］. 中国工业经济，2017（11）：5-25.
② WPP集团是世界上最大的传播集团，总部位于英国伦敦。主要提供广告、媒体投资管理、信息顾问、公共事务及公共关系、建立品牌及企业形象、医疗及制药专业传播等服务。

大的不同，中国的世界 500 强企业大多是国有企业，国有企业最大的问题就是在经营管理的过程中受到政府的干预力度较大，而美国、日本等国家的一流企业大多都是私有制企业，经营管理灵活自主，两者不具有可比较性，因此我们选择中国的私营企业进行比较。考虑到比较结果的普遍性意义，本节选取了汽车制造、手机科技以及互联网零售 3 个领域的企业进行比较。

（一）企业的选择标准

关于具体企业的选择，为了保证所选企业的典型性、代表性，我们对国外的世界一流企业和国内的企业分别制定了相应的标准。国外企业标准包括：一是该行业的开拓者，在国际市场上的竞争力强，拥有较高的品牌价值，在行业内的认可度高，能够作为业界标杆引领该行业的发展；二是国际化程度高，创新能力强，国际化程度高是必需条件，反映了该企业的国际竞争力强，创新能力强是企业的"发动机"，决定着该企业是否会被时间淘汰；三是相对寿命，能够做到长青就意味着该企业在迈向世界一流企业的过程中解决了诸多困难，这些经历是世界一流企业必需的底蕴。

国内企业标准包括：一是国内市场的领导者，在国内市场有着很高的市场份额，在社会上的知名度高，能够作为国内该行业的代表；二是走向世界，有一定的创新能力；三是成立时间相对较长。基于以上要求，选择的国外企业是丰田、苹果和亚马逊；国内企业是吉利、华为和京东。

（二）中外典型企业的基本情况

6 家样本企业的具体情况见表 10.6。可以看出，在成立时间上，中国吉利集团远远晚于日本的丰田汽车。中国华为与美国苹果公司相比，京东与亚马逊相比，中国企业成立时间也相对较晚；在《财富》500 强的排名方面，样本中国企业也远远落后于国外同类型企业。

在选取的样本企业中，中国企业的营业收入远远低于国外企业的营业收入，利润也普遍较低。从京东和亚马逊的销售数据来看，亚马逊的盈利增长速度远远没有京东快，京东在 2105 ~ 2017 年短短的 3 年中盈利收入实现了从 288 亿美元到 540 亿美元的飞跃，但是利润率与亚马逊同年相比却低很多。

表 10.6　　　　　　　　　　**中外典型企业的基本情况**

企业名称	所属国家	成立时间	所属行业	《财富》500 强排名（2018）	品牌价值（亿美元）	营业收入（亿美元）	利润（亿美元）	国际化程度
丰田	日本	1933 年	汽车制造	6	299.9	2652	225	高
吉利	中国	1986 年	汽车制造	267	43	412	18	低
苹果	美国	1976 年	科技	11	3006	2292	484	高
华为	中国	1987 年	科技	72	249	893	20	中
亚马逊	美国	1995 年	互联网零售	18	2076	1779	30	高
京东	中国	1998 年	互联网零售	181	209	540	−23	低

资料来源：财富网及各企业网站。

中国企业利润率低，在通信电子行业得到了更多的体现，像华为和苹果的营业收入相差 2 倍左右，但是利润却差了近 20 倍。

中国企业的品牌价值普遍偏低，与国外同类型的企业相比差距巨大，造成这种现象的原因可能在于企业的创新力不够，国际化程度不够，进入国际市场的时间太短等。

（三）企业发展历程

任何一家世界一流企业的成长都会经历一个持续的动态演化过程。每个企业都经历了一些关键的阶段，包括创业成立、稳定增长、国际化发展和转型发展等。尤其是在进入 21 世纪以后，世界一流企业为了适应市场和动态环境，实施了不同程度的创新变革，且变化频率越来越快。在此，本书借鉴美国哈佛大学格瑞纳（Greiner）1972 年提出的企业生命周期理论和赫尔法特和贝特罗夫（Helfat & Peteraf，2003）针对能力生命周期中所提出的动态演化机制，通过追溯丰田、苹果、亚马逊 3 家世界一流企业的发展历程，将世界一流企业的成长历程划分为成立初期（创业期）、发展稳定期、转型升级期和成熟期 4 个阶段，并分析了在不同成长阶段中呈现出来的相关特征。在此基础上，本书进一步比较分析中国吉利、华为、京东 3 家企业所处的发展阶段，以及进入下一阶段需要整合的资源（见表 10.7）。

表 10.7 样本企业的发展历程

	成立初期	发展稳定期	转型升级期	成熟期
丰田	1933～1950 年：发明了 G 型织布机，然后将该专利转让给英国，致力于 AA 型轿车的生产，并于 1938 年建成举目工厂进行量化生产	1950～1965 年：面临劳资争议和精简员工的经营危机，首次开始了汽车的出口销售，并于 1965 年荣获戴明奖（Deming Prize）	1966～1998 年：由于经济的发展，市场对汽车需求量上涨，丰田抓住机遇向全球开始扩张，并且在该时期经历了经济危机的考验	1999 年后：在 1999 年，丰田分别于纽约和伦敦证券市场上市，不断地优化产品结构，做到行业内领跑者
吉利	1986～2001 年：以冰箱行业起步，并于 1997 年进入汽车产业，开始专业化生产汽车，于 2001 年获得汽车生产资格开始量化生产	2002～2008 年：经历了经济危机的考验，开始与海外著名汽车集团签约合作，汽车销售开始迈向国际市场，2008 年被国家认定为"创新型企业"	2009 年后：收购了国际活动系统公司（DIS）和沃尔沃，开始接受世界市场的挑战	
苹果	1976～1980 年：推出个人计算机 Apple I 和改良的 Apple II 开始电脑的专业化生产	1980～1984 年：1980 年苹果公司上市，发布了跨时代意义的 Apple Lisa 和 Apple Macintosh，并于 1984 年成为世界 500 强企业	1985～2011 年：经历了企业经济危机的考验险些破产，之后转向 iPhone 和 iPad 的生产，成为国际知名企业	2011 年后：不断进行新产品的研发，稳步进入国际市场，并在国际市场中取得领导地位
华为	1987～1996 年：自主研发生产 PBX 进行商用，1996 年成立上海研发中心，推出综合业务接入网和光网络 SDH 设备	1996～2012 年：经历了亚洲金融风暴，先后进入了欧美市场和亚非拉市场，并于 2012 年成为全球第三大智能手机厂商	2012 年后：企业价值不断增加，步入了世界 500 强行业，成为 5G 时代的推动者之一	
亚马逊	1995～1999 年：以基本的网络书店为基点，并于 1997 年上市，开始了线上线下的销售	2000～2004 年：经历了 2000 年的网络泡沫，由于经营得当在快速成长的网络公司纷纷结束营业时，亚马逊仍旧在获利	2005～2011 年：2009 年遭到了政府无理由的封锁，2010 年成为了一家种类齐全的互联网零售企业，于 2011 年融入中国市场	2012 年后：发布了 Kindle Fire 平板电脑以及 Kindle Paperwhite 电子阅读器，不断创新，引领互联网零售行业的发展
京东	1998～2006 年：2004 年切掉线下业务全力发展线上业务，并于 2006 年成立上海全资子公司	2007～2013 年：建成以北京、上海、广州三地为基础，覆盖全国的销售网络，并且于 2011 年、2012 年先后进入俄罗斯、韩国市场	2013 年后：完成新一轮的融资，去商城化，作为国内互联网零售企业的领导者稳步发展	

资料来源：根据各企业官方网站资料整理。

中国的企业起步普遍偏晚，像吉利、华为和京东这种已经比较成熟的企业，在中国而言已经算是起步较早的企业了。中国企业的发展历史严重缺失，有一种拔地而起的感觉，不像外国企业有着一步一步的积累。中国企业的发展得益于中国经济大环境的优越创业条件，在企业成立初期到企业成熟期没有经历过太多的大风大浪，企业的凝聚力没有国外相同产业的大企业强。同时中国企业顺风顺水的发展模式，使得中国企业在未来发展过程缺少面对风险的先验性，所以中国在未来企业发展的过程中面对的风险类型会比国外同行更多。同时缺少面对风险的经验，所以中国企业相对于国外同行企业的风险抗性会差很多。

四、中国企业发展中存在的主要问题

（一）国际化进程加快但国际化程度偏低

2005 年以后，中国企业对外直接投资的进程进一步加快。2001 年中国对外直接投资仅有 69 亿美元，到 2005 年增长到 123 亿美元，2016 年则增长到 1962 亿美元，2017 年受国内外经济形势变化的影响，对外直接投资出现较大程度下降，下降到 1583 亿美元。当前中国在对外直接投资流量方面在全球排名第三，仅次于美国和日本。从双向投资情况看，中国对外直接投资流量已连续三年高于吸引外资。随着中国对外直接投资的增长，中国企业的国际化进程也开始加快。很多企业开始以各种方式进入国际市场。根据 UNCTDA 的数据，2017 年中国企业涉及的跨国并购金额达到了 1309 亿美元，并购数量达到 317 起。中国化工集团 421 亿美元收购瑞士先正达公司 98.06% 股权是 2017 年中国企业"走出去"实施的最大海外并购项目，同时也是当年全球跨境并购第二大项目。中石油集团与华信集团收购阿布扎比国家石油公司 12% 股权，国家电网公司收购巴西 CPFL 项目，都是所属领域年度最大金额并购项目。

尽管如此，中国跨国公司国际化程度仍然偏低，平均来讲，海外资产占比、海外营业收入占比、海外雇员占比等指标的水平都比较低，远远低于全球大型跨国公司的跨国程度。《2018 中国企业 500 强分析报告》显示，

"2018 中国跨国公司 100 大"入围门槛为 72.22 亿元，比 2017 年增长 17.49%；且海外资产占比、海外营业收入占比、海外员工占比分别为 18.79%、20.86%、9.76%，平均跨国指数只有 15.8%，尽管较 2017 年有一定增长，但与全球跨国公司相比仍然存在较大差距。不仅远远低于"2018 世界跨国公司 100 大"的平均跨国指数 61.91%，而且也低于"2017 发展中国家跨国公司 100 大"的平均跨国指数 37.32%①。

（二）企业规模较大但企业效益有待提高

根据《财富》杂志"2018 中国企业 500 强"公布的榜单，中国 500 家上榜的上市公司总营业收入达到了 39.65 万亿元，净利润达到 3.48 万亿元，上榜公司的年营业收入门槛为 138.64 亿元，比 2017 年提升了 22.44%。中国企业的发展规模呈现了持续的增长，但在企业效益方面，最赚钱的 10 家上市公司除了几大商业银行和保险公司之外，是中国移动有限公司、腾讯控股有限公司和阿里巴巴集团控股有限公司，显示出在行业分布上非常集中的局面。而作为中国经济支柱行业的制造业企业，其盈利能力非常不乐观。"2018 中国企业 500 强"的营业收入利润率、净资产收益率分别为 4.5%、9.6%，比世界 500 强低了 1.8 个百分点和 1.3 个百分点；世界 500 强平均利润 38 亿美元，中国 500 强约为其 1/4。将同为世界 500 强的中国企业与美国企业相比较，美国企业人均销售收入 53 万美元，约为中国企业的 1.6 倍；美国企业人均利润 4 万美元，是中国企业的 2.35 倍。

（三）企业技术创新能力不强

世界一流企业应该拥有高质量的产品和服务，拥有自主知识产权的核心技术和国际知名品牌。在世界知识产权组织发布的"2018 年全球创新指数排行榜"中，中国首次进入前 20 名，位列第 17 名。中国企业的技术创新能力与发达国家企业相比还有很大的差距。尽管中国企业的研发强度在不断提

---

① 科技智囊专题研究小组. 专注主业、突破技术 中国大企业任重道远 [J]. 科技智囊，2018 (10)：4-27.

高，但与国际大企业相比，仍然明显偏低。《2018 中国企业 500 强分析报告》显示，"2018 中国企业 500 强"共申报发明专利 34.55 万件，但其中发明专利占比仅为 36.16%，这远低于欧美日等发达经济体企业 90% 以上的占比。

在企业品牌价值方面，"2018 年 BrandZ 全球最具价值品牌 100 强"榜单中，中国有 15 个品牌上榜，远远低于美国的 55 个品牌上榜。美国谷歌和苹果的品牌价值都超过了 3000 亿美元，亚马逊和微软的品牌价值超过了 2000 亿美元，在全球排名前十的品牌中，美国品牌占到 8 席。中国企业不论是品牌数量还是品牌价值，都与美国相距甚远。中国品牌仅仅腾讯和阿里巴巴进入了十强，品牌价值超过千亿。

（四）中央企业发展较好而民营企业发展不足

中央企业在中国拥有较特殊的地位，也拥有国家大量优惠政策与资源的支持。中央企业作为"国家队"，在中国国民经济发展过程中发挥着主体作用，近年来有较大的进步。根据国资委发布的数据，2003～2017 年，国务院国资委监管的中央企业，由 2003 年的 185 户减少到 2017 年的 98 户。通过重组整合，国有资本向关乎国家安全、国民经济命脉和国计民生的重要行业和关键领域集中，中央企业的控制力、影响力、带动力提升明显。2003～2017 年，中央企业资产总额由 8.32 万亿元增长至 54.6 万亿元；营业总收入由 4.47 万亿元增长至 26.43 万亿元，年均增长 13.5%；利润总额由 3006 亿元增长至 14400 亿元，年均增长 11.8%；上缴税费总额由 3563 亿元增长至 1.97 万亿元，年均增长 13.0%。2018 年 49 家中央企业入围《财富》世界 500 强，在《财富》世界 500 强中占比增长至 9.8%，在中央企业总数中占比 50%。

相比较而言，民营企业的经营环境就比较严峻。改革开放 40 年来，中国民营企业实现了快速的发展，经济实力得到了快速的提升，在国民经济中的作用也越来越重要，已经发展成为中国经济发展的重要基础。不论是在对经济增长的贡献方面，还是在财政收入、吸纳就业、承担社会责任方面，民营企业都发挥了重要的作用。但民营企业在发展方面也面临着严峻的形势，主要表现在企业竞争力不强、治理结构不健全、融资难、可持续发展能力弱、技术创新缺乏动力等。中国已有部分民营企业在产品和技术方面达到世界一流水平，但在人才、品牌、文化、商业模式等方面，特别是创新能力、标准话语权、国际公认度等方面，真正成为世界一流的企业仍然为数不多①。

五、培育中国世界一流企业的建议

中国现阶段的世界一流企业数量还非常少，没有形成规模。中国的大企业大多处于转型升级期这个"瓶颈"阶段，但是由于中国经济的快速发展，该阶段的企业往往在第二阶段稳定发展持续的时间较短，属于一个拔高的过程，由于在发展稳定期没有经过长期的打磨，所以在同时期对于企业的管理往往不如世界一流企业高效。因而在转型升级期不光要培育企业的创新能力，也要在这个时期多加打磨，争取走出中国式的高效管理之路。同时由于中国的人口基数大，大多中国企业对于国内市场的依赖较大，但是成为世界一流企业，必须在国际市场上打拼，而不仅仅依靠国内市场维持企业利润。世界一流企业应该拥有世界一流的产品和服务、核心技术、知名品牌，具有行业领先的盈利能力和经济规模。针对当前中国企业迈向世界的"瓶颈"，本章做出以下建议：

（一）完善企业国际化发展的政策环境

培育有竞争力的全球一流企业，需要中国实施促进企业"走出去"的支持措施，加大跨国公司的发展，进一步完善中国企业国际化发展的体制和政策环境。

第一，完善企业海外投资的监管模式。2014年商务部形成了新的《境外投资管理办法》，中国对企业的海外投资目前实行的是以备案为主，核准为辅的监管模式，目前99.5%的对外投资均实行备案管理。具体来说就是企业境外投资涉及敏感国家和地区、敏感行业的，实行核准管理，企业其他情

---

① 王忠禹. 践行高质量发展 争创世界一流企业 ［J］. 企业管理, 2018（10）: 6 – 9.

形的境外投资，实行备案管理。中国一方面简政放权，推进对外投资便利化，另一方面防范风险，确保对外投资健康有序开展。中国应该进一步完善对外投资管理体制，解决当前对外投资领域存在的体制性与制度性问题。完善对外投资管理制度，有效防范风险，引导对外投资健康有序发展。转变政府职能，创新监管方式，实现对外投资事前、事中、事后全流程的管理，推进对外投资健康规范可持续发展，更好地服务中国对外开放大局。第二，提高政策透明度和稳定性，在全国范围内推行对外直接投资按照"鼓励发展＋负面清单"进行管理。负面清单明确限制类、禁止类对外投资行业领域和方向。这有利于有效引导境内投资主体预期和行为，进一步便利境内投资主体开展对外投资。第三，推进对外直接投资的便利化，强化信息化手段的利用，提高办事效率。引导企业高效利用商务部的"境外企业和对外投资联络服务平台"，与相关部门实现信息共享共用。第四，加强对企业的对外直接投资的服务保障，进一步完善对海外投资环境的研究，帮助企业了解东道国的投资环境，提高企业的跨国经营能力。通过与东道国签订双边投资合作协定，企业对外投资合作创造稳定透明的外部环境。

（二）持续创新是保持全球竞争力的根本保证

企业的创新主要体现在两个方面：技术创新和制度创新。就技术创新而言，世界一流企业要有自主创新能力，技术要有引领性、前瞻性、领先性，能够持续支撑自身在国际市场竞争中处于领先。特别是在技术创新或突变的关键时期，一流企业往往在决定企业命运存亡和行业竞争范式选择的战略性问题上发挥引领性作用，做出独特的价值贡献。显然，这依赖于企业拥有大批的具有创新意识和创造能力的人才，不断掌握前沿技术创新以及科技创新成果转化，引领本行业技术发展趋势、推动产业转型升级和经济结构调整。一般来说，世界一流企业有着深厚的历史积淀和文化传承，有着共同的企业价值观和愿景，有着优秀的创新创造人才团队，有着社会的广泛尊重，对一流人才具有很强的吸引力。当然，要保持这种技术的领先地位，企业也必须不断进行制度创新，激发人才创新创造的活力，把人才的创造潜力和创新潜质最大限度地激发出来，能持续推动科技创新并支撑企业在所属行业处于世界第一方阵。

制度创新是世界一流企业非常重要的软实力。世界一流企业的制度创新主要体现在治理体系完善和管理创新方面，往往具有典范性、创新性，能够为其他企业提供榜样和示范。结合企业自身发展实际，一流企业能够形成权责明确、各司其职、有效制衡、协调运转的良好机制，实现决策、执行和监督体系科学高效，最大限度地激发各类资源配置效率提升，实现企业效益最大化。世界一流企业往往致力于组织创新、新市场创新，降低运行成本，扩大全新的市场领域，持续高效地提升企业的利润和竞争力。这样就能不断克服大型企业组织的弊端和惰性，使各种形式的创新活动得以在企业内部的日常经营中不断涌现出来。

总之，中国企业走向具有全球竞争力在世界一流企业的过程中，要从技术创新和制度创新两个方面着手，努力实现自主创新，做出技术开创性和行业引领性贡献。只有这样，越来越多的企业才能成为具有竞争力的世界一流企业。

（三）扩大对外开放和营造公平竞争环境

党的十九大以来，中国提出进一步扩大对外开放，实现经济的高质量发展，为各种类型的企业，营造公平的竞争环境。尤其是 2018 年以来，中国持续推出了一系列扩大开放的政策举措，如降低部分商品进口关税，上海自贸区扩容升级，海南自由贸易港建设上升为国家战略，举办首届国际进口博览会等。中国的全方位多层次的对外开放战略，将为中国企业发展营造良好的外部环境，"引进来"与"走出去"形成良性互动，提高企业的发展与创新的活力。

应支持民营企业发展，把民营企业作为平等的市场主体，尤其在减税降费、解决民营企业融资难等方面加大支持的力度，降低民营企业负担，促进民营经济发展。正确处理"政府"与"市场"的关系，发挥市场的主导性作用，推动实施竞争政策。竞争政策是中国基础性的经济政策，要尽量减少政府对市场的不当干预，规制市场主体的竞争性行为，防止市场垄断。关注法治环境和营商环境的改善，实行由市场配置资源，让不同所有制的企业成为平等的市场化竞争主体。在世界银行发布的《2019 年营商环境报告》中，中国的营商环境在全球的排名从 2017 年的第 78 位，提高到 2018 年的第 48

位。这说明中国在改善营商环境方面实施了很多的改革措施，取得了快速的进步。但也应看到，中国的营商环境排名仍然比较落后，在开办企业、获得信贷、保护中小投资者等方面的表现，与发达国家相比仍然有较大的差距。应进一步扩大改革开放，在全国范围内推行"准入前国民待遇加负面清单管理"的外资政策，清理废除妨碍统一市场和公平竞争的各种规定和做法，支持民营企业发展，激发各类市场主体活力。

（四）培育企业核心竞争能力

培育企业核心竞争能力，应该通过追求长远价值和良好声誉，以发展型战略应对复杂多变的环境。要围绕核心资源来搭建与调整业务架构，其主要产品或服务始终建立在核心能力的基础上。推行紧密化的集团管控。集团化是大企业迈向世界一流企业历程中的必经之路①。从国际比较看，中国大企业偏好于追求规模的扩张，倾向于先把企业做大，但对企业的高质量发展比较忽视。这也导致中国出现了一大批大而不强的企业。但盲目追求规模的扩张，会分散企业有限的资源，造成企业核心竞争力的丧失。导致企业不重视技术的创新与人力资源的积累，减少对科研的投入。中国大企业应转变观念，实现企业的高质量发展，重视关键核心技术的掌握，强化创新驱动发展。

---

① 黄群慧，余菁，王涛. 培育世界一流企业：国际经验与中国情境［J］. 中国工业经济，2017（11）：5－25.

| 第十一章 |

培育贸易新业态新模式

党的十九大报告提出，推动形成全面开放新格局，拓展对外贸易，培育贸易新业态新模式，推进贸易强国建设①。贸易新业态新模式有利于改变传统粗放的外贸增长方式，提高进出口产品质量，在国际分工中获得更多的贸易利益，打造新的竞争优势，形成更高层次改革开放的新格局。

一、培育贸易新业态和新模式的必要性

（一）中国对外贸易规模增速放缓

受到 2008 年国际金融危机和欧债危机的影响，中国对主要贸易伙伴的出口需求减弱，中国对外贸易规模增速放缓，2012～2014 年出口增速分别为 7.92%、7.82% 和 6.05%，2015 年、2016 年出口连续两年下降。2017 年，中国对外出口 15.33 亿元，增长 10.8%，贸易顺差 2.87 万亿元。外部需求减弱和对外贸易出口规模增速放缓使得中国创新贸易新业态和新模式就显得尤为必要。

（二）出口产品结构亟待优化

从出口产品结构上看，中国出口产品结构中传统劳动密集型产品、机电

---

① 习近平. 决胜全面建成小康社会　夺取新时代中国特色社会主义伟大胜利——在中国共产党第十九次全国代表大会上的报告［M］. 北京：人民出版社，2017.

产品占比仍然较高，2017 年，传统劳动密集型产品出口 3.08 万亿元，占中国出口总规模的 20.1%。出口产品技术水平低，缺乏核心技术和自主知识产权，高质量、高附加值产品出口比例偏少，长期处于全球价值链的低端，出口产品竞争力弱，难以获得更高的贸易利益。传统的劳动密集型产品主要依靠劳动力成本低的比较优势，但随着人口红利的减少和工资的不断上涨，传统劳动密集型产品的出口优势不断减少，劳动力资源禀赋丰富的国家开始深入融入国际分工。另外，出口产品结构依赖低价格优势的传统劳动密集型和机电产品容易遭受进口国的反倾销调查。

（三）贸易模式单一

一直以来，在中国的贸易模式中，加工贸易所占比重较高。2017 年一般贸易占中国进出口额的 56.4%，一般贸易出口额为 1.23 万亿元，占出口额的 33.5%。而"两头在外"的加工贸易 2017 年出口额为 5.14 万亿元，比上年增长 8.8%，在货物出口总额中所占比例仍然较高。加工贸易比重高使得中国不仅难以获得较高的贸易利益，也容易被新出现的全球范围内更低成本优势的国家（或地区）所替代，从而影响中国的贸易规模和质量提升。

（四）国际贸易环境不确定性大

当前，国际贸易环境不稳定、不确定因素增大。随着国际政治环境的变化，国际贸易和分工模式不断发生改变，以前的国际贸易地理方向也会随之改变。2018 年中美贸易争端对中国具有比较优势产品的出口贸易产生影响，也暴露出中国企业缺乏核心技术的短板。2018 年 5 月，中美贸易争端顺利解决，中美双方也约定不断减少美国对中国贸易逆差。中美双方将在能源、农产品、医疗、高科技产品、金融等领域加强贸易合作，中国需要不断创新贸易新业态新模式，转变中美长期贸易结构性矛盾。

（五）贸易主体规模有待优化

中国的贸易结构中产品缺乏技术，产品质量低，贸易模式单一，这与中国出口中缺乏有竞争力的企业有关。在中国贸易主体结构中，外资企业占据较高的市场份额，且分布在贸易附加值较高的产品领域。另外，虽然民营企业出口规模逐年上升，2017 年民营企业出口 7.13 万亿元，占出口总值的46.5%。但除了华为等高技术企业以外，大多数中国民营企业缺乏品牌、技术和产品销售渠道，基本上以产品低价格优势参与国际市场和国际分工。在外贸经营权全面放开以后，众多民营企业和外贸企业一起以低价格优势在国际市场上进行竞争，进一步恶化出口贸易生态。创新贸易模式和贸易业态，可以整合不同贸易主体，使其充分发挥各自产品、品牌、经营和渠道等方面资源，打造新的对外贸易竞争优势，改变低价格竞争的局面，形成各贸易主体优势互补的对外贸易新格局。

二、贸易新模式的主要表现形式

（一）跨境电子商务

跨境电子商务是一种重要的贸易模式创新方式，2017 年 5 月，习近平主席在"一带一路"国际合作高峰论坛圆桌峰会闭幕辞中指出，中国将支持在跨境电子商务、大数据、智慧城市、低碳发展等前沿领域与"一带一路"沿线国家加强合作，培育新产业、新业态、新模式，充分挖掘经济增长的新动力。近年来，以阿里巴巴、京东、苏宁易购等为代表的国内电子商务企业，充分利用已建的电子商务平台洽谈交易和完成商品结算，拓展国际市场，并通过跨境物流将商品送达交易对象（企业或消费者），完成交易。跨境电子商务极大地克服交易对象之间时间和空间的限制，通过电子商务平台将买卖双方集结到一起，提高交易匹配的概率，从而扩大国际贸易的交易规模和空间。2012~2017 年，中国跨境电子商务交易规模从 1.9 万亿元增长到 6.3 万亿元（见表 11.1），发展速度较快。

表 11.1	2012~2017 中国跨境电子商务出口交易规模				单位：万亿元	
年份	2012	2013	2014	2015	2016	2017
出口交易额	1.9	2.7	3.6	4.5	5.5	6.3

资料来源：电子商务研究中心。

　　在市场分布方面，2017 年中国跨境电商出口主要分布在美国、俄罗斯、欧盟等国家和地区（见表 11.2），在新兴市场中，面向巴西、韩国和印度的跨境电子商务出口交易额增长较快。随着中国推行"一带一路"倡议，中国与中亚、中东欧国家间的跨境电子商务交易额稳步增长，另外非洲、中东、拉美等地市场前景也较为广阔。

表 11.2　　　　　　　　2017 年中国跨境电子商务出口额市场分布　　　　　　　　单位：%

国别	美国	俄罗斯	法国	英国	巴西	加拿大	德国	日本	其他
占比	15.0	12.5	11.4	8.7	6.5	4.7	3.4	3.1	34.6

资料来源：电子商务研究中心。

　　跨境电子商务的迅猛发展得益于政府政策的大力推动。近年来，政府出台了一系列促进跨境电子商务发展的优惠政策。自 2015 年杭州电子商务综合试验区设立后，2016 年国务院又批准在上海、天津、宁波等 12 个城市设立跨境电子商务综合试验区，吸引众多电子商务平台企业集中在园区，通过对接海关、检验检疫、工商、外汇、税收等政府监督管理部门，汇聚金融、物流企业，通过企业、政府、物流和金融等服务企业的互联互通和信息共享，为跨境电子商务企业便利、快捷的通关、汇兑、退税、电子支付等服务，以高效、便利、透明的通关服务降低通关成本。

　　目前，跨境电子商务的贸易主体主要包括：一是以阿里巴巴等为代表的延伸到国际市场的国内大型电商平台企业；二是以兰亭集势等为代表的专业型跨境电子商务企业；三是向电子商务转型的传统的外贸企业；四是少数外资电子商务企业[①]。在产品结构上，目前中国跨境电子商务出口的产品以制造成本比较低的纺织服装、家装、3C 产品为主，在交易对象上，有以阿里巴巴、慧聪网、马可波罗等企业为代表的 B2B 模式，有以兰亭集势、米兰网等企业为代表的直接面向消费者的 B2C 模式，也有混合 B2C 和 B2B 模式。

（二）专业化的供应链管理服务商

　　随着分工深化和贸易、物流、商务等活动不断深入融合，传统产业边界

　　① 陶涛，李广乾. 平台演进、模式甄别与跨境电子商务拓展取向 [J]. 改革，2015（9）：63－73.

正在不断模糊，并在产业融合过程中产生供应链管理服务商。供应链管理服务商可分为集成服务商和专业化服务商。供应链集成服务商集采购、仓储、加工、包装、分销、配送与信息处理等功能为一体①，为广大中小贸易企业、物流企业、电子商务企业提供专业化的数字化平台技术和物流供应链定制化解决方案，例如上海春宇供应链管理有限公司。专业化服务商为相关贸易、制造和物流企业提供专业化支付、市场分析和涉外法律等服务，如四海商舟、四方科技集团等。

（三）外贸综合服务企业

外贸综合服务企业指接受国内外客户委托，依法签订综合服务合同，运用互联网、大数据技术，为中型、小微企业提供报关、商检、退税、物流、结算、信保等专业化服务的企业，帮助其开拓国际市场，也使中小型制造企业集中资源在产品研发、技术、品牌等核心环节。相比缺乏渠道和外贸技能的中小型制造企业，专业化的外贸综合服务企业由于具备较强的进出口业务优势，以及互联网技术应用和大数据处理分析处理能力，能够有效降低成本，提高通关和外贸效率。2017 年 9 月，商务部、海关总署、税务总局、质检总局和外汇管理局 5 部门联合下发了《关于促进外贸综合服务企业健康发展的有关通知》，进一步促进外贸综合服务企业的发展，加快建立与外贸综合服务企业相适应的政策框架和管理模式。

（四）市场采购贸易方式

市场采购贸易方式指符合条件的经营者在经国家商务主管部门认定的市场集聚区内采购的、单票报关单商品货值 15 万（含 15 万）美元以下，并在出口采购地办理出口产品通关手续的贸易方式。对于中小微企业，不需要将商品运送到海关再办理通关，在出口所在地就可办理出口通关手续。在业务流程、监管方式和信息化建设等方面，商务部、海关总署、国

---

① 樊星. 新型贸易业态的现状、问题和对策 [J]. 科学发展，2013（12）：38 - 48.

家税务总局等 8 部门实行增值税免征不退、简化归类申报等四方面政策创新，明确了"一划定、三备案、一联网"的管理机制，建立了"信息共享、部门联动、风险可控、源头可溯"的商品认定体系和知识产权保护体系，对出口的小商品构建了"源头可溯、责任可究、风险可控"的管理目标。2014 年，浙江义乌作为全国第一批实行出口采购管理模式的市场集聚区，当年实现出口 90 亿美元，同比增长 150%。随后，经国务院批准，江苏海门叠石桥国际家纺城、浙江海宁皮革城和江苏省常熟服装城、广东省广州花都皮革皮具市场、山东省临沂商城工程物资市场、湖北省武汉汉口北国际商品交易中心、河北省白沟箱包市场分别作为第二批和第三批试点单位，实行市场采购贸易方式。

三、新型贸易业态的发展

（一）对外自由贸易区

2013 年 8 月，国务院正式批准设立中国（上海）自由贸易试验区，包括上海市外高桥保税区、外高桥保税物流园区、洋山保税港区、上海浦东机场综合保税区、金桥出口加工区、张江高科技园区和陆家嘴金融贸易区。上海自由贸易试验区先行先试人民币资本项目开放，并逐步实现可自由兑换等金融创新；企业法人可在上海自贸区内完成人民币自由兑换；上海自贸区也很可能采取分步骤推进人民币可自由兑换的方式，比如先行推动境内资本的境外投资和境外融资；上海自贸区在中国加入环太平洋伙伴关系协议（TPP）谈判中也将起到至关重要的作用，并有望成为中国加入 TPP 的首个对外开放窗口[①]。扩大金融服务、航运服务、商贸服务、专业服务、文化服务、社会服务和一般制造业等领域对外开放，基本建立以负面清单管理为核心的外商投资管理制度。2017 年中国（上海）自由贸易试验区主要经济指标及其增长速度如表 11.3 所示。

[①]　陈策. 国务院批准中国（上海）自由贸易试验区总体方案 [J]. 政策瞭望，2013（8）：54.

表 11.3　2017 年中国（上海）自由贸易试验区主要经济指标及其增长速度

指标	单位	绝对值	比上年增长（%）
外商直接投资实际到位金额	亿美元	70.15	13.5
全社会固定资产投资总额	亿元	680.31	12.4
规模以上工业总产值	亿元	4924.95	14.8
社会消费品零售额	亿元	1494.62	7.0
商品销售额	亿元	37042.67	10.2
服务业营业收入	亿元	5157.74	14.3
外贸进出口总额	亿元	13500.00	14.7
出口额	亿元	4053.10	3.0
一般公共预算收入	亿元	578.48	8.6

资料来源：《2017 年上海市国民经济和社会发展统计公报》。

2014 年 3 月 5 日，习近平总书记参加十二届全国人大二次会议上海代表团的审议中强调，建设自由贸易试验区，是党中央为推进新形势下改革开放提出的一项重大举措。要牢牢把握国际通行规则，加快形成与国际投资、贸易通行规则相衔接的基本制度体系和监管模式，既充分发挥市场在资源配置中的决定性作用，又更好发挥政府作用。要大胆闯、大胆试、自主改，尽快形成一批可复制、可推广的新制度，加快在促进投资贸易便利、监管高效便捷、法制环境规范等方面先试出首批管用、有效的成果。要扩大服务业对外开放，引进国际先进经验，提高服务业能级和水平。在自由贸易试验区要做点压力测试，把各方面可能发生的风险控制好，切实防范系统性风险特别是金融风险[①]。

（二）海南自由贸易试验区

2018 年，习近平总书记提出在海南全岛建设自由贸易试验区，稳步推进中国自由贸易港，在传统的转口贸易和加工贸易的基础上，大力发展现代生产性服务业、高新技术产业和旅游业，增强对周边地区的辐射带动能力，简化政府行政审批程序，降低交易成本，优化营商环境，这是习近平新时代新

---

① 崔东，闫嘉琪. 推进上海自贸区建设　加强和创新特大城市社会治理［N］. 人民日报，2014－03－06（1）.

思想在对外开放领域的又一次重要创新与突破，也必然指导中国的进一步深化改革和对外开放，形成对外开放的新格局。

四、培育贸易新业态新模式对建设贸易强国的作用

（一）获得更多的国际贸易利益

培育贸易新业态和新模式有利于转变中国传统基于产品低价格优势的粗放贸易增长方式，实现高质量的对外贸易发展，获得更大的贸易利益。例如，跨境电子商务减少中间环节，适应碎片化订单，提高交易效率。对于劳动密集型中小企业而言，还可以扩大出口市场，减少产能过剩的库存产品。而像市场采购贸易方式的创新则依托专业批发市场和劳动密集型产品优势，通过产品认定、知识产权保护、质量追溯等制度创新，克服传统专业市场产品档次低、质量不稳定难以追溯的缺点和局限，从而更好地适应国际贸易和国际市场对出口产品品质和质量的要求。而专业化供应链管理服务商、外贸综合服务企业则是国际分工深化的结果，生产性服务沿着价值链高附加值的高端环节延伸，产生为外贸出口企业、中小型制造企业提供专业化商检、退税、物流、结算、信保服务，减少这些企业在不具优势的价值链环节的投入，并将资源集中在各自价值链的核心环节，通过优质的物流、金融等专业化服务增加出口产品的附加价值。从国家层面来说，实现对全球价值链高端环节的延伸和拓展，通过贸易业态和贸易模式的创新更深入地融入全球价值链和参与国际分工，也为专业化的外贸综合服务企业和供应链管理服务商提供广阔的市场份额和发展机遇，从而在国际贸易中获得更大的贸易利益。

（二）降低交易成本

贸易业态和贸易模式的创新实现传统国际贸易业务流程转型，跨境电子商务等贸易模式构建扁平化组织结构，运用电子商务平台将国内制造企业和供货商与国外需求方直接洽谈交易，实现电子汇兑、退税等一体化。相对传

统国际贸易模式，减少了中间环节，极大地降低了交易成本和通关成本。自由贸易区、市场采购贸易等业态、模式在行政审批等制度环节进行创新，通过海关、税务、质检和外汇管理等政府管理部门的信息共享和互联互通，推动政府管理方式的转变，从以前的注重事前审批转向事中事后监管，建立适应多种形式贸易投资自由化的新体制和机制①，极大地提高通关、退税等方面工作效率，提升贸易便利化程度。

（三）转变粗放的国际贸易增长方式

新型贸易业态和贸易模式的创新，一方面绕开国际贸易壁垒，规避相关国家对中国纺织等传统优势出口产品实行的反倾销和反补贴调查，运用品牌、技术等中间投入提升出口产品质量，并通过先进的生产性服务业的发展开拓国际服务贸易领域，实现向全球价值链高端环节的攀登。另一方面，新型贸易业态和贸易模式也促进中国企业以更高层次参与国际投资和国际贸易，如上海自由贸易区不仅吸引国际资本进入中国，也通过人民币可自由兑换等金融制度创新带动中国资本进行境外投资，2017 年上海自由贸易区企业境外直接投资中方协议投资额累计达到 694.00 亿美元。自贸区内共有 95 家企业开展跨国公司外汇资金集中运营管理业务②。因此，贸易业态和模式的创新更加注重产品质量和高附加值的生产性服务，推动中国的国际贸易增长方式由以前的数量规模扩张转向质量效益提升，实现国际贸易优进优出。

（四）塑造新的竞争优势

中国从贸易大国迈向贸易强国，需要重新塑造贸易的竞争优势。而制约中国成为贸易强国的主要原因在于，中国的出口产品缺乏技术、标准、品牌和国际营销渠道等高端要素。贸易模式和贸易业态的创新有利于运用中国巨大的国内市场优势，集聚人才，吸引国外优质的资金、技术等优质生产要

---

① 裴长洪. 中国特色开放型经济理论研究纲要 [J]. 经济研究，2016（4）：14 – 29.
② 《2017 年上海市国民经济和社会发展统计公报》。

素，并培育中国自主的品牌、国际营销网络和企业家精神，不断增强产品的技术标准和国际市场竞争能力，并在这个过程中形成更多中国的跨国公司，以高级生产要素参与国际分工和国际贸易，实现向全球价值链高端环节攀升，塑造新的贸易竞争优势。例如，上海自由贸易区等一批贸易业态的出现，通过更加透明的负面清单等政策创新，进一步提高对外开放的水平和贸易投资便利化程度，增强对全球优质生产要素的集聚能力，从而形成通过引进创新要素推动自主创新，提升中国在全球价值链中的位置，改变以前"引进—模仿"的创新方式，形成自主创新和引领创新，并通过创新形成自主品牌，提高中国在国际标准制定中的话语权。

而跨境电子商务、市场采购贸易模式创新不仅激发了市场主体活力，扩大了产品出口规模，延长了传统劳动密集型产品的出口生命周期，并通过产品质量、技术、工艺的创新，提升了小微企业产品出口和国际化经营水平，推动了外贸整体增长，并在推进外贸新业态试点工作和促进外贸创新发展方面取得了积极成效，推动国际贸易和分工基础的转变，从传统的劳动力要素成本优势和产品价格比较优势转向拥有品牌、技术、质量、服务、渠道、研发、标准的竞争优势。

五、创新贸易业态和模式发展中存在的问题

（一）缺乏高质量专业化的配套服务

贸易业态和模式的创新发展需要高质量的物流、金融、保险、信用等专业化服务，跨境电子商务等贸易模式与传统贸易方式在物流和电子支付等方面存在较大差异，对相关专业化服务的需求也更高。而国内目前缺乏数量众多的优质从事跨境物流的专业化服务企业，跨境物流的建设和运营成本较高，风险大。在电子支付方面，与国际电子支付企业相比，中国电子支付企业的市场份额有待拓展，特别是面对"金砖国家"、"一带一路"沿线、东南亚等新兴市场国家，在跨境电子商务、信用卡支付、移动支付等方面的服务水平还亟待提升。在信用服务市场方面，相关跨境电子商务、中小制造企业的服务需求不强，信用市场发展不足，征信机构和征信公司等相关服务企

业供给不足，进一步抑制了信用服务需求，导致互联网市场假冒伪劣产品多和知识产权问题。

（二）经营主体的素质和质量亟待提升

跨境电子商务、市场采购贸易极大地调动了微观经营主体积极性，但由于缺乏相关技术、服务和管理，很多从事跨境电商、市场采购贸易等业务的主体规模较小，专业化水平和服务质量亟待提升，对于出口产品质量的保证不够，影响了中国整体出口产品的声誉。各经营主体之间在出口产品、服务等方面差异化程度较低，同质化价格竞争较为激烈。而外贸综合服务企业、供应链管理服务商对专业化服务水平的要求更高，虽然一些具备资金、技术、品牌等优质资源的企业开始进入这些新兴的贸易业态，但由于国际市场风险大，相关业务领域还处于起步和探索阶段，与金融、信息、保险等领域机构合作程度有待加强，在资信调查、质量检验、货币结算、货物通关等方面的服务能力有待提升。

（三）监管、法律、法规等方面制度建设有待完善

贸易业态和贸易模式的创新与发展需要构建和完善相关制度安排，从目前跨境电子商务、市场采购贸易方式的发展来看，税收、监管和市场准入方面的制度建设还相对滞后，在市场准入方面，有的贸易业态市场准入门槛过高，如开展离岸贸易的贸易中间商等（樊星，2013）。有些贸易业态市场准入门槛又较低，如外贸综合服务企业、跨境电子商务等，从而使得同质化竞争较为激烈。在相关政府监管方面，为了促进新型贸易业态的贸易模式发展，相关政府管理部门加强沟通和协作，信息互联互通的程度得到加强。但由于新兴的贸易业态和贸易模式涉及的行业范围和业务流程比较广泛，政府监管体系仍处于分割的状态，未形成一体化的监管体系。相关业务流程的监管环节可能出现重叠，产生多头监管和职责不明确的问题。

（四）经验推广和普及程度有待提升

新的贸易业态和贸易模式的发展速度较快，但目前发展还存在区域不平

衡性。在经济发展较快、基础设施和政府监管水平较好的地区，新型贸易模式和贸易业态的发展较快，如上海、江苏、浙江、广东等地，但在内陆和中西部地区，新型贸易业态和贸易模式的发展还比较慢，相关的政府管理、专业化服务和人才集聚条件还有待加强，自由贸易区、跨境电子商务、外贸综合服务企业成功的发展经验和模式还有待推广和普及。

六、促进贸易新业态和新模式发展的政策建议

（一）加强制度创新

促进贸易新业态和新模式的发展，深入学习贯彻习近平新时代中国特色社会主义思想，围绕市场准入、政府监管等领域加强制度创新，更好地发挥政府对市场的作用。2016 年 12 月 31 日，习近平总书记对上海自贸试验区做出重要指示强调，坚持五大发展理念引领，把握基本定位，强化使命担当，继续解放思想、勇于突破、当好标杆，对照最高标准、查找短板弱项，研究明确下一阶段的重点目标任务，大胆试、大胆闯、自主改，力争取得更多可复制推广的制度创新成果，进一步彰显全面深化改革和扩大开放的试验田作用[①]。

（二）积极发展高质量的专业化服务

围绕物流、金融、信息、征信等专业化服务领域，构建高质量的生产者服务体系，推动贸易业态和贸易模式的创新发展，加强与境外物流企业、跨国物流公司的合作，增强中国企业主导的跨境物流服务能力，建设跨区域的一体化物流公共信息平台。积极围绕京津冀协同发展、长三角一体化发展，推动区域物流基础设施的对接。加快推进境外移动电子支付平台的发展，稳步推进人民币跨境支付、离岸金融、离岸保险等业务的发展，通过国际保

---

① 崔东. 习近平对上海自贸试验区建设作重要指示：勇于突破大胆试大胆闯自主改 [N]. 人民日报，2016 - 12 - 31（1）.

理、信用证融资等金融工具，提高金融服务中小型贸易企业的能力。鼓励开展新型贸易业态和模式的企业与金融、物流企业的合作，推动贸易、金融、物流产业的融合发展。

（三）形成可复制、可推广的经验和模式

相关政府部门应在上海自由贸易区、杭州跨境电子商务试验区等贸易业态和贸易模式发展的基础上，总结成功经验和教训，加快推进海南自由贸易试验区等新试点自贸区的发展。各地政府应通过制度创新、管理创新、服务创新和协同发展，根据本地企业外贸出口和企业实际发展情况，探索适应本地外贸出口增长的业态和模式，形成可复制、可推广的经验，进一步促进本地对外贸易高质量的发展。

（四）提高经营主体的素质和能力

通过行政审批制度的改革和政府监管制度创新，健全相关法律法规，明确商务、税收、海关、质检等政府部门的监督职责，规范和治理新型贸易业态的发展，形成科学的市场准入门槛，提高新型贸易业态和贸易模式经营者的诚信和自律意识。降低新型贸易业态和贸易模式经营主体的税费负担，加强对外贸综合服务企业和供应链管理服务商的信贷、信息、员工培训等方面的支持，提高新型贸易业态和贸易模式经营主体的经营素质和水平。

| 第十二章 |

加快培育国际经济竞争新优势

改革开放以来，凭借在劳动密集型产品和资源密集型产品上的比较优势，我国对外贸易迅速发展，经济保持高速增长，居民收入水平和消费水平也随之不断提升。但是长期以来，我国一直处于全球价值链分工体系的中下游，出口产品附加值较低，在世界市场上产品核心竞争力不强。近年来，我国人口老龄化、环境污染等问题日益突出，建立在土地、劳动、环境等低要素成本基础上的国际经济竞争优势正在逐渐丧失。要进一步扩大开放，我国必须拥有自己的国际竞争优势。但是，我国目前却面临着传统优势弱化，新的优势尚未形成的窘境。因此，党的十九大报告提出，我国要加快培育国际经济竞争新优势。

一、中国培育国际经济竞争新优势的必要性

2001 年我国商品出口额仅占世界商品出口总额的 4.27%，到 2015 年我国商品出口额已达到世界商品出口总额的 13.68%。但近两年随着我国传统外贸竞争优势的弱化，我国商品出口份额有所下降，2017 年我国商品出口总额占世界商品出口总额比重下降为 12.66%。从总体上来看，我国仍然是世界第一出口大国，但是传统外贸竞争优势弱化的影响已经开始显现。

（一）传统外贸竞争优势弱化

我国传统外贸竞争优势的弱化突出表现在劳动力成本上升、环境恶化和

自然资源耗竭三个方面。

1. 劳动力成本上升

相对于其他资源来说，劳动力是我国最丰裕的要素。改革开放初期，我国依托劳动力成本优势承接了全球价值链中大量的劳动密集型的生产环节，极大地推动了我国经济的发展。但近年来，我国劳动力成本不断上升，工人工资水平也在不断提升。1995 年我国在岗职工平均工资水平仅为 5500 元，到 2016 年已经达到 68993 元，相比于 1995 年翻了 11.5 倍。特别是 2001 年我国加入世界贸易组织后，在岗职工平均工资增幅迅速扩大，劳动力成本的上升趋势更加明显。如图 12.1 所示，我国职工平均工资的增速不仅高于英国、德国和美国等发达国家，而且高于印度等发展中国家。

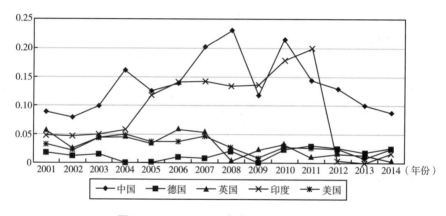

图 12.1　2001～2014 年各国职工工资增速

如图 12.2 所示，我国与其他国家出口产品价值指数增速的差异并不明显。2001～2016 年，我国出口价值指数平均增速为 15.29%，略高于印度出口价值指数平均增速。2008 年金融危机以前，我国出口产品价值指数增速高于印度和其他发达国家，2008 年以后，我国出口价值指数增速与其他国家的差异明显减小，特别是与印度出口价值指数增速无显著差异。在出口产品价值指数增速有限，而工资水平快速增长的情况下，我国产品出口的优势必然弱化，许多传统出口产品处于微利，甚至亏损的边缘。

2. 环境恶化

改革开放以来，我国一直未摆脱经济高发展、环境高负荷的发展模式。

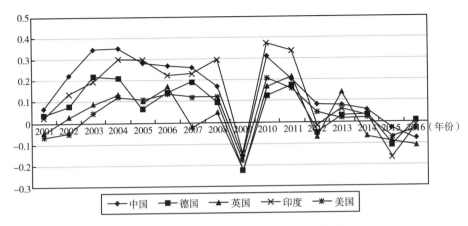

图 12.2　2001～2016 年各国出口价值指数增速

随着经济的快速发展，我国的环境污染问题日益突出，尤其以水污染、空气污染和土壤污染最为严重。

水资源是我国的稀缺资源，我国的淡水资源总量名列世界第四，但我国的人均水资源量仅为世界平均水平的28%。长期以来粗放式的经营方式导致大量废弃物的产生，其中工业废水和城镇污水的直接排放或经过地表渗透后直接导致了我国水资源的污染。2017年统计年鉴数据显示，2016年我国主要城市工业废水平均排放量为9017.2万吨，其中上海的工业废水排放量最高，达到36599万吨，其次是杭州和重庆，分别为28382万吨、25875万吨。《中国环境状况报告》显示，2010～2016年，我国地表水质为轻度污染，但我国地下水质污染情况不容乐观。如图12.3所示，2010～2016年，我国地下水中优良、良好水质平均占比仅为37.26%，较好水质平均占比为3.89%，较差

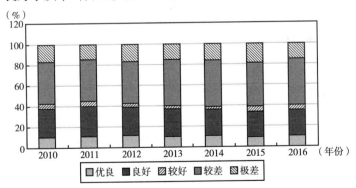

图 12.3　2010～2016 年我国地下水质分类

水质平均占比为42.63%，极差水质平均占比为16.23%。总体来看，我国地下水中较差水质、极差水质占比将近60%，地下水污染形势十分严峻。

在空气污染方面，根据2017年统计年鉴数据分析，2016年全国主要城市工业二氧化硫平均排放量为32497吨、生活二氧化硫平均排放量为19543吨，10多个城市的总二氧化硫排放量超过5万吨。其中重庆的工业二氧化硫排放量达到172966吨、生活二氧化硫排放量达115248吨，两项均位居全国主要城市榜首，空气污染情况最为严重，其次为石家庄、太原、哈尔滨等地。大量废气的排放使得我国338个地级以上城市中将近80%城市的空气严重污染，2013~2015年出现酸雨的城市超过40%，2013年酸雨覆盖面积占国土面积的10%以上（见表12.1）。

表12.1　　　　　2013~2016年我国部分城市大气污染情况　　　　单位:%

年份	城市空气质量超标天数比重			酸雨城市比重	酸雨区面积比重
	轻度	中度	重度		
2013	22.9	8.0	6.2	44.4	10.6
2014	24.1	8.1	5.8	44.3	—
2015	15.9	4.2	2.5	40.4	7.6
2016	14.8	3.7	2.0	19.8	7.2

资料来源：中华人民共和国生态环境部。

首次全国土壤污染状况调查（2005~2013年）结果显示，全国土壤总的点位超标率为16.1%。从污染的分布情况来看，污染程度和经济发展水平密切相关，即南方污染水平高于北方，长江三角洲、珠江三角洲和东北老工业基地等区域污染情况较为严重，充分显示了我国的经济发展是以牺牲环境为代价的。

3. 自然资源耗竭

总体上我国的资源储备总量较大，矿场资源种类也较为齐全，但各类资源的人均占有量却远低于世界平均水平。改革开放前期，我国将大量能源投入到工业生产部门，实现了经济的迅速增长。在此背景下形成了经济高增长、能源高损耗、环境高负荷的发展模式，因而我国各类资源的损耗速度远快于资源的再补给速度，其中不可再生能源的损耗速度更快。

2010~2016年，我国能源生产总量平均水平为34.74亿吨标准煤，其中原煤、原油、天然气、电力的平均产量分别为25.84亿吨标准煤、2.99亿吨标准煤、1.57 亿吨标准煤、4.37 亿吨标准煤，如图 12.4 所示。图 12.5 显示，2010～2016 年我国能源消费总量的平均水平为 40.83 亿吨标准煤，其中煤炭、石油、天然气、电力的平均消费量分别为 27.16 亿吨标准煤、7.14 亿吨标准煤、2.16 亿吨标准煤、4.37 亿吨标准煤。比较我国能源消费与生产数据可知，2010～2016 年我国的能源消费水平始终高于能源生产水平，其差异主要体现在石油、天然气的生产与消费上。

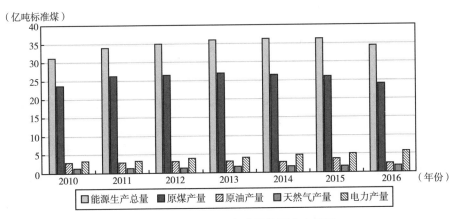

图 12.4　2010～2016 年我国能源生产情况

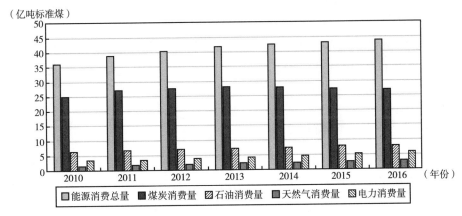

图 12.5　2010～2016 年我国能源消费情况

（二）国际经济竞争新优势尚未形成

在货物贸易领域的传统优势弱化的同时，我国无论是在货物贸易领域，还是在服务贸易领域和对外直接投资领域，都没有形成新的国际经济竞争优势。

1. 制造业产品核心竞争力不足

随着经济发展水平的提高，我国的研发投入在迅速增长，到 2015 年已达到国内生产总值的 2.1%。同时，我国的专利申请量居于世界前列。但是，和美国等发达国家相比，我国的万人专利数量仍然较低。如果考虑到专利质量的差异，我国和发达国家的差距更大。近年来我国出口商品结构虽有所优化，但在制造业全球价值链上分工地位不高的状况并没有改变，其原因还是在于缺乏核心技术，企业在国际市场上的核心竞争力不强。

根据中国工程院发布的《2017 中国制造强国发展指数报告》，2016 年中国制造强国综合指数为 104.34，居第 4 位，前三名依次为美国（172.28）、德国（121.31）、日本（112.52）。需要注意的是，2015 年中国制造业的综合指数为 105.78，2016 年中国制造业的综合指数与之相比呈下降趋势。该报告的"制造强国指标体系"从规模发展、质量效益、结构优化、持续发展四个方面对各国的制造业发展水平进行分析评价。在各分项指标中，中国制造业"规模发展"指数，以及其在总得分中的占比均为最高。但是，规模优势没有转化为效益，"质量效益"指数的得分最低。2016 年中国的质量效益指数仅为 13.59，仅为美国的 22.8%，其中制造业增加值率、高技术产品贸易竞争优势指数等核心的细分指标甚至出现下滑，充分说明中国技术创新的迅速发展没有能够有效地转化为制造业的国际竞争新优势。

2. 服务贸易发展缓慢

在服务贸易领域，随着经济社会的发展，各国人民对于服务产品的消费水平均有所提升，服务贸易在国际贸易中的比重逐年增加。但和货物贸易相比，我国服务贸易发展相对滞后，不仅规模小，而且国际竞争力相对于货物贸易更为落后。2016 年我国服务贸易出口额为 2083 亿美元，仅占货物和服务出口总额的 9.03%，占 GDP 总额的 1.86%。图 12.6 所示曲线分别为我国服务贸易进口额占 GDP 比重、出口额占 GDP 比重。从图中可以看出，2001~2016 年，我国服务贸易出口额增长缓慢，进口额增长速度较快，服务贸易收支逆差现象明显。

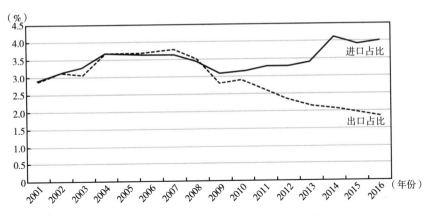

图 12.6　我国服务业进出口占 GDP 比重

从服务贸易的结构来看，我国高技术服务的出口在服务出口总额中的比重，不仅低于发达国家，也低于印度等发展中国家。以专利服务和计算机信息服务这两项技术密集型服务为例，2014 年我国这两项服务的出口额占服务贸易出口总额的 9.8%，低于美国的 21%，远低于印度的 47.2%。服务贸易出口规模小、逆差大、技术水平低，充分说明我国在服务贸易领域缺乏国际竞争优势。

3. 对外直接投资效益不高

虽然近年来我国对外直接投资发展迅速，但是由于缺乏技术和管理优势，对外直接投资的效益并不高。2001 年以来，我国对外直接投资发展很快，规模迅速扩大。《2017 年度中国对外直接投资统计公报》显示，截至2017 年末，中国对外直接投资存量为 1.8 万亿美元，排名升至全球第二位。虽然自 2003 年以来首次出现负增长，但 2017 年中国对外直接投资仍以 1583亿美元位列全球第三位。中国早期的对外直接投资项目以亏损的居多。随着对外直接投资规模的扩大和经验的积累，对外直接投资的收益状况有所改善，对外直接投资盈利的企业已经能够达到 70% 以上，但是投资收益的状况和发达国家相比仍有显著的差距。中国是全球第二大的净债权国，但投资收益常年为负数，这与中国对外直接投资收益率不高有直接的关系。按照海默的垄断优势理论，进行对外直接投资的企业要在和东道国的本土企业的竞争中获得优势，必须具有垄断性的技术、品牌或者管理技能。中国企业对外直接投资收益欠佳的根本原因在于企业缺乏由技术、品牌或者管理技能形成的核心竞争力，因而无法在对外直接投资方面形成国际竞争优势。

二、消费结构升级对国际竞争优势的影响

从理论上来说，一个国家的国际经济竞争优势，可以由政府、行业、企业共同决定，但核心是微观主体的竞争优势。随着我国低廉的劳动力成本和资源等国家或者行业层面的优势逐步消失，未来我国国际经济竞争的优势将更多地通过企业的竞争优势来实现。虽然也有专家学者在宏观层面上从多个角度论证了我国国际经济竞争新优势的培育（张莉，2015；关利欣，2017），但是本书认为未来我国经济竞争新优势的培育关键在企业竞争优势。

关于什么是企业的竞争优势，专家学者从经济利润和价值创造等不同角度给出了不同的定义。福斯和克努森（Foss & Knudsen，2003）认为，竞争优势是均衡条件下持续存在的超过要素机会成本的差额利润，该差额利润可以是不同行业的企业之间的，也可以是同行业的不同企业之间的。也就是说，企业的竞争优势就是企业能够获得超过其他企业平均利润水平（可以称之为机会成本）的差额利润。具体到国际竞争领域，就是某一国家的企业能够获得超过其他国家企业利润水平的差额利润。这一定义非常具有现实意义，因为当前我国传统外贸竞争优势弱化的突出表现就是外贸企业利润率的不断降低。对于一个企业如何才能超越其他企业的利润水平从而获得竞争优势，萨洛纳、谢帕德和波多尼（Saloner, Shepard & Podolny，2001）认为，绝大多数形式的竞争优势要么是由于一家企业所提供的产品或服务较其他企业提供的同类产品或服务对消费者更有价值，要么是由于这家企业能够以较低的成本提供同样品质的产品或者服务。也就是说，企业竞争优势的形成和加强主要来自价值创造或者成本降低，即企业能够为消费者创造更有价值的产品和服务，或者在保持产品和服务的品质不变的前提下，进一步降低生产成本。

随着我国经济发展进入新的历史阶段，对外贸易和投资对经济增长的推动作用逐步减小，作为"三驾马车"之一的消费，在保持经济稳定增长中的作用日益凸显。但是新时代的消费增长不仅仅表现为数量的增长，更多地应体现在质量的提升，即消费结构的升级。因此，我国现阶段培育国际经济竞

争新优势必须充分发挥消费结构升级的作用①。消费结构升级是主流商品的消费需求由低级向高级变革的过程（文启湘、冉净斐，2005）。其大致表现为两种形式：一是原有消费项目不变，但各消费项目向更高层次发展，例如使用更高级的用品、住更大的房子等，项目本身没有变化，但质量提高了。二是增加了新的更高层次的消费项目，使消费的构成及其比例关系发生了变化并不断高级化，如购买了私家车、增加了家庭旅游的项目支出等（王辉龙、高波，2016）。从企业的价值创造或者成本降低的角度来看，消费结构升级对企业竞争优势的影响有技术创新效应、规模经济效应和品牌效应。

（一）技术创新效应

消费是技术创新的源泉。人们通常认为是厂商主导了技术创新的过程，但是在许多情况下，消费者实际上在技术创新中发挥着至关重要的作用。研究表明，出现在各个领域的重要创新，有60%～80%是市场需求激发的（陈昌曙，1991）。对于厂商来说，获取盈利是最终目标，技术创新只是实现这一目标的手段。从整个经济的运作过程来看，盈利目标的实现，取决于整个社会的最根本的生存和发展的要求，那就是消费需求的不断发展、变化、进步。所谓企业技术创新，就是企业吸收、创造、掌握、应用新的技术成果，一方面响应与满足市场需求，另一方面又刺激和重创市场需求，从而把科技进步与市场需求能动地、有机地、动态地结合起来，创造出体现这种结合的新产品与新工艺并开拓新的市场，以获得更大效益的创造性行为（关士续，1991）。因此，消费需求和技术创新是互动发展的。在基础科学研究为企业提供技术机会或者技术创新可能性的前提下，消费者的需求决定着企业技术创新的发展方向和发展程度。具体而言，消费者对新的产品和服务的需求，促使新产品和服务的出现；消费者对产品质量的更高要求，促使提升产品品质和性能的技术创新的出现。

消费结构升级对一国国际经济竞争优势的影响如图12.7所示。一般而言，一国消费者需求的产品品质范围由该国的人均收入水平决定，人均收入

---

① 谢小平. 消费结构升级与技术进步［J］. 南方经济，2018（7）：19－38.

水平越高的国家，其消费者需求的产品品质也越高。而一国在什么品质范围的产品生产上具有国际竞争优势也与该国需求的产品品质范围有关。在通常情况下，企业在生产产品时首先是为了满足本国的需求，在本国市场成功地进行销售以后才能获得国际竞争优势。如图 12.7 所示，对应于该国的人均收入水平 Y_0，该国消费者需求的产品品质范围在 AB 之间，而该国具有国际竞争优势的产品品质范围在 CD 之间。随着该国人均收入水平的提升，该国消费者需求的产品品质也逐步提高，即增加了新的更高层次的消费项目，或者原有消费项目不变，但各消费项目向更高层次发展。随着该国消费结构的升级，该国具有国际竞争优势的产品品质范围也发生了变化，原先具有国际竞争优势的低品质产品逐步丧失了国际竞争优势。企业为了满足由消费结构升级所导致更高品质的产品需求，就不断进行技术创新，从而逐步在更高品质的产品生产上建立了国际竞争优势。这就是消费结构升级对企业国际竞争优势培育的技术创新效应。

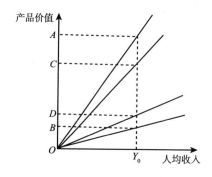

图 12.7　人均收入与消费结构

（二）规模经济效应

刘冰（2007）把消费结构升级分为三个阶段，即以满足基本需求为主的低级阶段、以提高消费质量为主的中级阶段和以消费多样化发展为主的高级阶段。我国现在正在全面建设小康社会，处于以提高消费质量为主的中级阶段。在这一阶段，食品、衣着等基本消费支出有所下降，在交通、通信、住房、医疗保健等方面的支出增多。而在汽车和智能手机等交通和通讯产品的生产中，都存在规模经济效应。特别是这些产业中的高品质产品，由于新产品的开发需要投入巨额的研发费用，在产品生产过程中需要使用复杂的生产设备，因而规模化的生产对于产品平均成本的降低显得尤为重要。

克鲁格曼（Krugman，1984）提出在产品的生产中存在规模经济效应的情况下，进口保护可以作为促进出口的手段。因为进口保护可以扩大本国企业在国内市场的销售规模，本国企业因而可以获得更大的规模经济效应，从而使得其产品生产的平均成本进一步降低。本国企业在国际市场上就可以获得成本优势，从而可以扩大出口。这一原理同样可以适用于消费结构升级。因为消费者结构的升级可以带来高品质产品国内市场需求规模的扩大，国内企业的平均生产成本因在国内市场销售规模的扩大而降低，在国际市场竞争中就可以处于优势地位。

图 12.8 演示了消费结构升级对国际竞争优势培育的规模经济效应。假设某一产品有两个生产企业，一个国内企业和一个国外企业，且国内市场不开放。在图 12.8 中，RR 和 RR^* 曲线分别为本国和外国企业在国际市场竞争中的反应曲线。两条反应曲线的相对位置取决于两个企业平均成本的相对大小。在初始阶段，本国企业的平均成本较高，因此在均衡状态下，本国企业在国际市场上的销售量为 X_1，小于外国企业的销售量 X_1^*。本国企业在国际竞争中处于劣势地位。随着国内消费结构的升级，本国企业在国内市场的销售量逐渐增加，其产品生产的平均成本逐步降低，由此导致其在国际市场上的反应曲线移动到 RR'。在新的均衡状态下，国内企业的销售量 X_2 大于国外企业的销售量 X_2^*，本国企业在国际竞争中由劣势地位变为优势地位。这就是消费结构升级对国际竞争优势培育的规模经济效应。

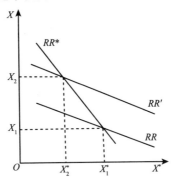

图 12.8　规模经济效应与国际竞争优势

当然消费结构升级的规模经济效应的大小取决于国内市场规模的大小。国内市场规模越大，消费结构升级对国际竞争优势培育的促进作用就越显著。在图 12.7 中就表现为 C 点和 A 点的距离越小。

（三）品牌效应

品牌是一个用来帮助消费者识别产品的制造商或者销售商的标志。好的品牌是一种产品或者服务的功能和特色所能够给予消费者价值的保证。一旦消费者将某种品牌与其在产品或者服务的消费中所能够得到的有形和无形价值联系起来，那么，消费者就会主动购买这种产品，并愿意支付比同类产品或者服务更高的价格。同时，高价值的品牌还有助于简化消费者的购买决策。消费者在购买产品时由于信息不对称，会面临不确定性风险，而高价值的品牌可以降低这种不确定性。因此，在国际市场竞争中，好的品牌能够带来消费者忠诚度和溢价，也可以使市场营销活动更加有效，从而使得新产品的销售更容易获得成功。也就是说，高价值的品牌可以让企业在国际市场竞争中处于优势地位。

但是高价值的国际品牌的塑造需要一个良好的国内市场环境。在以满足基本消费需求为主的初级阶段，消费者主要追求消费数量，而不在意消费质量。此时，影响消费者购买决策的主要因素是产品的价格。每个企业尽可能地降低产品和服务的生产成本和价格。企业之间的竞争主要是价格竞争，而不是品质竞争。因此，品牌对于企业发展的作用不明显。这是长期以来我国企业不太注重品牌塑造的原因。当消费结构升级到以提高消费质量为主的中级阶段，影响消费者购买决策的主要因素是产品或者服务的品质。企业之间的竞争由价格竞争转化为品质竞争。如前所述，品牌可以起到产品或者服务品质高低的信号显示的作用。因此，当消费结构升级导致企业之间进行品质竞争时，企业就会加强品牌建设，提高品牌价值。同样地，企业如果在国内市场成功地进行了品牌建设，也会在此基础上逐步把其品牌价值向国际市场延伸，最终塑造高价值的国际品牌，从而获得国际竞争优势。这就是消费结构升级对国际竞争优势培育的品牌效应。

三、加快培育国际经济竞争新优势的政策建议

随着我国人均收入水平的不断提升，我国居民的消费结构也在逐步升级。但是由于高房价和收入分配不均等问题，我国消费结构的进一步升级还面临许多障碍。同时由于市场经济体制还存在不完善的地方，消费结构升级对国际经济竞争优势的积极影响也没有得到充分的发挥。

（一）消除消费结构升级的障碍

根据黄隽、李冀恺（2018）的计算，我国居民的消费率从 2000 年的 46.72% 下降到 2016 年的 39.21%，远低于亚洲国家 50% 的平均水平。低消费率导致居民消费支出规模不能随着我国经济规模的扩大而有效增加，影响消费结构的升级。

我国消费率偏低的原因之一就是收入分配结构不合理。一方面我国居民可支配收入占人均 GDP 的比重过低，另一方面我国居民收入分配的两极分化严重，基尼系数长期处于很高的水平。方福前（2009）发现由于自 1996年以来我国国民收入分配格局不断向政府倾斜，自 2004 年开始又不断向企业倾斜，由此导致中国居民的消费需求长期增长缓慢。一般而言，人们的边际消费倾向是递减的，即收入水平越高，边际消费倾向越低。因此，居民收入分配的两极分化会导致低收入群体的消费显著减少，同时不会导致高收入群体消费的显著增加，从而在整体上降低一国的消费率。从 2000 年以来，我国居民收入的基尼系数一直很高，超过国际警戒线，接近 0.5，这必然会抑制我国消费需求的增加。

近年来高房价成为我国经济发展中的热点和难点问题。汪伟、刘志刚和龚飞飞（2017）利用我国 35 个大中城市 2000~2013 年的面板数据所进行实证研究发现，商品房平均销售价格每上升一个百分点，消费结构升级指数就会下降 0.27 个百分点。房价的上涨可以通过预防性储蓄效应和财富再分配效应阻碍消费结构的升级，必然使得人们在满足基本的生活需求之后减少高品质产品和服务的消费，从而减缓消费结构的升级。此外，房价的上涨一方

面会增加拥有多套房屋的高收入家庭的财富，另一方面对于低收入家庭来说，房价的上涨增加了购房支出或者租房成本，导致实际收入水平下降。因此，房价的上涨会起到社会财富再分配的效应，拉大不同阶层之间的收入差距。房价的持续上涨不断降低低收入家庭的消费层次，而高收入家庭由于对于房价上涨的预期也会不断加大对于房产的投资，其消费层次不会因为房价上升带来的财富增值而有明显的提升。因此，房价上涨的财富分配效应也会抑制消费结构升级。

因此，为了充分发挥国内消费结构升级对于国际经济竞争新优势培育的作用，我国必须改革收入分配机制，一方面增加劳动收入在国民收入分配中的比例，增加居民的可支配收入，另一方面要建立以个人所得税为主，房产税等个人财产税为辅的税收调节机制，实质性地缩小居民收入分配的两极分化。2018 年的个人所得税制改革有助于减轻中低收入消费者的税收负担，可以说是朝着这个方向前进了一大步。房地产价格是个复杂的问题，涉及我国经济发展的方方面面。现阶段，为保持经济的稳定增长，我国必须要保持房价的基本稳定。但是从长期来看，我国必须落实"房住不炒"的政策，大幅度降低房价收入比，从而消除国内消费结构升级的障碍。

（二）深化供给侧结构性改革

随着国内消费结构的不断升级，我国供给与需求结构失衡的问题也越来越明显。近年来，我国出现了大量消费外流的情况，其中最突出的表现就是伴随着每年出国旅游人数的不断增加，我国游客在国外购买高端商品的热潮，甚至发生了疯狂购买日本马桶盖和电饭煲等现象。

这一现象出现的原因在于既有供给结构不能适应消费结构的升级。一方面过去粗放式的增长模式导致低端产能过剩，但是由于体制机制方面的原因，这些过剩产能占用大量资源却又难以退出。另一方面高品质产品和服务的有效供给又严重不足。供给与需求结构的失衡导致消费结构升级所带来的对高品质产品和服务的需求不能在国内市场得到满足，从而使得消费结构升级对于国际经济竞争优势的积极影响不能得到发挥。在图 12.7 中就表现为 A 点和 C 点之间的差距增大，即国内需求的产品和服务品质的提升不能转化为该国在高品质产品和服务上的比较优势。因此，要深化供给侧结构性改革，有效化解供需结构失衡的矛盾。对于高投资模式下形成的低端过剩供给，要加大"去产能"与"去库存"的力度，改造传统产业，提升传统产业的技术水平和产品质量，并推动生产要素从传统产业向新兴产业的转移，从而扩大高品质产品和服务的有效供给，促进国外消费的回流。

需要注意的是，过去一段时间我国形成的产能过剩很大程度上是由于政府对于经济活动的过度干预造成的。而在最近两年的去产能过程中，政策执行又在局部地区出现了偏差，没有能够完全做到对于不同所有制的企业一视同仁，从而对民营经济的发展造成了一定程度的不利影响，也在某种程度上加大了当前经济下行的压力。因此，在深化供给侧结构性改革的过程中，我们不仅要调整产业和产品结构，更为重要的是要改革体制机制，按照党的十九大报告提出的要求，充分发挥市场机制在资源配置中的决定性作用。一方面利用市场机制淘汰过剩产能，另一方面也利用市场机制选择新产品和新服务，只有这样才能真正让企业生产出符合消费者需求的高品质产品和服务，从而提升其在国际市场的竞争力。

（三）优化创新环境

国内消费结构升级所引致的市场需求为企业技术创新提供的动力，以及市场竞争对企业技术创新形成的压力都必须在一定的外部环境中实现。企业进行技术创新活动需要一个公平、开放、竞争有序的市场环境。当前，我国产品市场的竞争已经较为充分，市场机制相对较为成熟和完善。但是我国的要素市场发育较为迟缓，户籍制度限制了劳动力和高层次人才的自由流动，影响劳动要素和人力资本要素配置的效率，间接抬高了企业的创新成本。企业进行技术创新活动需要大量、持续的资金投入。在大多数情况下，企业不能仅仅依靠内部资金来进行技术创新，而需要商业银行贷款、风险投资资金和政府财政资金等外部资金支持其技术创新活动。但是在我国，由于金融市场的不完善，企业在获得商业银行贷款方面存在所有制的差异，导致民营企业的融资难和融资贵问题时有发生。据统计，现阶段我国非公有制经济对经济社会发展贡献了超过50%的税收，超过60%的国民生产总值、固定资产投资和对外直接投资，超过70%的出口和高新技术企业占比，超过80%的城镇就业，90%的新增就业贡献①，但是非公有经济从商业银行获得的贷款规模却远远小于国有企业，在部分地区非公有经济获得的贷款甚至不到全部贷款的30%。民营企业的融资难和融资贵问题影响了民营经济的发展，更是对民营企业的技术创新产生了严重的影响。

因此，我国必须要深化要素市场的改革，逐步取消户籍制度等影响要素自由流动的障碍，真正让市场机制在资源配置中发挥基础性作用，特别是要淡化企业的所有制分类，按照党的十九大提出的要求，凡是在中国境内注册的企业都一视同仁，政策上平等对待，从而不仅仅是解决民营企业融资难和融资贵的问题，而是从根本上解决民营经济发展的体制机制性障碍，优化企业的创新环境，充分激发各类市场主体的活力，以促进技术创新。

（四）建设全国统一大市场

国内消费结构的升级会带来高品质产品和服务国内需求规模的扩大。但是，国内的企业能否利用国内消费结构的升级实现生产中的规模经济，从而获得国际竞争新优势，取决于我国能否构建全国统一大市场。构建全国统一大市场是个从20世纪90年代就被提出的老话题了，但是一直进展缓慢，直至最近几年政府部门还在不断强调这个问题。李克强总理2015年8月19日主持召开国务院常务会议，指出要坚决清除妨碍全国统一大市场建设的各种"路障"，禁止滥用行政权力限制或排除公平竞争。国家工商总局局长张茅提出2018年工商总局的工作重点之一就是在统一大市场方面取得新突破。

当前我国国内统一大市场的建设在硬件和软件两个方面都存在问题，尤其是在软件方面。由于财政分权和GDP竞争导致了地方保护主义，使得各级政府为了本地的经济利益而设定了一系列保护本地企业或者打压外地企业的规定和政策。张淑芹（2015）系统梳理了各地区普遍存在的阻碍统一大市场建设的区域性行政垄断行为，涵盖了数量控制、价格控制、技术壁垒、司法壁垒等方面。这些壁垒的存在严重阻碍了全国统一大市场的建设。

因此，全国统一大市场的建设，应优先从财税体制改革入手，笔者建议

---

① 迟福林．改革开放40年建立与完善社会主义市场经济体制的基本实践［J］．改革，2018（8）：35 – 48.

弱化，其至取消各级政府的 GDP 考核。当前，我国从省级政府到市县，其至乡镇一级的政府都有经济增长的指标考核，由此产生的各种形式的地方保护主义使得市场层层分割。如果一步到位完全取消各级政府的 GDP 考核难度太大，最起码要在弱化省级政府 GDP 考核的同时，逐步取消低层政府的 GDP 考核，促进各个省内部的市场一体化，在此基础上逐步层层扩张，最终形成全国统一大市场。其次，要加快政府职能的转变，强化政府的监管和服务功能，弱化政府对经济活动的干预。一方面建立规范统一的质量标准、技术标准、合格评定体系以及监察处理机制，避免阻碍、限制外地商品、服务和经营者进入本地市场的行为，例如重复检验、检定、备案和认证等；另一方面最大限度地减少各种行政审批，规范审批程序。最后，要改变产业政策的实施方式，变特惠式的产业政策为普惠式的产业政策，即取消对于特定企业的补贴，通过减税降费等方式来支持目标产业的发展，从而实现对于各个地区、各种所有制企业的一视同仁。

| 第十三章 |

"人类命运共同体"彰显中国改革开放的世界影响

　　"人类命运共同体"是中国对内、对外的政治宣誓，是新时代中国外交的总目标。党的十九大报告对"人类命运共同体"的内涵做了明确阐述，就是要"建设持久和平、普遍安全、共同繁荣、开放包容、清洁美丽的世界"①。这进一步淡化了中国在对外关系中的意识形态因素，把中国人民的命运同世界各国人民的命运紧密联系起来。"人类命运共同体"是一种在实践基础上产生的理念，也包含建立在该理念基础上的一系列行动，是思想理念与行动的统一。作为理念的"人类命运共同体"无疑具有历史继承性，与新中国特别是改革开放后中国的外交基本理念和原则一脉相承。社会存在决定社会意识，因此"人类命运共同体"更是对实践所造就的社会历史状况的深刻反映。中国改革开放②40年的实践深刻改变了自己，也相应地深刻改变了世界，"人类命运共同体"就是对这种实践过程和结果的深度反映，彰显了中国几十年改革开放的世界影响。同时，实践不但是认识的来源，也是认识发展的动力，"人类命运共同体"是新时代中国进一步改革开放的实践需要。

---

　　① 蒋涛. 王毅谈十九大报告：为充满不确定性的国际局势提供巨大稳定性 ［EB/OL］. 中国新闻网，2017 - 10 - 19；杜正艾. 推动构建新型国际关系　构建人类命运共同体 ［J］. 行政管理改革，2017（11）：97 - 100.

　　② 改革，就是将计划经济转变为社会主义市场经济；开放，就是积极融入全球化，在扩大开放中实现发展. 张二震，李远本，戴翔. 从融入到推动：中国应对全球化的战略转变——纪念改革开放40周年 ［J］. 国际贸易问题，2018（4）：1 - 10.

一、彰显中国改革开放对世界政治的影响

40年改革开放，中国的综合国力大大增强，日益成为在美国眼里最具挑战性的大国，所谓"修昔底德陷阱"问题为人们所热议，"中国威胁论"也在一些国家很有市场，"人类命运共同体"一定程度上是为解决此类问题开出了药方。从这个角度看，"人类命运共同体"彰显了中国改革开放对世界政治的影响。

改革开放使中国稳步发展，中国的综合国力和人民生活水平有了显著提高。在美国奥巴马政府时期，中国的整体实力已有很大提高，地区和国际影响力也明显增强。中国是亚洲的经济中心，并取代美国和欧盟成为拉美地区主要贸易伙伴，在非洲的经济扩展也很迅速①。

"利益是需要和实现需要的手段的统一"②，因此，随着国力的提升，中国不但维护国家利益的能力大大增强，而且其利益本身也大大拓展了。这种利益的拓展不但体现在地理空间上，而且还体现在相关国际规则的改变或制定等方面。维护国家利益的能力的增强，不但促使中国进一步明确了其利益边界，确定其核心利益③，而且还促使其更加积极地努力夺回曾经被他国剥夺的利益。同时，与他国的利益竞取（双方或多方对未获得的利益客体的追求）也更加激烈。在这种情况下，加之其他国家的冷战思维定式、对中国的误判误解，甚至做贼心虚，中国与美国的结构性矛盾上升，与周边某些国家的摩擦也有所升温。

中美之间是否会陷入"修昔底德陷阱"，近年来日益成为人们高度关注的话题。"修昔底德陷阱"是关于权力转移的理论，其核心观点是：一个崛起大国必然挑战守成大国的利益，而守成大国因对崛起大国的恐惧，也会积极应对来自崛起大国的挑战，这样战争必将变得不可避免。为了应对中国的

---

① 岳汉景．"亚太再平衡"、"中东离岸平衡"与伊核问题破局［J］．亚太安全与海洋研究，2017（4）：76 – 85 + 125.

② 王浦劬等著．政治学基础［M］．北京：北京大学出版社，2006：48.

③ 2011年《中国的和平发展》白皮书发布，第一次正式以我国政府的名义阐述了国家的核心利益。

所谓挑战，美国的做法本身似乎正在验证着"修昔底德陷阱"。2010 年奥巴马政府宣布了"重返亚洲"战略，作为美国亚太战略的一部分，标志着奥巴马把亚太地区确定为地缘战略优先地区。该战略后来被叫作"亚太再平衡"战略，其具体表现在政治、经济、军事等诸方面。政治上，美国进一步拉拢其亚洲盟国，并试图加强与印度的关系。经济上，美国试图建立排除中国的地区性经济组织。最能体现美国"亚太再平衡"军事战略维度的是，2013年美国国防部长哈格尔在"香格里拉对话"会上发表的主题演讲。他说："除了上次说的 60% 海军力量将在 2020 年前部署至亚太地区，空军力量的60% 也要部署在这里。空军还会把相同比例的网络空间能力部署在亚太。"①特朗普总统上台后，其在对华关系上采取了比其前任更加不友好的做法。

在美国在亚太地区兴风作浪的背景下，亚洲个别与中国存在领土争议的国家一味想着维护一度从中国手中非法夺得的利益，置历史事实和国际关系基本准则于不顾，不惜与中国发生摩擦。与中国没有领土争议的亚洲国家，如新加坡，则惧怕中国的发展对自身利益造成不利影响，而积极要求美国更多地介入亚洲事务。这样，在亚太地区形成了以中美两强竞争为特色的政治局面。在这种局面下，美国的盟友，澳大利亚、英国等国也趁机搅亚太的浑水，就南海问题发声，甚至派军舰到南海刷存在感，向美国表忠心。

为了化解与美国等国的矛盾，减弱它们对中国的担心，中国采取了一系列政策措施，这些政策措施可以统合在"人类命运共同体"理念之下，是该理念的具体化。首先是中国提出建设新型大国关系。习近平主席在会见来访的美国国务卿克里时指出："希望双方坚持从战略高度和长远角度把握两国关系，以积极态度和发展眼光推进对话合作，以相互尊重、求同存异精神妥善处理分歧矛盾，不断充实合作伙伴关系的战略内涵，走出一条平等互信、包容互鉴、合作共赢的新型大国关系之路。"② 中国认为，新型大国关系始于但并不限于中美两国，中国陆续提出了"新型大国关系的典范是中俄关系、重点是中美关系、增长点是中国和金砖国家的关系、着力点是中欧关系、难点是中日关系等一系列命题"③。其次，中国提出建设新型国际关系。中国认

---

① 2020 年前 60% 海空力量部署到亚太［N］. 南方日报，2013 – 06 – 02.

② 习近平会见克里提出构建中美新型大国关系［N］. 人民日报（海外版），2013 – 04 – 15（1）.

③ 杨洁勉. 新型大国关系：理论、战略和政策建构［J］. 国际问题研究，2013（3）：9 – 19.

为，随着时代的发展，随着世界经济政治形势的变化，要很好地跟上"和平、发展、合作、共赢"的时代潮流①，就必须构建"相互尊重、公平正义、合作共赢"的新型国际关系。这种新型国际关系不但有利于中国国家利益的实现，而且有利于世界其他国家国家利益的实现。

中国认为，要构建这种新型国际关系，就要放眼未来，根据变化了的新形势及时改变观念，摒弃冷战思维，反对霸权主义和强权政治，推动国际关系民主化，推动国际秩序向着更加公正、更加合理的方向发展。正如 2013 年 3 月 23 日，习近平主席在莫斯科国际关系学院的演讲中所指出的："要跟上时代前进步伐，就不能身体已进入 21 世纪，而脑袋还停留在过去，停留在殖民扩张的旧时代里，停留在冷战思维、零和博弈老框框内。"② 习近平主席还提出了处理国际事务的民主原则："世界的命运必须由各国人民共同掌握。各国主权范围内的事情只能由本国政府和人民去管，世界上的事情只能由各国政府和人民共同商量来办。"③ 中国认为，要构建这种新型国际关系，各国必须坚持国家不分大小、强弱、贫富一律平等，尊重各国人民自主选择发展道路的权利，维护国际公平正义，反对把自己的意志强加于人，反对干涉别国内政，反对以强凌弱、以大欺小、以富压贫。要构建这种新型国际关系，包括中国在内的世界各国必须坚持走和平发展道路，"只有各国都走和平发展道路，各国才能共同发展，国与国才能和平相处"④。要构建这种新型国际关系，世界各国在努力谋求自身发展时，要注意同其他国家的发展联系起来，积极推动各国的共同发展。不能把一些国家越来越富裕发达而另一些国家却长期贫穷落后作为世界长期发展的基础。要构建这种新型国际关系，在安全问题上，各国要携起手来，妥善应对各种问题和挑战，共同变压力为动力、化危为机，谋求共同安全、综合安全、合作安全、可持续的安全⑤。

---

① 习近平. 走和平发展道路是中国人民对实现自身发展目标的自信和自觉（2014 年 3 月 28 日）. 习近平谈治国理政［M］. 北京：外文出版社，2014：266.

② 习近平. 顺应时代前进潮流，促进世界和平发展（2013 年 3 月 23 日）. 习近平谈治国理政［M］. 北京：外文出版社，2014：273.

③ 习近平. 顺应时代前进潮流，促进世界和平发展（2013 年 3 月 23 日）. 习近平谈治国理政［M］. 北京：外文出版社，2014：274.

④ 习近平. 更好统筹国内国际两个大局，夯实走和平发展道路的基础（2013 年 1 月 28 日）. 习近平谈治国理政［M］. 北京：外文出版社，2014：249.

⑤ 李大光. 习近平外交战略思想新特点［J］. 人民论坛，2016（7）：60－62.

要构建这种新型国际关系，各国要坚持多边主义、捍卫联合国宪章宗旨和原则，充分发挥联合国在国际事务中的引导作用①。

在外交实践上，中国始终围绕建立新型国际关系而努力。中国积极发展全球伙伴关系，推进大国协调和合作，扩大同世界各国的利益交集，构建总体稳定、均衡发展的大国关系框架，按照"亲、诚、惠、容"理念和"与邻为善、以邻为伴"，以及"睦邻、安邻、富邻"周边外交方针深化同周边国家关系，秉持正确义利观和"真、实、亲、诚"理念加强同广大发展中国家的团结与合作②。加强同各国政党和政治组织的交流合作，推进人大、政协、军队、地方、人民团体等的对外交往③。

新型大国关系以及新型国际关系等理念及其具体实践，首先是为了化解通过几十年改革开放而变得强大的中国与大国，以及与其他各国之间现存的和可能存在的政治矛盾与冲突而推出的，是构建人类命运共同体的必然要求。从这个角度看，"人类命运共同体"彰显了中国改革开放对世界政治的影响。

二、彰显中国改革开放对世界经济的影响

改革开放后的中国日益融入世界经济的大潮中，自 2001 年加入世界贸易组织后，中国是促进世界贸易发展的最主要国家，经济全球化的有力推手，中国经济日益与世界经济融为一体，中国与世界各国日益形成"你中有我，我中有你"的新局面。这使"人类命运共同体"的提出具备了坚实的现实基础。中国通过改革开放使全球经济格局发生"东升西降"的微妙变化，这促使以美国为代表的发达国家转向保守主义，"逆全球化"思想越来越有市场。倡导自由贸易和构建开放型世界经济的"人类命运共同体"一定程度上是对这种改革开放后的中国作为主角参与构建的新的国际经济关系的

① 习近平. 走出一条和衷共济、合作共赢的新路子（2013 年 6 月 19 日、2014 年 5 月 19 日）. 习近平谈治国理政 [M]. 北京：外文出版社，2014：251.

② 黄凯锋，任政. 习近平"人类命运共同体"价值论 [J]. 观察与思考，2017（11）：38 - 44.

③ 袁勇. 共建人类美好未来 [N]. 经济日报，2018 - 01 - 05（15）.

反映，从而彰显了中国改革开放对世界经济的影响。

改革开放 40 年来，中国走完了发达国家几百年走过的发展道路，经济总量跃升到全球第二位，GDP 占全球的份额由 1978 年的 2.3% 上升到 2017 年的 15%，7 亿多贫困人口摆脱贫困，人均国民总收入从 190 美元增长到 8000 多美元，从低收入国家跨入中等收入国家行列，13 多亿中国人的生活水平实现了质的飞跃[1]。2012 年中国制造业产值占据全球 1/5 左右，超越美国而位居全球首位，2014 年继续蝉联制造业第一大国地位，工业产品产量有 220 多种位居世界第一，工业步入中后期时代。自 2009 年以来，中国连续多年成为世界货物贸易的第一大出口国和第二大进口国。2013 年中国进出口总额超过美国而成为全球第一贸易大国。中国是世界 240 多个国家和地区的贸易伙伴，中国还是其中 120 多个国家和地区第一大贸易伙伴。中国成为拉动世界经济增长的最大引擎，近年来对世界经济增长的贡献率接近 30%，超过美国居全球第一位[2]。在贸易持续扩张的同时，国际投资合作也稳步增长。改革开放 40 年来，"中国吸引外商直接投资额年均增长 15.2%，目前是世界第二大外商直接投资国、第二大对外直接投资国、第二大国际发明专利（PCT）国，还是世界最大的国际旅游出境国（2017 年突破 1.3 亿人次）、出国留学人员国（2017 年突破 60 万人）"[3]。

改革开放 40 年，中国经济实现腾飞，同时也带动其他国家的经济发展，中国的经济日益与世界经济融为一体，各国间形成了相互依赖、互利互惠、共同发展，"一荣俱荣、一损俱损"的关系。"凡益之道，与时偕行"。和平发展、合作共赢已不再是虚幻的可能性，而是实实在在的现实。在当今时代背景下，倡导构建"人类命运共同体"已经完全具有建立在现实需求基础上的必然性。正如习近平主席所指出的："由于各国相互联系、相互依存的程度空前加深，这个世界越来越成为你中有我、我中有你的命运共同体[4]。"可见，"人类命运共同体"是对现实世界经济关系的反映。而这种经济关系的

① 张二震，李远本，戴翔. 从融入到推动：中国应对全球化的战略转变——纪念改革开放 40 周年 [J]. 国际贸易问题，2018（4）：1–10.
② 陈建奇. 中国开放型经济的新发展、新挑战及新战略 [J]. 国际贸易，2015（9）：4–10.
③ 胡鞍钢. 回首 40 年：改革开放的经济意义 [J]. 商业观察，2018（6）：68.
④ 习近平. 顺应时代前进潮流，促进世界和平发展（2013 年 3 月 23 日）. 习近平谈治国理政 [M]. 北京：外文出版社，2014：272.

形成，中国的改革开放功不可没，它促进并有力推动了这种经济关系的形成。从这个角度看，以"共同繁荣"为主要内涵之一的"人类命运共同体"彰显了中国改革开放对世界经济的影响。

经济全球化的推进并非一帆风顺，它在对国际政治关系产生重要影响的同时，也受到国际政治关系的制约，因而出现了反全球化、逆全球化等倾向。这种情况的出现原因是多方面的，其中一个重要原因是中国通过改革开放，不但成为全球化的受益者、引领者，更改变了世界经济格局。20 世纪80 年代，世界主要经济体是西方发达国家，这种格局一直持续到 20 世纪 90 年代。随着中国以及东亚经济的发展，到 2010 年时，东亚已经成为世界经济大家庭中的重要一员，其占比与欧盟不断接近，并超越了美国。2017 年，东亚占世界经济的比重为 27.3%，美国为 24.3%，欧盟为 21.7%。根据国际货币基金组织的预测，至 2023 年，东亚的占比将超过 30%，将领先于欧盟和美国近 10 个百分点。东亚经济在世界经济中的位置越来越重要，中国在东亚经济中的位置也越来越重要①。

中国的变化带来了亚洲的变化，而亚洲的变化又带来了世界经济发展格局的变化，经济发展格局的变化必然引起政治发展格局的变化。这是一种"东升西降"的变化，这种变化使美国为首的西方国家产生集体焦虑，逆全球化行动甚至在西方国家官方主导下展开。美国总统特朗普上台后的所作所为就是这种逆全球化行动的典型表现。他提出的所谓"美国优先"无非是推行保护主义的另一种说法，试图讨好美国的"穷白阶层"。他错误地把美国贫富差距拉大的原因归咎于全球化，认为全球化使中国等国家的人民夺走了美国人的工作。他同时还认为全球化使美国的国家权力受到严重削弱，给美国自主维护其国家利益的权力带来消极影响，因此美国在其上台后退出了被其认为限制了其权力的多个国际组织和国际条约。然而，全球化并非西方国家国内问题的根源，主张全球化的中国更不是问题的根源。全球化对各国而言都是一把"双刃剑"，会对各国产生正负两方面的后果，对其进行排斥无益于人类长远利益，各国的正确的做法应该是携起手来有效地管理全球化的进程，充分发挥其优势，最大限度地实现人类整体利益。

---

① 隋福民，巴斯·范鲁文，韩锋. 世界经济史的壮丽篇章——中国改革开放 40 年经济发展成果与世界主要经济体比较 [J]. 紫光阁，2018（5）：14－16.

中国认为，在经济全球化出现波折，内顾倾向抬头，多边贸易体制受到冲击的时候，保护主义政策如饮鸩止渴，损人不利己。各国经济，相通则共进，相闭则各退，因此，世界各国应该坚决避免以邻为壑，维护世界贸易组织规则，支持自由、开放、透明、包容、非歧视性的多边贸易体制，不搞排他性贸易标准、规则、体系，坚定做开放型世界经济的倡导者和推动者①。党的十八大报告指出："要倡导人类命运共同体意识，在追求本国利益时兼顾他国的合理关切，在谋求本国发展的同时促进各国共同发展，建立更加平等均衡的新型全球发展伙伴关系。"正如习近平总书记强调的："世界好，中国才能好；中国好，世界才更好"。"推动构建'人类命运共同体'是新时期全球化深入发展的保障与要求"②。

改革开放促进了中国的经济发展，中国的经济发展改变了世界格局，引起美国等国对全球化的疑虑。建设"共同繁荣"的世界是"人类命运共同体"的重要内涵，是对逆全球化言行的正面回应。因此，"人类命运共同体"也从这个侧面反映了改革开放对世界经济的影响。

三、彰显中国改革开放对世界安全的影响

通过几十年的改革开放，中国经济日益发展强大。中国经济的日益强大也逐渐推动经济全球化的发展，国际经济国内化、国内经济国际化已然成为事实。伴随经济全球化的是世界文化的深度交流与碰撞，"文明冲突论"有一定市场，各国如何对待其他文明成为一个需要面对的问题。以构建"开放包容"的世界为主要内涵之一的"人类命运共同体"在很大程度上是对这个问题的回应。得益于改革开放而日益强大的中国，需要承担更多的国际责任，特别是国际安全方面的责任，"人类命运共同体"恰恰呼应了世界对中国的期望。因此，"人类命运共同体"从上述两个方面彰显了中国改革开放对世界安全的影响。

---

① 习近平.共同维护和发展开放型世界经济（2013年9月5日）.习近平谈治国理政 [M].北京：外文出版社，2014：337.

② 郭锐，王彩霞.推动构建人类命运共同体的中国担当 [J].中国特色社会主义研究，2017（5）：49 - 57.

经济全球化必然促进世界各国不同文化的传播、交流。这产生了双向效应，一是不同文化的接触和融合或多或少减少了各民族间差异感，并促进文化的融合和共同发展，这样各民族间的相互了解加深，异质感减少，从而使冲突减少。中国在改革开放过程中，在对待外来文化上，由开始时的小心谨慎逐渐发展为从容不迫，在大胆吸收有益的外来文明的同时也努力推动自身文化在世界的传播，这不但增加了中国对其他国家的了解和理解，也增加了其他国家对中国的了解和理解，中国文化在与他国文化的交流互鉴中共同发展壮大，从而有利于世界的和平与安全。但同时，文化的传播与碰撞也会产生另一种效应，即文明的冲突。亨廷顿认为，随着全球化的发展以及与之相伴的文化的传播，会使作为一种认同来源的民族主义弱化，而文化认同会强化，进而代替民族认同。这样国家会结成七八个文明集团，这种集体区隔将成为国际冲突的基本根源。"文明冲突论"尽管饱受争议，但国际上发生的个别冲突的确能够为其提供支持性证据，更让人担心的是，美国这个一直以来自诩自由的国家，其部分政治精英和民众排斥其他文明的倾向正在增长，似乎在使"文明冲突论"成为自我实现的预言。

以构建"普遍安全""开放包容"的世界为主要内涵的"人类命运共同体"，不但包含了中国对其作为主力而大力推动的全球化可能导致的文明冲突的应对原则，也包含了中国继续深化改革、扩大开放，使人类更安全的决心和信心。"人类命运共同体"指出了各国应该如何交往，它要求各国努力推动全球化向积极方向不断发展，反对贸易保护主义，抵御极端民族主义和民粹主义思潮对全球化的影响。中国主张世界各种文明交流互鉴，认为文明因交流而多彩，因互鉴而丰富，只要秉持包容精神，"美人之美、美美与共"，"文明冲突"就会自然消失，就可以实现文明和谐[①]。从这个角度看，"人类命运共同体"彰显了中国改革开放对世界安全的影响。

习近平总书记指出："人类命运共同体，顾名思义，就是每个民族、每个国家的前途命运都紧紧联系在一起，应该风雨同舟，荣辱与共，努力把我们生于斯、长于斯的这个星球建成一个和睦的大家庭，把世界各国人民对美

---

① 习近平. 文明因交流而多彩，文明因互鉴而丰富（2014 年 3 月 27 日）. 习近平谈治国理政 [M]. 北京：外文出版社，2014：258 - 260.

好生活的向往变成现实。"①"人类命运共同体"理念倡导各国携手构建"持久和平、普遍安全、共同繁荣、开放包容、清洁美丽的世界",强调了全人类这个群体的群体利益,也就是各国的共同利益。实现这些比较抽象的共同利益,要以实现较为具体的共同利益为基础,这些较为具体的共同利益突出表现在应对全球性问题或者非传统安全问题上。的确,随着科技的迅猛发展、全球化的推进,世界各国的共同利益日渐增多,非传统安全问题日益突出。这些非传统安全问题有:人口问题、环境问题、资源问题、金融问题、政治问题、恐怖主义问题、核安全问题、能源安全问题、网络安全问题、粮食安全问题、毒品泛滥问题、移民(难民)潮问题、卫生问题、贫困问题等②。共同利益具有非市场实现性,即共同利益不可能通过市场方式和市场机制来实现。设法解决非传统安全问题是世界各国的共同利益,但是共同利益的实现通常需要公共产品供给,而公共产品具有消费上的非排他性和非竞争性等特点,使得以利益最大化为目标的理性市场主体不愿意也不可能投资或者供给公共产品,因此全球性问题的解决不可能通过市场途径,而需要通过合法性强制的公权力。但国际社会缺少类似国内社会的公权力。习近平总书记倡导构建"人类命运共同体"正是考虑到了非传统安全问题这种共同利益的非市场实现性,唤醒各国积极主动地携起手来共同进行全球治理的意识,不但体现了中国共产党和中国政府的世界情怀,也体现了中国作为负责任大国的担当。

党的十九大报告指出:"中国共产党是为中国人民谋幸福的政党,也是为人类进步事业而奋斗的政党。中国共产党始终把为人类做出新的更大的贡献作为自己的使命。"③应对非传统安全问题是"人类命运共同体"的应有之义,其所体现的大国担当和大国情怀的底气正来自中国几十年改革开放所取得的伟大成就,因此,"人类命运共同体"彰显了中国改革开放对世界安全的影响。

---

① 习近平. 携手建设更加美好的世界——在中国共产党与世界政党高层对话会上的主旨讲话[J]. 当代世界,2017(12):4-7.

② 陈须隆. 当今世界面临的主要全球性问题[J]. 瞭望,2015(39):18-20.

③ 习近平. 决胜全面建成小康社会夺取新时代中国特色社会主义伟大胜利——在中国共产党第十九次全国代表大会上的报告[M]. 北京:人民出版社,2017:57-58.

| 第十四章 |

推动构建新型国际关系

改革开放 40 年来，中国与世界的关系已发生了全面而深刻的变化，相互依存、深层互动与利益融合的趋势不断显现。当前，中国把自身定位为世界和平建设者、全球发展贡献者、国际秩序维护者，致力于成为国际社会新兴的建设性力量，从经济、政治到安全领域全面参与和推动全球治理变革。为此，党的十九大报告提出推动建设相互尊重、公平正义、合作共赢的新型国际关系，使之成为构建"人类命运共同体"的基础范式。作为习近平新时代中国特色社会主义外交思想的重要内容，这一理念正在被中国特色大国外交所积极践行，其普遍性价值正被越来越多的国家所接受，堪称中国向世界提供的又一项重要规范产品。本章将着眼于共建创新包容的开放型世界经济，就新型国际关系理念的时代价值、内涵特征、建设路径等方面展开论述，并结合典型案例加以剖析。

一、新型国际关系的理念源流

新型国际关系理念反映了全球化时代国际政治经济的趋势要求，体现了理念的引领性与实践的源头性之间的辩证关系。其主张既包括近代以来形成的主权国家一律平等、国家内政不容干涉等国际关系原则，也吸收了相互依存、集体安全、国际法治、国家合作与绝对收益等现代国际关系理念。在这个意义上，新型国际关系是在现有国际关系范式基础上的一次改革和完善。同时，新型国际关系的提出与中国的独特身份和历史经验有关——进入 21

世纪以来，中国作为全球最有代表性的新兴国家，崛起速度进一步加快，国际秩序也进入深层变革与调整时期。在既有国际关系范式下，少数西方大国长期处于主导地位，国际事务中的强权政治色彩突出，国际秩序中的公平正义价值难以得到充分实现。同时，在越来越多的双边、区域或全球性议题上，各国之间日益形成复合相互依存关系，彼此利益相互嵌入、互联互动、荣损与共。由旧的国际关系范式向新型国际关系范式转变，已成为国际社会的普遍期待，即便这一过程不可避免地存在曲折和反复。在当前国际体系转型、世界权力转移的过渡时期，中国已成为关键性影响变量之一，各国普遍关注它将扮演何种国际角色及其与其他大国和国际社会的互动状况。上述特定的时空背景和世界历史进程，为新型国际关系理念的产生提供了基本坐标。

在应然层面上，新型国际关系本身具有突出的理念创新性，在继承的基础上实现了超越和发展。以儒家思想为核心的底蕴深厚的中国传统文化，为新型国际关系理念的诞生提供了沃土。"仁义""和合"等中国传统文化精髓，与西方文化中二元对立的思维模式形成了鲜明对比——后者与近代以来国际社会中竞争性、冲突性因素突出的权力政治现象密切相关，是造成世界屡次出现大规模、系统性对抗与战争的社会文化因素。在这一规则作用下，直到冷战时代，大国政治的悲剧还一再重现，所谓"修昔底德陷阱"似乎成为人类社会难以逾越的宿命。同时，当代国际关系中的理性与进步性因素也在不断积累，中国也为此做出了独特贡献，为国际社会摆脱战争灾难、实现可持续的普遍和平探求路径。中国从20世纪50年代中期开始倡导并践行和平共处五项原则，并与其他国家一道使之成为国际关系和国际法基本原则。中国领导人在不同时期又陆续阐发了和平发展、和谐世界等重要理论主张，这些都构成了新型国际关系一脉相承的理念来源。就其主体性特征而言，中国长期奉行独立自主的和平外交政策，其丰富的对外关系实践与理念创新层面形成正向互动，从而为产生更具有时代气息的国际思想产品提供了有力支持。加之迅猛的全球化进程引起了国际国内层面深刻的社会变革，信息化与国家治理、区域治理以及全球治理成为影响深远的发展趋势，中国外交从中汲取不断生成的国际社会共有规范，肯定了和平、发展、公平、正义、民主、自由是全人类的共同价值。这些在不同程度上为新型国际关系理念所吸收，从而使当今时代特征与中国元素凝练于一体，创造出足以为世界所共享的优质观念产品。

在对外战略与政策层面上，随着近年来自身综合国力迅速上升，中国日益走近世界舞台中心，大国互动呈现新态势。作为新兴负责任大国，中国决定探索一条国际关系新路，以超越所谓"国强必霸"定律，避免重蹈历史上大国之间冲突与战争的恶性循环。这在为实现中华民族伟大复兴的中国梦创造有利外部环境的同时，也将保障全人类的命运前途更加光明，从而使中国梦与世界梦的衔接成为可能。在 2012 年 11 月党的十八大报告中，中国领导人提出要建立更加平等均衡的新型全球发展伙伴关系，这已经包含着合作共赢的战略取向。该报告同时指出，将改善和发展同发达国家的关系，推动建立长期稳定健康发展的新型大国关系。2013 年 3 月，习近平主席在莫斯科国际关系学院演讲时提出"以合作共赢为核心的新型国际关系"，这是该理念首次出现在国际层面上。在 2014 年 11 月中央外事工作会议上，习近平主席进一步强调了这一核心理念对于中国对外合作的指导意义，从顶层设计层面上确立了新型国际关系在新时代中国特色大国外交中的重要地位①。2015 年 9 月，习近平主席利用参加联合国成立 70 周年系列峰会之机，把新型国际关系理念推向全球更大范围。2017 年 11 月党的十九大报告明确指出，当今世界正处在深刻的发展、变革与调整时期，和平与发展仍然是时代主题。为此，中国特色大国外交要推动构建相互尊重、公平正义、合作共赢的新型国际关系，推动构建人类命运共同体。可见，新型国际关系理念从强调"以合作共赢为核心"到充实为"相互尊重、公平正义、合作共赢"，经历了一个理论认识不断深化的过程。由最初主要针对大国关系而提出来，逐渐推广至所有国家之间，这与和平共处五项原则的普遍化过程具有很大相似之处。除了实践意义外，该理念对于推动中国特色国际关系理论建设，尤其是有关国际关系趋势及规律的探索，也具有重大意义。随着新型国际关系的实践形态不断丰富，其理念内涵也将得到进一步拓展，从而使其引领性、规范性和多维性特点更加鲜明。

二、新型国际关系的内涵要求

相互尊重、公平正义、合作共赢构成了新型国际关系的基本内涵，它们

---

① 刘建飞. 新型国际关系"新"在哪里 [N]. 学习时报，2018 - 04 - 16 (001).

之间具有内在的逻辑统一性，并体现了主权、价值与利益三项原则的有机结合。与传统的国际关系规范及现实相比，这些规范在影响国家间关系的一些关键问题上取得了突破。其内涵体系的实践性、道义性及包容性突出，恰当地兼顾了国际关系理想与现实、规范与操作层面之间的平衡。

（一）合作共赢是新型国际关系的核心理念和根本特征

合作共赢作为新型国际关系的核心理念和根本特征而被最先提出，它构成了新型国际关系的经济学逻辑，同时又与相互尊重、公平正义两个理念相互联系、相辅相成。合作共赢理念以整体主义的方法论看待国家间的共处之道，强调通过国际合作方式，扩大彼此间的利益交集，而不是以冲突对抗方式谋求单方利益。合作共赢构成了相互尊重与公平正义的现实或物质基础，它旨在实现国家间互动结果的正义性，从而获得实体的正义。国家间的互动应以双赢、多赢、共赢结果为目标，而非谋求"赢者通吃"或者获取更大的相对收益。通过这种稳定的互动所形成的国际交往规范，会塑造相关方的合作取向而非偏好对抗甚至"损人不利己"。在预期明确的博弈模式下，利益获得的均衡性是保障国际合作可持续发展的重要条件，否则一方就会选择不合作而退出。比如在全球应对气候变化领域，合作共赢是促成温室气体减排等集体行动的一项基本原则，为此应着眼于历史与现实而尽可能平衡考虑各方利益。

新型国际关系强调"正和博弈"思维，主张博弈各方通过合作、对话和协商等正向互动方式，实现共同发展、共同安全和共同治理[①]。各方应正确对待国家间因利益差异而形成的竞争关系——竞争并不意味着对抗，它与合作并不矛盾，因此竞合关系是新型国际关系架构下的一种常态。基于此，可通过增进信息对称使合作各方更倾向于选择均能从中获益的互惠行为，从而确立非零和的博弈关系。国际经贸关系本应是合作共赢原则体现最典型的领域之一，而美国特朗普政府采取强硬政策来处理与中国、欧盟以及日本等主要经济体之间的经贸关系，这对于世界自由贸易前景构成了严重威胁，也有悖于新型国际关系建设的内在要求。与其相反，2018 年 11 月首届中国国际

---

① 苏长和．建构新型国际关系的理论与实践［J］．美国研究，2018（3）：42．

进口博览会在上海举行，这也是全球第一个以进口为主题的国家级博览会，显示了中国扩大对外开放、反对保护主义以及为世界经贸融通提供新平台的积极意愿。

（二）相互尊重是国际关系健康发展的起点和保证

相互尊重不但是人际交往的一项基本原则，也应当是国际关系健康发展的起点和保证。相互尊重适用于国际关系时具有特定的内涵，它是国际秩序合理化的基本前提，涉及国际行为主体之间最基本的认知。为此，国际社会应摈弃传统的以强凌弱的丛林法则，促进国际关系进一步民主化。这就需要国家间真正坚持主权平等，尊重他国的差异性与合理关切，反对干涉彼此内政，尤其是反对对别国实施所谓"长臂管辖"。在国内层面上，各国都有自主选择社会制度和发展道路的权利；世界发展模式的多样性是由各国国情所决定的，应当在平等互信、包容互鉴的基础上寻求共同进步。在国际公共领域，关乎人类社会长远发展的世界事务应当充分体现普遍的参与性或代表性，而不是由少数大国垄断作出决策。在这个意义上，新型国际关系的运行不依赖于实力均衡原则，也不以社会制度划线而割裂世界。人权领域是考量国际关系是否遵循相互尊重理念的试金石，迄今在不同文化背景、不同社会制度和不同发展阶段的国家之间仍然存在显著分歧。有些西方大国对其他国家的所谓人权问题施加压力甚至进行干涉，而不是诉诸平等和建设性的交流对话。例如，在所谓"侵犯维吾尔族人权""藏独""港独"等问题上，一些外部势力无端指责中国，甚至企图插手中国内部事务。

近年来，中国的经济影响力向更多地区和国家辐射，外交、文化等领域的软实力也取得了长足进展。与此同时，澳大利亚、欧洲、美国等先后出现有关中国运用所谓"锐实力"（sharp power）对西方国家及其文化和价值观进行渗透和影响的论调，反映了西方一些社会政治精英固有的文化优越感、冷战思维以及面对中国作为异质文明快速发展的某种焦虑失落，也从反面凸显了构建新型国际关系的紧迫性和必要性。针对这种升级版的"中国威胁论"，中国主张在相互尊重基础上正确对待彼此的价值差异，并更为主动地倡导和践行新型国际关系与"人类命运共同体"理念，反对国际关系各领域的霸权逻辑（包括运用话语霸权对他国进行舆论遏制）和双重标准。

（三）公平正义构成新型国际关系的伦理学逻辑

如果说合作共赢更多地具有工具或手段意义，那么公平正义则构成了新型国际关系的伦理学逻辑。它既是当前国际关系合理化与法治化的伦理要求，也应当成为全球治理的价值取向①。任何一个国家都不可能是单纯的"经济动物"或"政治动物"，国际关系的伦理性在当代越来越得到认可。如前所述，和平、发展、公平、正义、民主、自由等全人类共同价值也体现在新型国际关系的价值维度上。其中，公平正义比合作共赢、相互尊重两个维度的伦理色彩要浓厚。就全球发展领域的实体正义而言，一国自身的发展不应以牺牲别国利益为代价，一部分国家的发展和繁荣也不应建立在更多国家长期贫困的基础上。为此，全球治理体系应当朝着共商、共建、共享的方向发展，不断扩大各方利益的汇合点，共享全球化发展的成果。当前"逆全球化"现象的突显与过于强调国家利益的本位主义有关，一些国家追求自身绝对的、片面的利益，罔顾别国利益与国际社会共同利益。基于公平正义原则，应确保各国在国际经济合作中发展权利平等、机会平等、规则平等，在国际事务中坚持权利与责任相统一。但在既有的国际关系模式中，仍存在着一些大国利用自身在国际生产、贸易和金融结构中的优势，长期主导着相关的规则制定权和机会分配权，从而使更多的发展中国家处于不平等的权利地位，南北贫富差距难以得到根本性解决。

公平正义原则使新型国际关系的伦理性超越了单纯的物质取向，这也打上了鲜明的东方文化烙印。中国在对外关系中倡导正确义利观，是对现有国际关系伦理的一次话语提升和跨越。它要求在国际交往中把"讲道义"和"求功利"在新的基础上有机结合起来，处理好维护公平正义、做出国际贡献与保障和增进自身利益之间的关系。事实上，义利之间除了相容关系外，也经常存在价值的冲突，成为构建新型国际关系不可回避的一个问题。理性的国家决策和行为当然会趋利避害，但有取有予、取之有度。尤其是大国与小国交往时除了平等相待外，还往往要考虑义利相兼、义重于利。中国在与发展中国家的交往中坚持道义优先，向它们提供更多力所能及的帮助；同时

① 郭树勇. 新型国际关系：世界秩序重构的中国方案［J］. 红旗文稿，2018（4）：18.

作为发展中国家的利益代言人，中国积极推动提升这一群体在国际制度和全球治理中的应有地位。

（四）构建"人类命运共同体"与新型国际关系有机统一

新型国际关系不是孤立存在的，其目标模式指向构建"人类命运共同体"，二者都承认并寻求增进人类共同利益。换言之，构建"人类命运共同体"与新型国际关系是有机统一的目标与路径关系，后者是前者的基石与关键环节。所谓"人类命运共同体"，就是人类社会不同国家和民族在共同利益、共同价值、共同责任基础上所结成的命运攸关的整体①。构建"人类命运共同体"并不是要建立一个理想主义的世界政府，在实践层面上，它承认主权国家差异的现实存在②。但在旧的国际关系范式下，"人类命运共同体"意识缺乏可靠的制度及实践支撑，其根本目标也难以得到保障。"人类命运共同体"本质上是国际秩序的一种新范式，就空间层次而言，可以从构建周边命运共同体做起；就逻辑层次而言，则可以把利益共同体作为建设起点，进而实现从责任共同体到命运共同体的升华。而新型国际关系的三大理念也贯穿在这些基础性环节中，例如周边命运共同体要做到相互尊重、互利共赢，而利益共同体则强调互利共赢，责任共同体更侧重公平正义。

"人类命运共同体"强调各国家或民族之间的相互依赖性与整体性，从而消弭冲突与战争发生的结构根源，这与新型国际关系的理论基础是一致的。在日益具有全局性、综合性和长远性特点的全球化挑战面前，每个国家都难以独善其身，亟须以新的行为方式共同应对。尤其是安全、经济、环境等领域的全球公共问题往往具有极强的联动性，其解决必须诉诸多边及双边国际合作。例如在能源资源安全领域，石油输出国与消费国之间既有博弈，也有对话与合作，二者都希望保持石油市场稳定和可持续发展，构建全球能源命运共同体。总之，建设持久和平、普遍安全、共同繁荣、开放包容、清洁美丽的世界，不但是"人类命运共同体"所包含的具体内容，也为新型国际关系指明了努力的目标方向。

---

① 刘建飞. 中国特色大国外交的时代特色 [J]. 国际问题研究, 2017 (2): 40.
② 宋效峰. 习近平新时代中国特色社会主义外交思想探析 [J]. 社会主义研究, 2018 (5): 15–23.

三、新型国际关系的建设路径

新型国际关系的"新"不仅反映在理念上，更反映在具体操作和实践层面上①。在合作、竞争与对抗等包容程度不同的国际关系具体形态中，新型国际关系无疑最偏好合作，其次也能够接受包容性竞争的存在。从历史逻辑看，构建新型国际关系并非打破现有的国际秩序而另起炉灶，它需要在继承和汲取现有国际体系的基本要件和合理因素的基础上实现创新和升华。其构建路径具有多元性、系统性、曲折性等基本特点，其中主权国家仍将是新型国际关系的基本行为体，但彼此互动的价值取向将会发生质的变化。

（一）以公平正义理念引领全球治理体系变革

新型国际关系与全球治理之间具有很强的共通性，为此各国应共同推动全球治理变革，强化合作治理的制度路径，落实各方的平等参与、民主协商与规则公正。应以公平正义理念引领全球治理体系变革，进一步发挥联合国在全球治理尤其是新兴领域治理中的作用，为气候变化、网络空间以及极地、外空、深海等关乎人类未来的诸多领域制定规则，并平衡反映各方利益与关切。联合国宪章精神与新型国际关系理念是契合的，同时联合国具有广泛的代表性、突出的动员能力以及完备的合作机构和机制，这一优势使联合国能够在构建新型国际关系中扮演参与者、引领者、共识凝聚者与监督者角色。为此，可以通过重塑新形势下的联合国权威、保持联合国的协调中心地位、稳步推进联合国改革以及提升联合国的全球治理能力等途径，来推动联合国参与构建新型国际关系②。尤其是扩大发展中国家在国际事务中的代表性和话语权，完善全球治理结构；在制度设计和规则制定中体现程序公正、分配公正与互动公正，不能由个别大国一家主导国际制度体系。

---

① 凌胜利. 构建新型国际关系：渊源、内涵与路径［J］. 当代世界，2018（10）：39.
② 石晨霞. 联合国与新型国际关系的构建［J］. 国际展望，2017（2）：78.

随着与国际社会互动的不断加深，中国已由全球治理的参与者、建设者转变为引领者，这在全球经济领域体现得尤为明显。鉴于当前全球治理面临着制度有效供给不足、民主赤字以及治理失灵等诸多问题，中国作为负责任新兴大国，不会任由所谓"金德尔伯格陷阱"出现①。中国正通过G20、金砖国家合作机制、亚投行、丝路基金等新兴多边经济合作机制，与其他国家一道构建开放共享的全球治理平台，促进全球治理能力的发展与完善。在这一过程中，中国愿意承担相应的国际义务，提升国际公共产品供给水平，加强与其他主要国家、各地区以及全球性组织的合作，推动落实联合国2030年可持续发展议程。为此，国际社会需要进一步加大对发展中国家特别是最不发达国家的援助，以缩小南北发展差距。此外，在新的全球政治语境下，由国家、地方政府、市场与社会主体组成的治理网络，也是新型国际关系确立的支持性因素。在某种意义上，打破领土边界的跨国政治正在超越传统的国家间政治，全球权力结构不断网络化，为新型国际关系的建构创造了有利的环境条件。

（二）构建全球伙伴关系网络

为了扩大新型国际关系建设的参与主体，中国积极发展全球伙伴关系，已初步形成了一个全球伙伴关系网络。中国主张对话而不对抗、结伴而不结盟，维护以联合国宪章宗旨和原则为基石的国际关系基本准则。其所倡导的伙伴关系不预设假想敌、不针对第三方，即其中任何一方都既非盟友更非敌人，而是基于共同利益与价值之上的合作者。这种冷战后兴起的由新型国际关系理念凝聚起来的"朋友圈"，其内部关系有赖于彼此信任与支持；通过开展双边、多边、地区等多层次合作，它们推动着现存国际秩序发生积极变迁。自1993年中国与巴西建立第一个战略伙伴关系以来，中国已同上百个国家和国际组织确立了不同形式的伙伴关系，且其层次仍在不断深化和升级，涵盖了大国、周边国家和发展中国家等交往类型。其中，全面合作伙伴关系、战略伙伴关系、战略合作伙伴关系、全面战略伙伴关系以及全面战略

---

① 所谓"金德尔伯格陷阱"，是指在全球权力转移过程中，如果新兴大国不能承担领导责任，就会导致国际公共产品短缺，进而造成全球经济混乱和安全失序。

合作伙伴关系是最常见的几种关系定位。这种超越冷战思维的伙伴关系努力把相互尊重落到实处，交往对象无论大小、强弱、贫富一律平等对待，且彼此尊重对方核心利益与重大关切，而不是谋求孤立、围堵或制衡对方。当前尤其要通过推进大国协调与合作，培育更高水平的战略互信，构建总体稳定、均衡发展的大国关系框架，从而实现彼此在共有利益、责任和价值之上的良性互动。基于此，所谓的"新冷战"不应当也不可能出现于紧密相互依存的中美等大国之间。

当前构建新型国际关系，对于中国而言需立足于大周边地区，坚持睦邻、安邻、富邻等原则，在周边外交中突出亲、诚、惠、容理念，把周边国家越来越多地纳入具有开放多元和层次性特点的地区性伙伴关系网络之中。长期以来中国奉行与邻为善、以邻为伴的周边外交政策，亚洲国家自然成为构建新型伙伴关系的重点对象。在区域方向上，与东北亚、东南亚、南亚、中亚国家的关系要做到重点突出，同时也要相对均衡地推进。2018年10月，日本首相安倍晋三访华并达成两国货币互换协议，中日关系回暖为相对脆弱的东北亚新型国际关系注入了积极能量，也有助于推动东北亚乃至东亚层面的一体化合作。就空间维度而言，新型国际关系从构建中国—东盟命运共同体、中巴命运共同体、中哈命运共同体、中俄命运共同体等周边命运共同体出发，同时构建和发展中美、中印、中日等新型大国关系，将为打造人类命运共同体打下扎实基础。

就不同发展阶段的国家来看，发展中国家是中国构建新型国际关系的基本依赖力量。以对非关系为例，中国讲求"真实亲诚"，通过中非合作论坛、中国—阿拉伯国家合作论坛等多边或双边渠道，加强彼此间新时代条件下的南南合作。2015年以来，中非全面战略合作伙伴关系深入发展，双方致力于实现政治上平等互信、经济上合作共赢、文明上交流互鉴、安全上守望相助以及在全球事务中团结协作。中国的对非关系并不是单纯为了获取资源、占领市场等经济利益，更不是搞所谓的经济殖民主义，而是打造以互利合作为基础的新型合作共赢伙伴关系。中国还向非洲积极提供国际公共产品——在2018年中非合作论坛上，习近平主席宣布将向非洲提供600亿美元支持，并设立中非和平安全合作基金，向非洲提供维和维稳等方面的安全援助。

（三）经济与安全是构建新型国际关系的两大抓手

新型国际关系不能仅靠某一领域的突破而取得成功，它有赖于多个领域相互联系、相对均衡的发展，其中经济与安全是构建新型国际关系的两大抓手。

在发展领域，当前世界经济增长存在着不确定因素，尤其是逆全球化回潮，国际贸易面临着保护主义的威胁。作为开放型世界经济的积极倡导者，中国致力于推动经济全球化朝着更加开放、包容、普惠、平衡、共赢的方向发展。在全球和亚太区域层面上，中国与相关国际机构和国家一起，促进贸易和投资自由化与便利化；通过多边贸易体制和自由贸易区建设，推动形成富有活力的增长模式、开放共赢的合作模式、公正合理的治理模式以及平衡普惠的发展模式。如前所述，首届中国国际进口博览会表明开放合作对于世界共同发展的重要性，堪称中国自身发展惠及他国与世界的又一项国际公共产品，同时也是新型国际关系在经济领域得到推进的典型体现。此外，中国倡导的开放合作机制还包括与中东欧国家的"16 + 1 合作"框架、中国—拉共体论坛、中国—太平洋岛国论坛对话会等，并务实推进同海湾阿拉伯国家合作委员会、东北亚、中亚、南亚等周边国家和"一带一路"沿线国家的自由贸易区谈判，从而不断夯实各类伙伴关系的经济基础。

在安全领域，中国倡导共同、综合、合作、可持续的新安全观，反对冷战思维和谋求单边安全，营造和平稳定的国际环境。中国一再宣示永远不称霸、永远不搞扩张，着力化解传统的"安全困境"。塑造长期稳定、健康发展的新型大国关系是关键——其中与美国的关系具有长远的结构性影响，两者分别代表了新兴力量与守成力量。如果全面看待中美之间的互动内容，会发现除了近期摩擦与竞争相对突出外，对话与合作实际上一直没有中断。作为双边直接沟通机制，2009～2016 年中美战略与经济对话举行了八轮。2017年4月，两国领导人在海湖庄园会晤时宣布建立外交安全对话、全面经济对话、执法及网络安全对话、社会和人文对话等高级别对话机制，使对话形式更为全面具体。除了规模庞大的双边贸易外，投资、金融、人员往来等对于中美两国关系的相互嵌入性和稳定性同样具有重要作用。合作共赢原则是中美新型大国关系的核心基础，尤其是在价值观存在根本差异的情况下，共同利益成为中美关系能够长期稳定发展的主动力。未来两国关系还将在竞争合作、非敌非友的路径状态上发展，有时也会发生一定的摇摆或偏离。如果任由贸易冲突向经济、政治、安全等更多领域外溢，那么不但两国利益会受到根本损害，国际体系也将面临分裂风险。对此中美应进一步开展战略协调，管控分歧、深化互信和拓展已有合作。

1996 年以来，中俄战略协作伙伴关系深入发展，在一系列地区及国际重大问题上保持协调，成为新型大国关系的典范。两国在彼此核心利益和重大关切问题上相互尊重，而这正是目前中美关系相对欠缺的——美国在中国台湾、中国南海、贸易等问题上不愿放弃霸权政策和优越感，从而威胁到中国的主权、安全与发展等核心利益。中俄两国作为推动世界多极化的重要力量，均反对建立单极世界和霸权主义。此外，作为金砖国家、上海合作组织的重要成员，中俄经济合作的战略意义也在不断上升，并寻求"丝绸之路经济带"和欧亚经济联盟之间共同发展的利益汇合点。

近年来，中国与欧盟的关系朝着战略性提升、政治互信增强和经贸结构平衡的方向发展。2015 年 5 月，习近平主席在中欧建交 40 周年的贺电中将双方关系定位为"和平、增长、改革、文明"四大伙伴关系[①]。中国还与法国、德国、英国等重要西欧国家开展跨文明、跨大洲、跨意识形态的高层次合作，共同推动新型国际关系建设。2018 年 1 月，法国总统马克龙访华，为中共十九大以后首位来访的欧洲大国领导人，同时也是 2018 年首位来访的西方大国领导人。中法两国关系已超出双方范畴，在地区和全球重大问题上开展协调与沟通。另外，中德外交与安全战略对话自 2015 年 12 月以来已连续举行了 4 届，双方在坚持多边主义、维护全球自由贸易体系等方面具有一致立场。

在亚洲，中国与东盟、日本、印度等之间的战略关系近年来保持总体稳定，彼此的利益交汇点不断扩大。在传统安全领域，中国主张积极管控分歧与竞争，以多层次、多轨道的对话协商手段解决争端和化解分歧。在第二轨道层面上，北京香山论坛、世界和平论坛等平台为国际社会探求全球安全新方案，也有助于打造平等互信、合作共赢的新型安全伙伴关系，促进地区和国际安全共同体构建。鉴于传统安全问题的高度敏感性，中国主张统筹应对

---

① 习近平. 习近平谈治国理政（第 2 卷）[M]. 北京：外文出版社，2017：455.

传统和非传统安全威胁，把恐怖主义等日益凸显的非传统安全问题治理作为合作的突破口，强调标本兼治，从发展领域加以系统性地解决。

（四）尊重文明差异和加强全球生态环境合作

构建新型国际关系，还要以新思路处理好不同文明之间的关系，以及加强在全球生态环境领域的合作。与前述军事安全等议题相比，这些领域的议题敏感性相对较低，各方更容易取得共识。

人类文明具有多样性、平等性、包容性等特征，如何处理彼此之间的关系在历史上一直是一个重大课题。冷战结束后，西方一些学者一度提出"历史终结论""文明冲突论"等理论，并产生了很大影响。当前，国家间的地缘政治关系与地缘文明关系交错在一起，呈现出一种重叠与过渡形态。比较而言，一些西方大国怀有的傲慢与偏见，是影响文明交流的主要障碍。新型国际关系要求跳出某种文明"中心论"来看待世界文明格局，尊重文明的差异性与多样性。习近平主席就此在上海合作组织青岛峰会上指出，要树立平等、互鉴、对话、包容的文明观，以文明交流超越文明隔阂，以文明互鉴超越文明冲突，以文明共存超越文明优越①。构建新型国际关系所指向的"人类命运共同体"目标，在某种意义上是当代国际社会一种理想的文明共同体范式；所谓"各美其美，美人之美，美美与共，天下大同"，各国、各民族应当在尊重彼此文明传统、交流共生互融的基础上，培育全球化时代兼具多元性与共享性要素的人类文明共同体。

在生态环境领域，倡导各国向环境友好型的发展模式转变，通过多双边合作来应对气候变化。环境治理成为全球规范体系转型的重要场域，传统的权力政治显示出不相适应性，新型国际关系有望在该领域取得突破。无论是发达经济体、新兴市场国家，还是应对气候变化能力较为脆弱的一般发展中国家尤其是小岛国，都应当在尊重各国国情差异的基础上，携手构建合作共赢、公平合理的气候变化治理机制。为此，2015 年，中国领导人宣布出资 200 亿元人民币（约合 31 亿美元）设立中国气候变化南南合作基金，开展对发展中国家应对气

---

① 习近平在上海合作组织成员国元首理事会第十八次会议上的讲话［EB/OL］. http://www.gov.cn/xinwen/2018 – 06/10/content_5297652. htm.

候变化行动的援助。2016 年 9 月，中国政府率先批准《巴黎协定》并交存相关文书，为国际社会做出表率。中国还推动国际社会确立了 2020 年后应对气候变化的安排，以及 2030 年可持续发展目标。从全球气候正义的角度看，国际社会尤其是发达国家有责任作出更大努力，以保障发展中国家所应享有的平等发展权，共同促进跨国气候伙伴关系的形成。对此，加强政党、地方政府、非政府组织等非国家行为体之间的跨国交流与合作，有助于增进不同国家、不同集团之间的政治互信，夯实新型国际关系的社会政治基础。

四、新型国际关系的典型范例

（一）"一带一路"在新型国际关系与全球公共产品之间架起桥梁

作为中国对外合作的重大举措，"一带一路"倡议提出已逾 5 年，其所秉持的共商共建共享原则与新型国际关系的相互尊重、公平正义、合作共赢理念本质上是相通的。"一带一路"倡议作为开放的新型国际合作平台，有助于区域和国际社会实现共同发展、持续繁荣与长治久安，从而标志着新型全球化时代的开启。迄今已有 100 多个国家及国际组织参与并签署了共建"一带一路"合作谅解备忘录，涵盖了亚洲、欧洲、非洲等广大沿线地区。其中，2016 年 9 月，联合国开发计划署与中国签署共同推进"一带一路"谅解备忘录，成为国际组织参与"一带一路"建设的重要创新。就国别来看，蒙古国、印度尼西亚、巴基斯坦、哈萨克斯坦、俄罗斯、波兰、捷克、希腊、埃及、肯尼亚等国在各个区域方向上具有示范和支点意义。当前，"一带一路"倡议正在寻求加强与欧亚经济联盟以及欧盟的发展战略对接。2018 年 9 月，习近平主席在中非领导人与工商界代表高层对话会上发表主旨演讲，强调中国支持非洲国家参与共建"一带一路"，愿同非洲加强全方位对接，打造符合国情、包容普惠、互利共赢的高质量发展之路①。截至 2018

---

① 习近平. 支持非洲参与共建"一带一路"［EB/OL］. http：//www. xinhuanet. com/2018 – 09/03/c_129946035. htm.

年9月，已有37个非洲国家以及非洲联盟签署共建"一带一路"政府间谅解备忘录。

"一带一路"还拓展到拉美和加勒比地区。近年来，巴拿马、苏里南、特立尼达和多巴哥、委内瑞拉、智利、萨尔瓦多等国先后签署相关合作备忘录，巴西、阿根廷、墨西哥、秘鲁、古巴等国也都表示了参与的积极意愿。在大洋洲方向，2017年3月，新西兰与中国签署了《关于加强"一带一路"倡议合作的安排备忘录》，成为首个签署相关协议的西方发达国家。此外，新西兰在西方发达国家中第一个承认中国完全市场经济地位，第一个与中国开展双边自由贸易谈判并签署协定，以及第一个加入亚投行。长期以来，中新两国关系不受意识形态差异或所谓安全威胁羁绊，堪称中国与西方国家构建新型国际关系的典范。作为该倡议的南线，未来"一带一路"还将向其他南太平洋国家进一步延伸，巴布亚新几内亚、斐济等国都是该地区重要的合作对象。

（二）上海合作组织代表了新型国际关系的一种发展逻辑

上海合作组织是一个立足于不结盟、不对抗、不针对第三国的新型区域组织，目前已成为树立新型国际关系的典范。自成立以来，上合组织在增强战略互信、深化安全合作、推动区域发展、开展文化交流等方面取得了显著成果，对于营造公道正义、共建共享的区域及国际安全格局发挥了示范作用。随着2017年印度和巴基斯坦的加入，上合组织的成员国数量达到8个，总人口占世界人口超过4成，领土面积和经济总量均占全球约1/4，成为世界上人口最多、面积最大的地区合作组织。此外，它还有阿富汗、白俄罗斯、伊朗、蒙古国4个观察员国，以及阿塞拜疆、亚美尼亚、柬埔寨、尼泊尔、土耳其、斯里兰卡6个对话伙伴国。从文明角度看，其成员国涵盖伊斯兰文明、中华文明、东正教文明和印度文明；从国家体量看，有中国、俄罗斯、印度这样的金砖大国，也有乌兹别克斯坦、巴基斯坦、哈萨克斯坦这样的中等国家，以及塔吉克斯坦、吉尔吉斯斯坦这样的小国；从区域看，成员国涵盖东亚、中亚、东欧和南亚4个区域。中国与这一组织的关系既涉及周边关系，也涉及大国关系、发展中国家关系，这些国情、社会制度和价值观不同的国家之间的共处之道就是新型国际关系。该组织的合作始于边境地区安全等高级政治领域，迄今战略互信、反恐等安全利益仍然是中国与中亚、南亚其他成员之间关注的首要利益，但共同利益正在向经贸、环境等低级政治领域扩展，从而正在转型为一个政治经济并重的综合性组织。

上海合作组织处在欧亚大陆腹心地带，与"一带一路"倡议相互促进、互为重要支撑，两者在原则宗旨、核心价值、目标内容、发展路径等多方面具有根本一致性，彼此在安全、经贸、人文等领域有着很大合作空间。上合组织不同于北约这样的军事同盟组织，也不同于七国集团这样的"富国俱乐部"，它秉承互信、互利、平等、协商、尊重多样文明、谋求共同发展精神，一开始就不是为对抗、排他以及争夺主导权而存在的。作为新型国际关系的积极倡导者和践行者，上合组织将在促进成员国更广泛合作、推动地区及国际秩序变革道路上行稳致远，同时与欧亚经济联盟、联合国相关组织、亚信组织等多边组织之间保持联系与合作。在 2018 年 6 月上合组织青岛峰会上，上合组织成员国批准了《〈上合组织成员国长期睦邻友好合作条约〉实施纲要（2018－2022 年）》以及打击三股恶势力、禁毒、粮食安全、环保、人文等领域的 10 余份合作文件。上合组织的安全合作实践为亚洲安全观的形成提供了有力支撑，对于构建新型安全伙伴关系具有突出的示范意义，同时也从地区层面上为"人类命运共同体"建设打下扎实基础。

（三）以经济为主导的多边合作成为撬动新型国际关系的着力点

作为构建新型国际关系的关键力量，21 世纪以来金砖国家（BRICS）快速崛起，促进了现有国际制度体系的包容性趋势。目前金砖国家已形成了以领导人峰会为核心的全方位、多层次、宽领域合作机制，它推动着国际权力结构变迁、国际制度改革和新型国际共有观念形成，促使国际体系由以西方为中心向东西方共同主导转变。在推进国际体系变革和转型进程中，金砖国家需要进一步加强合作机制建设，通过"金砖＋"合作模式打造开放多元的发展伙伴网络，并妥善处理好与西方大国的关系①。作为新兴大国基于自身发展需要和应对全球治理失灵而成立的国际合作新架构，金砖国家机制有助于提升新兴市场国家及广大发展中国家在全球治理变革中的话语权，促进南

---

① 臧秀玲，王跃. 金砖国家崛起与合作对国际体系转型的影响［J］. 理论学刊，2018（5）：78.

南合作、南北对话和世界多极化发展。目前，金砖国家的合作成果主要集中于经贸金融领域（如新开发银行和应急储备机制等），但其影响力不会局限于经济领域。由于成员国之间在反恐、安理会改革、核不扩散、海洋安全等安全议程中存在明显的利益矛盾，未来金砖国家开展安全合作的关键在于构建共同的安全利益①。新型国际关系理念有望进一步塑造金砖国家的集体行为取向，使国际秩序转型过程中新兴大国与既有大国之间的关系能够实现更平稳的磨合。展望未来，金砖国家伙伴关系将在维护世界和平、促进共同发展、弘扬多元文明、加强全球经济治理方面发挥更大作用。

亚洲基础设施投资银行也是由新兴国家发起、发展中国家和发达国家共同参与的一个新型多边开发机构，其制度设计体现了新型国际关系理念。这一区域性金融机构的成员目前已发展到 80 多个，其中包括英、德、法、澳、加等其他大洲发达国家（同时也是美国的政治盟友），数量已超过发达国家主导的亚洲开发银行和欧洲复兴开发银行等传统金融机构，规模和影响力仅次于世界银行。亚投行旨在实现合作共赢、共同发展，它把各方的比较优势聚合在一起，并使亚洲地区的资源得到优化配置。就其在亚太地区的经济影响力而言，亚投行与世界银行之间的确存在着一定的竞争关系。但事实上，两者不但没有发生冲突，反而在人员交流、制度设计、联合融资等方面存在着大量合作②。亚投行成立以来所资助的项目大部分是与其他机构联合放贷的，包括世界银行、亚洲开发银行、欧洲复兴开发银行、欧洲投资银行以及伊斯兰开发银行。亚投行也不排斥美日等国的加入，美国作为在世界银行中占有主导地位的国家，完全可以与亚投行的倡导国中国一起，推动这两个多边金融机构深入合作与互补，使现有国际金融治理体系的有效性和合法性得到进一步完善。在某种意义上，这是新型国际关系在国际开发与金融领域的集中体现，它使国际金融治理改革朝着更为公正合理的方向发展。如今亚投行的业务对象范围甚至拓展到非洲和拉美，它在开放包容、互利共赢的基础上实现了发展要素的优化组合，对于不同类型之间的南南合作、南北对话等互动关系具有塑造与引领作用，有助于形成更加公平正义的国际开发格局。

东南亚国家均为中国近邻的中小国家，且政治、经济及文化多样性显

---

① 王蕾. 金砖国家间安全利益的关联与安全合作前景 [J]. 拉丁美洲研究, 2017 (4): 122.
② 朱杰进, 艾敏. "与对手合作": 中国与世界银行在筹建亚投行中的合作 [J]. 复旦国际关系评论, 2017 (20): 52.

著，但作为整体的东盟在亚太区域合作进程中发挥着某种中心作用。基于此，这个区域有理由成为中国推动构建新型国际关系的优先方向。作为亚太区域合作中最为成功和最具活力的典范，东盟与中国在区域一体化方面的政策很大程度上保持一致，双方在经贸、非传统安全、人文交流等领域的密切合作为促进地区层面的新型国际关系建设奠定了扎实基础。中国与东盟建立战略伙伴关系15年来，双方在自贸区建设、南海区域稳定等方面进行了卓有成效的合作；这表明大小国家之间完全可以在平等互利基础上推动区域合作，从而实现共荣共存与共同安全。着眼于构建理念共通、繁荣共享、责任共担的命运共同体，2018年11月李克强总理在第20次中国—东盟（10＋1）领导人会议上提议，构建以政治安全、经贸、人文交流三大支柱为主线、多领域合作为支撑的合作新框架，加强"一带一路"倡议与《东盟互联互通总体规划2025》的对接，从而进一步升级双方之间的合作水平。在次区域层面上，2015年11月正式成立的澜湄合作机制得到柬、越、泰、缅、老五国的积极响应，它对于推进"一带一路"倡议具有独特作用，各方将在互联互通、产能合作、跨境经济合作、水资源合作、农业和减贫五个优先领域实现互利共赢。这一创新性机制有助于培育中国与东盟关系的新的利益增长点，同时也充分反映了中国奉行的亲诚惠容的周边外交理念。

当前世界转型过渡期与历史交汇期相互叠加，中国在准确分析内外部环境变化的基础上提出构建新型国际关系，为化解世界发展困境与国际安全困境提供了中国方案。这是中国国际话语权的一次重大提升，显示了与中国经济等硬实力增长相适应的规范创制能力。中国将坚定奉行独立自主的和平外交政策，更好地发挥自身的资源优势，增强对于新型国际关系构建的战略引领和示范能力，保障和拓展有利于我国发展的战略机遇期。当前，势力平衡等旧的国际关系原则仍然在起作用，权力政治现象甚至占据着国际关系的某些最重要领域。展望未来，新型国际关系的构建过程虽然不会一帆风顺，但它符合全球化时期国际关系的演进趋势，正在为国际社会所越来越普遍接受和践行，从而为"人类命运共同体"建设打下坚实基础。

| 第十五章 |

积极参与全球经济治理体系改革和建设

习近平总书记在党的十九大报告中深刻指出："世界正处于大发展大变革大调整时期，和平与发展仍然是时代主题。世界多极化、经济全球化、社会信息化、文化多样化深入发展，全球治理体系和国际秩序变革加速推进，各国相互联系和依存日益加深，国际力量对比更趋平衡，和平发展大势不可逆转。"① 这既是我们党在新的历史条件下就国际社会发展趋势所做出的科学判断，也彰显了中国主动顺应时代潮流，以和平手段积极参与全球治理体系改革和建设，为塑造更加公平、合理的国际秩序贡献更多中国智慧和中国方案的无畏勇气和坚定决心。

一、全球经济治理体系改革和建设的内在必要性

全球经济治理体系是全球治理体系的重要组成部分，对其进行必要的改革和建设是当前国际社会普遍关注的核心问题之一。

第二次世界大战以后，为了进一步巩固胜利成果，同时也为了维护战胜国的权益，以美国为首的西方国家主导建立了支撑全球经济治理体系的三大组织——国际复兴与开发银行（现为世界银行）、国际货币基金组织和关税与贸易总协定（现为世界贸易组织）。在各组织全体成员的共同努力下，世

---

① 习近平. 决胜全面建成小康社会　夺取新时代中国特色社会主义伟大胜利——在中国共产党第十九次全国代表大会上的报告 [M]. 北京：人民出版社，2017：58.

界银行、国际货币基金组织和世界贸易组织的有效运作为战后世界经济在总体上保持较长时期的稳定与增长，发挥了关键性的作用。但是，随着世界经济格局不断演进，现有全球经济治理体系的局部性、内在性体制机制弊端日益凸显，甚至对世界经济乃至人类社会的进步与发展构成了不可回避的挑战。

（一）全球经济增长动力不足，贸易霸凌主义不得人心

自 20 世纪 80 年代以来，世界经济总体上处于低速增长阶段，地区性乃至全球性金融危机时有发生。虽然在每一次危机来袭之际，主要相关国家纷纷试图通过开展国际协调和地区合作以应对各种风险，但当危机得以缓解之后，狭隘的民族主义情绪、单边主义乃至霸凌主义心态又会成为阻碍全球经济繁荣的绊脚石。2008 年欧美金融危机爆发以后，在美国奥巴马政府的主导以及包括中国在内的发展中国家的积极参与下，国际金融体系、生态环境治理体系得到了积极改革，全球经济复苏的制度条件因而得到一定程度上的补充。但伴随着英国公投脱欧、美国新一届政府单边主义政策接连出台以及欧洲极右翼势力抬头等外部环境的剧烈变化，本就增长乏力的全球经济再一次面临显著的不确定性。按照联合国统计，2017 年世界经济增速达到 3%，中国对全球经济增长的贡献约占 1/3，这一成绩在增长前景充满变数的大背景下显得来之不易。然而，就在全球经济复苏预期将给各国人民带来普遍福祉的关键时期，在连续出台多项贸易单边主义政策之后，上任不足 14 个月的美国总统特朗普在 2018 年 3 月 9 日正式签署法令，宣布将对进口钢材和铝材分别加征 25% 和 10% 的高额关税。美国的这一单边主义做法遭到了世界各国尤其是钢材和铝材出口国的强烈反对，并引发了一系列国际贸易争端以及中美贸易战。贸易争端或贸易战并不能给涉及的所有国家带来任何好处，只有开放合作才能带来共赢，这是西方经典贸易理论以及国际社会的长期发展实践早已证明的结论。但特朗普政府仍然悖逆经济全球化潮流以及和平合作发展大势，背弃国际承诺，抛弃相互尊重、平等协商等国际交往基本准则，强行实施单边主义政策乃至经济霸凌主义措施，这其中既有其国内党派利益因素在起作用，更有"美国优先"这一狭隘的民族主义情绪在起作用，同时也反映出当前的全球经济治理体系尚不能完全有效应对国际贸易纠纷以

及民族主义情绪泛滥所引发的全球信用危机和经济风险。对此，国际货币基金组织在 2018 年 10 月发布的《世界经济展望》中坦言："美国对各类进口货物施加了关税，包括对价值 2000 亿美元的中国进口货物加征关税，贸易伙伴已经或准备采取报复性和其他保护措施。贸易紧张局势的加剧以及由此带来的政策不确定性上升可能挫伤商业和金融市场情绪，引起金融市场动荡，并导致投资和贸易减缓。贸易壁垒的增加会破坏全球供给链，阻碍新技术的传播，最终导致全球生产率和福利下降。"

（二）经济全球化大势所趋，国际经济格局发生深刻变化

第二次世界大战以后，全球科技革命和生产力进步导致经济全球化进程持续向纵深发展，而以贸易自由化和投资便利化为核心的全球化浪潮，在给世界整体经济注入增长动力的同时，也从总体上促进了各国的商品繁荣、资本融通、科技进步和文化交流。尽管在过去的几十年里，经济全球化进程时有波折，逆全球化因素此起彼伏，但是促合作、谋发展不仅成为世界各国人民，尤其是广大发展中国家人民的共同愿景，而且也促使当代国际经济力量对比发生了深刻变化。根据世界银行数据库数据计算，1976 年西方七国集团（G7）成立时其 GDP 占世界 GDP 比重为 62.6%，这一指标在此后的 20 年中基本保持稳定，但在 2000 年以后出现了明显的持续性下滑。2017 年七国集团 GDP 占比下降为 45.5%，而与此对应的是，中等收入国家 GDP 占比从 2000 年的 16.5% 上升至 2017 年的 35.5%，尤其是由中国、巴西、俄罗斯、印度和南非组成的金砖国家对当前世界经济增长的贡献率已经超过了 50%。国际经济力量的消长为世界经济治理体系的改革和建设提出了内在要求，但支撑当代世界经济治理体系的主要职能机构的改革却步履蹒跚。2010 年世界银行通过决议，由发达国家向发展中国家转移 3.13 个百分点的投票权份额，2018 年又将中国的投票权份额提升至 5.7%，但美国仍然拥有 15.87% 的投票权份额。2015 年 12 月，久拖未决的国际货币基金组织 2010 年投票权份额和治理改革方案得到美国国会批准，新兴经济体的投票权份额有所提高，中国的投票权份额也从 3.8% 提高至 6.394%，美国的投票权份额小幅降至 16.5%。由于世界银行和国际货币基金组织的决议都需要达到 85% 以上投票权份额才能通过，因此美国仍然具有这两大机构的一票否决权，以美国为首

的传统强国在全球经济治理体系中的私利没有受到动摇，而为当代世界经济增长做出显著贡献的新兴市场国家在世界金融体系中的话语权依旧微弱。WTO 在 2001 年正式启动了新一轮多边贸易谈判，虽然在 2013 年通过了《巴黎一揽子协定》，从而实现了所谓"零的突破"，但由于各方分歧较大，谈判至今没有取得实质性进展。在这一大背景下，许多国家退而求其次，选择通过双边及多边自由贸易协定以继续推进范围更广、层次更高的区域性经济合作。这些区域性合作项目林林总总，虽然为地区经济的融合与发展发挥了建设性作用，但也对 WTO 的全球多边贸易体制主渠道地位构成了一定程度的挑战。尽管多数 WTO 成员更愿意尽早完成新一轮多边贸易谈判，但只要 WTO 的机制弊端——如上诉机构成员遴选问题、发达成员方在农业领域的过度补贴问题、不同发展模式的包容性问题、发达成员方滥用出口管制措施问题等——不能得到与时俱进的改革，那么新一轮谈判就有再度中止的风险，经济全球化进程乃至世界人民的共同福祉都将受到更加严峻的威胁。

（三）地区间经济发展失衡，全球贫富差距显著

世界银行、国际货币基金组织和世界贸易组织都把平衡世界经济与贸易发展当作其重要职能之一，但是从这三大组织建立之日起，世界经济与贸易发展的不平衡性问题始终没有得到有效解决。根据世界银行数据库数据计算，1960 年高收入国家人均 GDP 是世界人均 GDP 的 3.1 倍，这一差距虽然在 2003 年达到峰值（4.6 倍）以后有所下降，但是从 2014 年起，这一差距又有再度扩大的趋势。如果把低收入国家也纳入考察视野，那么全球范围内的经济发展差距更为显著：1986 年高收入国家人均 GDP 是低收入国家人均 GDP 的 38.8 倍，而在 2017 年这一差距扩大到 54.9 倍。经济发展水平上的巨大差距在一定程度上源自世界范围内贸易与投资的不平衡性。根据世界贸易组织统计，虽然在 2017 年发展中国家的货物贸易额占比已经达到 44%，但前十大贸易国的货物贸易额占世界货物贸易总额的比重仍高达 52%。而联合国贸发会发布的《世界投资报告 2018》中的数据显示，2017 年发达国家吸收外商直接投资流量占比为 49.8%，比上一年下降超过 10 个百分点，但前十大外商直接投资东道国（或地区）吸收外资额占比高达 61.2%。全球经济发展的不平衡性在微观层面上的表现也十分突出。世界不平均实验室

（World Inequality Lab）发布的《世界不平均报告 2018》中的数据显示，全球前 1% 高收入群体的收入占比在 2006 年达到自 1980 年以来的高位以后下降至 2016 年的 22% ，而全球后 50% 低收入群体的收入占比在 2016 年仍不足10% 。该报告把缩小全球收入差距与贫富差距的希望主要寄托于税制改革、教育公平等国内政策上。但不可否认的事实是，地区间经济发展失衡以及显著的全球贫富差距，作为客观事实不仅说明构成当代全球经济治理体系的三大支柱并未达成其所预先设定的职能目标，而且也说明对现有全球经济治理体系进行与时俱进的改革具有必要性和紧迫性。正如英国牛津大学教授奈瑞·伍茨（Ngaire Woods）所指出的那样："世界经济不平等的加剧是全球治理严重失败的象征……全球经济治理已落在了快速发展的全球化后面，为更好管理全球经济关系而创建的国际制度日益失去效率和边缘化……所有的这三个制度（指 WTO、IMF、WB，引者注）仍然被少数发达国家的小集团所主导，它们似乎已不能适应全球经济力量的转变。"①

二、中国参与全球经济治理体系改革和建设的理念和原则

自 1980 年中国先后恢复在国际货币基金组织和世界银行的合法席位，以及 2001 年加入世界贸易组织以来，中国坚定不移地走和平发展道路，既通过维护世界和平发展自己，又通过自身发展维护世界和平，始终从国际道义出发，积极参与全球经济治理体系改革和建设。进入新时代，面对民族主义、霸权主义、单边主义以及部分发达国家的不负责行为给世界经济和人民福祉带来的巨大挑战，中国参与全球经济治理体系改革和建设的理念、原则和行动框架日益清晰。

（一）中国参与全球经济治理体系改革和建设的理念

2014 年 3 月 28 日，习近平主席在德国科尔伯基金会演讲中指出："中国

---

① ［英］奈瑞·伍茨. 全球经济治理：强化多边制度 ［J］. 曲博译. 外交评论，2008（6）：82 – 83.

的发展绝不以牺牲别国利益为代价，我们绝不做损人利己、以邻为壑的事情。我们将从世界和平与发展的大义出发，贡献处理当代国际关系的中国智慧，贡献完善全球治理的中国方案，为人类社会应对 21 世纪的各种挑战作出自己的贡献。"① 这是习近平主席再一次就中国参与处理国际事务的基本出发点进行阐述。这一出发点就是"世界和平与发展大义"，也就是中国在参与全球治理改革和建设的过程中不模仿西方列强的霸权主义，不谋求中国自己的私利，勇于承担中国作为一个发展中大国所应肩负的国际责任。2015 年10 月 12 日，中共中央政治局就全球治理格局和全球治理体制进行第二十七次集体学习。习近平总书记在主持学习时指出："全球治理体制变革离不开理念的引领，全球治理规则体现更加公正合理的要求离不开对人类各种优秀文明成果的吸收。要推动全球治理理念创新发展，积极发掘中华文化中积极的处世之道和治理理念同当今时代的共鸣点，继续丰富打造人类命运共同体等主张，弘扬共商共建共享的全球治理理念。"② 这是习近平总书记第一次明确把"共商共建共享"作为中国参与全球治理理念进行阐述。共商，就是集思广益，好事大家商量着办，兼顾各方利益和关切，体现各方智慧和创意。共建，就是各施所长，各尽所能，把各方优势和潜能充分发挥出来，聚沙成塔，积水成渊，持之以恒加以推进。共享，就是让建设成果更多更公平惠及世界人民，打造全球利益共同体和人类命运共同体。"共商共建共享"也是中国参与全球经济治理的基本理念，这一理念的出发点是世界和平与发展的大义，落脚点是实现所有参与者的共赢，这是中国共产党在新时代领导人民对中国传统文化和马克思主义伟大思想的继承和发展，同时也是中国对世界文化和人类文明所做出的新贡献。

（二）中国参与全球经济治理体系改革和建设的原则

1. 坚持独立自主原则

中国革命和现代化建设之所以能够取得巨大成就，是因为中国共产党领

---

① 习近平. 在德国科尔伯基金会的演讲［N］. 人民日报，2014－03－30（02）.

② 习近平：推动全球治理体制更加公正更加合理［EB/OL］. 2015－10－13. http：//www. xin-huanet. com//politics/2015－10/13/c_1116812159. htm.

导人民独立自主地走适合中国国情的发展道路。2013 年 12 月 26 日，习近平总书记在纪念毛泽东同志诞辰 120 周年座谈会上的讲话中指出："独立自主是中华民族的优良传统，是中国共产党、中华人民共和国立党立国的重要原则。在中国这样一个人口众多和经济文化落后的东方大国进行革命和建设的国情与使命，决定了我们只能走自己的路。"走自己的路，就是要继承中国传统文化，高举马克思主义伟大旗帜，在平等互利基础上积极开展同各国的交流合作，坚定不移维护世界和平、促进共同发展，坚定维护国家主权、安全和发展利益，绝不拿国家核心利益做交换。同时，尊重各国人民自主选择的发展道路，反对任何形式的霸权主义和强权政治，积极回应国际社会期待，为塑造公平合理的国际经济秩序做出应有的贡献。

2. 坚持发展中国家的地位原则

改革开放 40 年来，中国社会主义现代化建设取得了举世瞩目的伟大成就。根据世界银行 WDI 数据库数据计算，2017 年中国 GDP 达到 12.2 万亿美元，经济总量位居世界第二，占世界 GDP 比重达到 15.2%，比 1980 年高出 13 个百分点。但是，中国仍处于并将长期处于社会主义初级阶段的基本国情没有变，中国是世界最大发展中国家的国际地位没有变。2017 年中国人均 GDP 只有 8827.0 美元，比世界平均水平低 1800 多美元，仅为高收入国家平均水平的 1/5，美国的 1/7。同时，至 2017 年末，中国仍有 3046 万贫困人口，5311 万城乡低保人口。中国经济社会的发展现实深刻说明，中国在参与全球经济治理体系改革和建设过程中，首先要坚持发展中国家的国际地位，努力把中国自己的事情办好，确保中国经济不出问题，同时积极承担与中国能力和地位相适应的国际责任和义务，这是中国作为发展中国家的最起码的责任，同时也是中国为世界经济的持续稳定发展所做的贡献。

3. 坚持参与者、建设者和贡献者的角色原则

现行的全球经济治理体系是在第二次世界大战以后历经数十年风雨逐渐演化而来的，既体现了广大发展中国家为民族独立与发展的正义事业而不懈斗争的宝贵成果，也包含了旧有的国际秩序中弱肉强食、赢者通吃的腐朽规则。在经济全球化深入发展的今天，强权政治、霸权主义已经是一条越走越窄的死胡同。但是中国在参与全球经济治理体系改革的过程中并不是要与传统强国争个高低上下，更不是要把中国曾经被剥削、被压迫的苦难经历再强加到别国头上，而是要从正确的义利观出发，推动国际社会树立共同、综合、合作、可持续的新安全观，不做旁观者或跟随者，而做进一步改善全球经济治理的参与者、建设者和贡献者，使全球经济治理体系更加公平公正，这就是中国作为一个发展中大国的责任担当。对此，习近平主席指出："世界上很多国家，特别是广大发展中国家都希望国际体系朝着更加公正合理方向发展，但这并不是推倒重来，也不是另起炉灶，而是与时俱进、改革完善。这符合世界各国和全人类共同利益。"①

4. 坚持平等、开放、合作、共享原则

2016 年 9 月 3 日，习近平主席在出席二十国集团工商峰会时发表主旨演讲时指出，全球经济治理应该以平等为基础，以开放为导向，以合作为动力，以共享为目标。平等，就是国不分大小、强弱、贫富一律平等，反对以大欺小、以强凌弱、以富压贫，增加新兴市场国家和广大发展中国家在全球经济治理体系中的代表性和发言权，确保各国在国际经济合作中的权利平等、机会平等、规则平等。开放，就是要实现理念、政策、机制开放，鼓励各方积极参与和融入，不搞排他性安排，防止全球经济治理机制封闭化、规则碎片化。合作，就是要促进各国沟通和协调，照顾彼此利益关切，共商规则，共建机制，共同迎接国际社会所面临的全球性挑战。共享，就是要使所有参与经济合作的国家受益，不搞一家独大或者赢者通吃，保障互利共赢。

三、中国参与全球经济治理体系改革和建设的愿景和举措

（一）中国参与全球经济治理体系改革和建设的愿景

习近平总书记在党的十九大报告中代表中国人民就世界未来发展，以及中国参与全球经济治理体系改革和建设以促进经济全球化造福世界人民提出了美好愿景。他指出："我们呼吁，各国人民同心协力，构建人类命运共同

---

① 习近平. 习近平在对美国进行国事访问时的讲话［M］. 北京：人民出版社，2015：17.

体，建设持久和平、普遍安全、共同繁荣、开放包容、清洁美丽的世界。要相互尊重、平等协商，坚决摒弃冷战思维和强权政治，走对话而不对抗、结伴而不结盟的国与国交往新路。要坚持以对话解决争端、以协商化解分歧，统筹应对传统和非传统安全威胁，反对一切形式的恐怖主义。要同舟共济，促进贸易和投资自由化便利化，推动经济全球化朝着更加开放、包容、普惠、平衡、共赢的方向发展。要尊重世界文明多样性，以文明交流超越文明隔阂、文明互鉴超越文明冲突、文明共存超越文明优越。要坚持环境友好，合作应对气候变化，保护好人类赖以生存的地球家园。"① 这是我们党在新时代面对错综复杂的国际局势，为谋求全人类的共同福祉向国际社会发出的最诚挚的号召。经济全球化大势所趋，"开放、包容、普惠、平衡、共赢"的国际经济格局也必将成为世界各国人民的共同期盼。

（二）中国参与全球经济治理体系改革和建设的举措

大道至简，实干为要。在 2016 年二十国集团工商峰会开幕式上，习近平主席指出："当前形势下，全球经济治理特别要抓住以下重点：共同构建公正高效的全球金融治理格局，维护世界经济稳定大局；共同构建开放透明的全球贸易和投资治理格局，巩固多边贸易体制，释放全球经贸投资合作潜力；共同构建绿色低碳的全球能源治理格局，推动全球绿色发展合作；共同构建包容联动的全球发展治理格局，以落实联合国 2030 年可持续发展议程为目标，共同增进全人类福祉！"② 这是习近平总书记为新时期全球经济治理体系改革和建设指出的主要着力点，同时也是对中国为构建共商共建共享的国际经济治理体系所做努力的方向性总结。总体来看，中国在参与全球经济治理体系改革和建设方面主要采取了以下措施：

1. 为全球经济治理贡献新理念、新理论

传统的国际经济格局是以国家实力为基础构建起来的。尽管和谐世界是

---

① 习近平. 决胜全面建成小康社会　夺取新时代中国特色社会主义伟大胜利——在中国共产党第十九次全国代表大会上的报告 [M]. 北京：人民出版社，2017：59.
② 习近平. 中国发展新起点　全球增长新蓝图——在二十国集团工商峰会开幕式上的主旨演讲 [N]. 人民日报，2016-09-04（03）.

人类自古以来所具有的共同期盼，但在利益面前，霸权主义、强权政治横行是不争的事实，所谓"国强必霸""修昔底德陷阱"等观念语汇也被国际社会默认。中国作为一个曾经饱受列强欺凌的文明古国，在励精图治，实现民族伟大复兴的进程中始终坚持和平发展道路，尊重各国自主选择的发展道路，倡导"人类命运共同体"理念，主张构建共商共建共享的全球经济治理体系，坚持互利共赢的开放战略，庄严承诺永不称霸，为世界的稳定与发展做出不可磨灭的积极贡献。中国一系列新思想、新主张的提出为改善全球经济治理体系贡献了新理念和新理论，为世界人民重新思考和构建更加公正合理的国际规则贡献了中国智慧和中国方案。

2. 成立金砖国家新开发银行和亚洲基础设施投资银行

为应对新的金融危机可能带来的货币冲击以及为发展中国家提供基础设施建设资金，2014 年 7 月金砖国家新开发银行正式成立。目前，金砖国家仍然具有新开发银行 100% 股权，并且拥有平等的话语权，但在未来，25% 的股权将留给新加入的发展中国家，剩余 20% 的股权留给发达国家，这就意味新开发银行的主要股权将始终由新兴国家掌控。自 2016 年公布首批贷款项目并发行首支绿色债券以来，新开发银行已经董事会批准贷款总额超过 30 亿美元的投资项目，都服务于基础设施建设和可持续发展的目标，为金砖国家经济发展、完善现有多边和区域金融机构框架做出了实实在在的贡献。

2015 年 12 月由习近平主席倡导设立、57 个国家共同筹建的亚洲基础设施投资银行正式成立。截至 2018 年 11 月，亚投行共接纳了包括中国、英国、法国、俄罗斯、德国、意大利、澳大利亚、土耳其、韩国、巴西、南非等 87 个成员国，在 13 个国家开展了 28 个项目，累计贷款总额超过 55 亿美元，超过 70% 的资金流向了能源、交通领域。印度是亚投行目前最大的投资所在国，已经获批了 8 个项目，总额超过 17 亿美元，主要集中在交通、电力等基础设施建设领域，并有约 1/4 的资金流向了环境与社会影响风险最高的 A 类项目。中国获批一个项目，涉及资金 2.5 亿美元。亚投行以实际行动履行了其促进亚洲经济可持续发展、创造财富并改善基础设施互联互通，推进区域合作和伙伴关系，应对发展挑战的宗旨，为推动世界金融体系改革完善区域金融体制框架发挥着积极作用。

3. 推动人民币国际化

2008 年金融危机发生以后，美国政府为了刺激经济复苏采取了多轮量化宽松政策并最终导致全球流动性过剩，进而动摇了其世界货币基础，延缓了世界经济整体尤其是欧洲经济复苏的脚步。面对危机以及美国单边货币政策造成的影响，改革美元一家独大的局面，逐步构建多元化的国际货币体系已成为国际社会共识，人民币国际化的呼声在国际社会有所显现。2015 年，中国人民银行首次正面使用"人民币国际化"这一概念，这是中国经济实力有了显著提升以后中国参与全球经济治理体系改革的又一重大举措。2016 年 10 月 1 日，人民币正式加入国际货币基金组织 SDR 货币篮子，权重为 10.92%，成为继美元、欧元、日元、英镑之后的第五种 SDR 货币。人民币加入 SDR 货币篮子，增强了外界对中国经济的信心，刺激了海外投资者配置更多的人民币资产，这不仅为中国经济对外开放迈向新高度以及人民币国际化创造了条件，也为中国参与全球金融治理体系改革提供了契机。

4. 参与全球多边贸易体制改革，维护世界贸易组织规则

世界贸易组织新一轮多边贸易谈判举步维艰，固有的体制弊病也遭受来自各方的责难。但在当前形势下，面对贸易保护主义抬头，贸易霸凌主义、单边主义横行的关键时刻，在维护世界贸易组织核心价值和多边贸易主渠道地位的前提下对其规则进行适当改革显得尤为紧迫。商务部副部长兼国际贸易谈判副代表王受文于 2018 年 11 月 23 日在媒体吹风会上声明了中国关于世界贸易组织改革的三大原则、五点主张。三大原则包括：一是世贸组织改革应维护多边贸易体制的核心价值（中方认为，非歧视和开放是世贸组织最重要的核心价值）；二是世贸组织应保障发展中成员的发展利益；三是世贸组织改革应遵循协商一致的决策机制，规则应由国际社会共同制定。五点主张包括：第一，世贸组织改革应维护多边贸易体制的主渠道地位；第二，世贸组织改革应优先处理危及世贸组织生存的关键问题（改革应该将单边主义和保护主义的做法关进制度的笼子，应该尽快解决上诉机构成员明显受阻等紧迫问题，确保世贸组织各项功能的正常运转）；第三，世贸组织改革应解决贸易规则的公平问题并回应时代需要；第四，世贸组织改革应保证发展中成员的特殊与差别待遇；第五，世贸组织改革

应尊重成员各自的发展模式①。

5. 推进上海合作组织区域经济合作

上海合作组织自 2001 年正式成立以来，不仅在睦邻友好、地区安全与稳定方面发挥了积极作用，而且在区域经济合作上也取得了显著成就。随着《上海合作组织成员国间关于区域经济合作的基本目标和方向及启动贸易投资便利化进程的备忘录》（2001 年 9 月）、《上海合作组织成员国多边经贸合作纲要》（2003 年 9 月）、《上海合作组织成员国关于加强多边经济合作、应对全球金融危机、保障经济持续发展的共同倡议》（2009 年 10 月）、《2017—2021 年进一步推动项目合作的措施清单》（2016 年 10 月）等文件的签署和实施，上海合作组织作为世界上幅员最广、人口最多的跨区域多边综合性组织在区域经济治理体系的法制化、制度化建设方面取得了丰硕成果，为区域经济合作发展奠定了扎实基础。2017 年上海合作组织 6 个成员国的GDP 增幅相比 2001 年均高于同期世界平均水平。2018 年 6 月 10 日，习近平主席在上合组织成员国元首理事会第十八次会议上发表重要讲话时指出："尽管单边主义、贸易保护主义、逆全球化思潮不断有新的表现，但'地球村'的世界决定了各国日益利益交融、命运与共，合作共赢是大势所趋。"并宣布："中国政府支持在青岛建设中国—上海合作组织地方经贸合作示范区，还将设立'中国—上海合作组织法律服务委员会'，为经贸合作提供法律支持，并将在上海合作组织银行联合体框架内设立 300 亿元人民币等值专项贷款。"②

6. 深化金砖国家合作

"金砖机制的诞生和发展，是世界经济变迁和国际格局演变的产物。"③在中国及其他成员的共同努力下，金砖国家建立了全方位、多层次、宽领域

---

① 黄建忠. WTO 改革之争——中国的原则立场与对策思路［J/OL］. 上海对外经贸大学学报：1－9.

② 习近平. 弘扬"上海精神"构建命运共同体——在上海合作组织成员国元首理事会第十八次会议上的讲话［M］. 北京：人民出版社，2018：3－6.

③ 习近平. 顺应时代潮流 实现共同发展——在金砖国家工商论坛上的讲话［N］. 人民日报，2018－07－26（02）.

的合作机制，并在国际事务中发挥越来越重要的作用。2011 年金砖国家领导人在第三次会晤后发表了"三亚宣言"，提出支持二十国集团作为国际经济合作主要论坛，在全球经济治理中发挥更大作用。2012 年，金砖国家在 G20 峰会上共同提出了对 IMF 的增资的要求并推动改革最终得以落实。2013 年，金砖国家合作推动了世界贸易组织达成"巴厘一揽子协定"，为实现新一轮多边贸易谈判"零的突破"做出贡献。2018 年 7 月在金砖国家工商论坛上，习近平主席再次呼吁："金砖国家要坚定奉行多边主义，敦促各方切实遵守共同制定的国际规则，坚持大小国家一律平等，大家的事商量着办，反对霸权主义和强权政治。要倡导共同、综合、合作、可持续的安全观，积极参与斡旋解决地缘政治热点问题。要坚定支持多边贸易体制，继续推进全球经济治理改革，提高新兴市场国家和发展中国家代表性和发言权。不管是创新、贸易投资、知识产权保护等问题，还是网络、外空、极地等新疆域，在制定新规则时都要充分听取新兴市场国家和发展中国家意见，反映他们的利益和诉求，确保他们的发展空间。"①

7. 实施自由贸易区战略

在全球新一轮多边贸易谈判举步维艰，区域性合作不断涌现的背景下，习近平总书记在中共中央政治局就加快自由贸易区建设进行第十九次集体学习时指出："加快实施自由贸易区战略，是我国积极参与国际经贸规则制定、争取全球经济治理制度性权力的重要平台，我们不能当旁观者、跟随者，而是要做参与者、引领者，善于通过自由贸易区建设增强我国国际竞争力，在国际规则制定中发出更多中国声音、注入更多中国元素，维护和拓展我国发展利益。"② 截至 2018 年 11 月，中国已对外签署了包括中国—马尔代夫自由贸易区协定、中国—格鲁吉亚自由贸易区协定、中国—澳大利亚自由区贸易协定、中国—韩国自由贸易区协定等在内的 17 个自由贸易区协定，正在谈判的自由贸易协定有 14 个，处于研究阶段的自由贸易区协定有 8 个。自由贸易区战略的实施为中国进一步扩大开放，对外开拓更加紧密的经贸关系，争取全球经济规则制订主动权起到了带动和示范作用。

---

① 习近平. 顺应时代潮流 实现共同发展——在金砖国家工商论坛上的讲话 [N]. 人民日报，2018 - 07 - 26 (02).

② 习近平. 习近平谈治国理政（第二卷）[M]. 北京：外文出版社，2017：100.

8. 通过"一带一路"倡议开拓参与全球经济治理改革和建设的新境界

2013 年提出建设"新丝绸之路经济带"和"21 世纪海上丝绸之路"的合作倡议。该倡议提出以后沿线国家和地区政府和人民积极响应。"一带一路"倡议也上升为新时代中国扩大对外开放和合作、拓宽参与全球经济治理渠道的重要路径。该倡议实施五年多来，沿线国际运输大通道建设加速进行，中缅原油管道、中俄原油管道复线相继投入使用，中欧班列累计开行数量已经超过 9000 列，班列到达欧洲 14 个国家 42 个城市。2017 年，中国对"一带一路"沿线国家的进出口总额达到 14403.2 亿美元，同比增长 13.4%，占中国进出口贸易总额的 36.2%。同年，对"一带一路"沿线国家投资额达到 143.6 亿美元，占当年中国对外投资总额的 12%。五年多来，中国已与 100 多个国家和国际组织签署了"一带一路"项目合作协议，创造了数十万个就业岗位，"一带一路"倡议及其核心理念被纳入联合国、二十国集团、亚太经合组织、上合组织等重要国际机制成果文件[①]。随着"一带一路"建设不断推进，越来越多的国家和人民将从中受益并切身感受到以"和平合作、开放包容、互学互鉴、互利共赢"为核心的丝路精神的伟大力量，那些曾经流传于国际街头巷陌对中国发展道路和发展战略的无端质疑和粗暴责难终将散去。事实必将证明："中国将始终是全球共同开放的重要推动者，中国将始终是世界经济增长的稳定动力源，中国将始终是各国拓展商机的活力大市场，中国将始终是全球治理改革的积极贡献者！"[②] 积极参与全球经济治理体系改革和建设措施的逐步落实，不仅将给中国争取到有利的外部发展环境，而且必将为构建持久和平、普遍安全、共同繁荣、开放包容、清洁美丽的世界做出更多更大的贡献。

[①]　张茂荣. "一带一路"五年成就辉煌［J］. 理论导报，2018（9）：25－27.
[②]　习近平. 共建创新包容的开放型世界经济——在首届中国国际进口博览会开幕式上的主旨演讲［N］. 人民日报，2018－11－06（01）.

参 考 文 献

[1] 安宇宏. 国际产能合作 [J]. 宏观经济管理, 2015 (10): 83.

[2] 安宇宏. "一带一路" 战略 [J]. 宏观经济管理, 2015 (1): 82.

[3] 陈昌曙. 技术哲学引论 [M]. 北京: 科学出版社, 1999: 115.

[4] 陈飞翔, 吴琅. 由贸易大国到贸易强国的转换路径与对策 [J]. 世界经济研究, 2006 (11): 4-10.

[5] 陈继勇, 蒋艳萍, 王保双. "一带一路" 战略与中国参与国际产能合作 [J]. 学习与实践, 2017 (1): 5-12.

[6] 陈丽娴, 魏作磊. 服务业开放优化了我国经济增长质量吗 [J]. 国际经贸探索, 2016 (12): 49-63.

[7] 陈林. 自由贸易区建设中的经验、误区与对策 [J]. 经济学家, 2016 (5): 87-95.

[8] 陈明, 魏作磊. 生产性服务业开放对中国服务业生产率的影响 [J]. 数量经济技术经济研究, 2018 (5): 95-111.

[9] 成长春, 王曼. 长江经济带世界级产业集群遴选研究 [J]. 南通大学学报 (社会科学版), 2016, 32 (5): 1-8.

[10] 邓小平文选 (第三卷) [M]. 北京: 人民出版社, 2001.

[11] 丁建军. 产业转移的新经济地理学解释 [J]. 财经科学, 2011 (1): 35-42.

[12] 丁宁. 流通企业 "走出去" 与我国产品价值链创新 [J]. 商业经济与管理, 2015 (1): 13-18.

[13] 董小君. 通过国际转移化解过剩产能: 全球五次浪潮、两种模式及中国探索 [J]. 经济研究参考, 2014 (55): 3-18.

[14] 方福前. 中国居民消费需求不足原因研究——基于中国城乡分省数据 [J]. 中国社会科学, 2009 (2): 68-82.

[15] 冯德连. 全球价值链下中国劳动密集型产业集群升级机制与策略 [J]. 江淮

论坛，2017（2）：57 – 63 + 193.

[16] 冯德连. 中国制造业大企业国际化优势的理论构建 [J]. 经济问题，2018
（2）：1 – 8 + 22.

[17] 高虎城. 积极促进一带一路国际合作 [N]. 人民日报，2018 – 01 – 19（07）.

[18] 郭建鸾，闫冬. "一带一路" 倡议下国际产能合作风险与对策研究 [J]. 国际
贸易，2017（4）：19 – 25.

[19] 郭锐，王彩霞. 推动构建人类命运共同体的中国担当 [J]. 中国特色社会主
义研究，2017（3）：49.

[20] 郭树勇. 新型国际关系：世界秩序重构的中国方案 [J]. 红旗文稿，2018
（4）：18.

[21] 黄茂兴. 中国自由贸易港探索与启航——全面开放新格局下的新坐标 [M].
北京：经济科学出版社，2017.

[22] 黄群慧，王涛. 培育世界一流企业 "国际经验与中国情境" [J]. 中国工业经
济，2017（11）：5 – 25.

[23] 黄群慧. 未来中国实体经济发展的政策思路 [J]. 经济研究参考，2017
（60）：18 – 20.

[24] 江飞涛，耿强，吕大国，李晓萍. 地区竞争、体制扭曲与产能过剩的形成机理
[J]. 中国工业经济，2012（6）：44 – 56.

[25] 姜悦，黄繁华. 服务业开放提高了我国出口国内附加值吗——理论与经验证据
[J]. 财贸研究，2018（5）：74 – 81.

[26] 来有为，陈红娜. 以扩大开放提高我国服务业发展质量和国际竞争力 [J].
管理世界，2017（5）：17 – 27.

[27] 李斌，陈开军. 对外贸易与地区经济差距变动 [J]. 世界经济，2007（5）：
25 – 32.

[28] 李泊溪. 世界一流企业发展思考 [J]. 经济研究参考，2012（10）：25 – 37.

[29] 李世杰. 基于集群剩余索取权的产业集群治理机制研究 [J]. 管理世界，2013
（7）：178 – 179.

[30] 林奇炼，黄梅波. 中国企业 "走出去" 宏观竞争力分析 [J]. 国际贸易，
2018（7）：58 – 67.

[31] 刘冰. 技术创新的消费推动论 [J]. 科学管理研究，2007（1）：9 – 13.

[32] 刘海云，董志刚. 全球价值链视角下 IFDI 是否促进了 OFDI——基于跨国面板
数据的实证分析 [J]. 国际商务（对外经济贸易大学学报），2018（1）：72 – 84.

[33] 刘戒骄. 服务业的开放及其对工业的影响 [J]. 管理世界，2002（6）：54 –
63 + 74.

[34] 刘庆林，白洁. 中国服务贸易壁垒测度：基于频度分析的方法 [J]. 财贸经济，2014（1）：75-83.

[35] 刘勇，黄子恒，杜帅，吴斌，孙欣如. 国际产能合作：规律、趋势与政策 [J]. 上海经济研究，2018（2）：100-107.

[36] 刘志彪. 攀升全球价值链与培育世界级先进制造业集群——学习十九大报告关于加快建设制造强国的体会 [J]. 南京社会科学，2018（1）：13-20.

[37] 刘志彪，张杰. 全球代工体系下发展中国家俘获型网络的形成、突破与对策——基于 GVC 与 NVC 的比较视角 [J]. 中国工业经济，2007（5）：39-47.

[38] 罗云辉. 过度竞争：经济学分析与治理 [M]. 上海：上海财经大学出版社，2004.

[39] 马弘，李小帆. 服务贸易开放与出口附加值 [J]. 国际经济评论，2018（2）：82-92.

[40] 宁吉喆. 群策群力善作善成推进国际产能合作 [J]. 中国经贸导刊，2016（3）：12-14.

[41] 潘石，董经纬. 中央企业改革发展目标：国际"一流"企业 [J]. 吉林大学社会科学学报，2013（3）：90-97.

[42] 裴长洪，刘洪愧. 中国怎样迈向贸易强国：一个新的分析思路 [J]. 经济研究，2017（5）：26-43.

[43] 裴长洪. 中国特色开放型经济理论研究纲要 [J]. 经济研究，2016（4）：14-29.

[44] 盛斌. 建设国际经贸强国的经验与方略 [J]. 国际贸易，2015（10）：4-14.

[45] 盛斌，黎峰. 中国开放型经济新体制"新"在哪里 [J]. 国际经济评论，2017（1）：129-140.

[46] 苏长和. 建构新型国际关系的理论与实践 [J]. 美国研究，2018（3）：42.

[47] 孙浦阳，侯欣裕，盛斌. 服务业开放、管理效率与企业出口 [J]. 经济研究，2018（7）：136-151.

[48] 佟家栋. 中国自由贸易试验区改革深化与自由贸易港建设的探讨 [J]. 国际贸易，2018（4）：16-19.

[49] 汪伟，刘志刚，龚飞飞. 高房价对消费结构升级的影响：基于35个大中城市的实证研究 [J]. 学术研究，2017（8）：87-94+177-178.

[50] 汪洋. 推动形成全面开放新格局 [N]. 人民日报，2017-11-10（04）.

[51] 王辉龙，高波. 住房消费与消费结构升级——理论假说与实证检验 [J]. 财经科学，2016（1）：100-110.

[52] 王文甫，明娟，岳超云. 企业规模、地方政府干预与产能过剩 [J]. 管理世

界，2014（10）：17 - 36.

[53] 王直，魏尚进，祝坤福. 总贸易核算法：官方贸易统计与全球价值链的度量 [J]. 中国社会科学，2015（9）：108 - 127 + 205 - 206.

[54] 魏浩. 从贸易大国向贸易强国转变 [J]. 中国软科学，2003（9）：32 - 37.

[55] 文启湘，冉净斐. 消费结构与产业结构的和谐：和谐性及其测度 [J]. 中国工业经济，2015（8）：14 - 19.

[56] 习近平. 弘扬"上海精神" 构建命运共同体——在上海合作组织成员国元首理事会第十八次会议上的讲话 [M]. 北京：人民出版社，2018.

[57] 习近平. 决胜全面建成小康社会 夺取新时代中国特色社会主义伟大胜利——在中国共产党第十九次全国代表大会上的报告 [M]. 北京：人民出版社，2017.

[58] 习近平. 顺应时代潮流 实现共同发展——在金砖国家工商论坛上的讲话 [N]. 人民日报，2018 - 07 - 26（02）.

[59] 习近平. 习近平谈治国理政（第二卷）[M]. 北京：外文出版社，2017.

[60] 习近平. 习近平谈治国理政（第一卷）[M]. 北京：外文出版社，2014.

[61] 习近平. 习近平在对美国进行国事访问时的讲话 [M]. 北京：人民出版社，2015.

[62] 习近平. 携手建设更加美好的世界——在中国共产党与世界政党高层对话会上的主旨讲话 [J]. 当代世界，2017（12）：5.

[63] 习近平. 在德国科尔伯基金会的演讲 [N]. 人民日报，2014 - 03 - 30（02）.

[64] 习近平. 在庆祝海南建省办经济特区 30 周年大会上的讲话 [M]. 北京：人民出版社，2018.

[65] 习近平. 中国发展新起点 全球增长新蓝图——在二十国集团工商峰会开幕式上的主旨演讲 [N]. 人民日报，2016 - 09 - 4（03）.

[66] 夏先良. 构筑"一带一路"国际产能合作体制机制与政策体系 [J]. 国际贸易，2015（11）：26 - 33.

[67] 邢孝兵，徐洁香，王阳. 进口贸易的技术创新效应：抑制还是促进 [J]. 国际贸易问题，2018（6）：11 - 26.

[68] 熊勇清，李鑫. "国际产能合作"：制造业海外市场战略转换方向？——"战略价值"与"微观绩效"的评估分析 [J]. 科学学与科学技术管理，2016，37（11）：95 - 103.

[69] 徐朝阳，周念利. 市场结构内生变迁与产能过剩治理 [J]. 经济研究，2015（2）：75 - 87.

[70] 杨荣珍，贾瑞哲. "一带一路"贸易合作的机遇与挑战 [N]. 光明日报，2017 - 08 - 01（14）.

[71] 杨振兵. 有偏技术进步视角下中国工业产能过剩的影响因素分析 [J]. 数量经济技术经济研究, 2016 (8): 30 - 46.

[72] 尤宏兵, 黄寅申, 王恬恬. 中国与中东欧国家产能合作的困境与选择 [J]. 国际经济合作, 2018 (3): 36 - 40.

[73] 岳文, 陈飞. 积极加速我国自由贸易区的建设步伐 [J]. 经济学家, 2014 (1): 40 - 47.

[74] 张二震, 李远本, 戴翔. 从融入到推动: 中国应对全球化的战略转变——纪念改革开放40 周年 [J]. 国际贸易问题, 2018 (4): 1 - 10.

[75] 张辉. 全球价值链动力机制与产业发展策略 [J]. 中国工业经济, 2006 (1): 40 - 48.

[76] 张辉. 全球价值链理论与我国产业发展研究 [J]. 中国工业经济, 2004 (5): 38 - 46.

[77] 张梅. 对外产能合作: 进展与挑战 [J]. 国际问题研究, 2016 (1): 107 - 119.

[78] 张亚斌, 李峰, 曾铮. 贸易强国的评判体系构建及其指标化——基于 GPNS 的实证分析 [J]. 世界经济研究, 2007 (10): 3 - 8.

[79] 赵蓓文. 实现中国对外贸易的战略升级: 从贸易大国到贸易强国 [J]. 世界经济研究, 2013 (4): 3 - 9.

[80] 赵玲, 黄建忠, 蒙英华. 关于高质量开放若干问题的理论思考 [J]. 南开学报 (哲学社会科学版), 2018 (5): 11 - 17.

[81] 郑长德. 开放带动: "一带一路" 建设与西部地区的经济发展 [J]. 南开学报 (哲学社会科学版), 2017 (3): 40 - 49.

[82] 中共中央文献研究室编. 习近平关于社会主义经济建设论述摘编 [M]. 北京: 中央文献出版社, 2017.

[83] 中共中央宣传部. 习近平新时代中国特色社会主义思想三十讲 [M]. 北京: 学习出版社, 2018.

[84] 周敏, 石磊. 相对绩效评估下的区域间 "恶性竞争" [J]. 世界经济文汇, 2012 (5): 16 - 23.

[85] 朱秋沅. 欧盟自由区海关制度分析及对中国自贸区建设的启示 [J]. 国际贸易, 2014 (5): 36 - 45.

[86] Antràs Pol. Firms, Contracts, and Trade Structure [J]. *Quarterly Journal of Economics*, 2003, 118 (4): 1375 - 1418.

[87] Bas M. Does Services Liberalization Affect Manufacturing Firms' Export Performance? Evidence from India [J]. *Journal of Comparative Economics*, 2014, 42 (3): 569 - 589.

[88] Bathelt H., Malmberg A., Maskell P. Clusters and knowledge: local buzz, global

pipelines and the process of knowledge creation [J]. *Progress in Human Geography*, 2004, 28 (1): 31 – 56.

[89] Boari C. Industrial Clusters, Focal Firms, and Economic Dynamism: A Perspective from Italy [R]. *Working Paper for World Bank Institute*, 2001.

[90] Dixit A. The Role of Investment in Entry-Deterrence [J]. *The Economic Journal*, 1980, 90 (357): 95 – 106.

[91] Dornbusch R., Fisher S., Samuelson P. A. Comparative Advantage, Trade, and Payments in a Ricardian Model with a Continuum of Goods [J]. *American Economic Review*, 1977 (67): 823 – 839.

[92] Foss N. J., Knudsen T. The Resource-Based Tangle: Towards a Sustainable Explanation of Competitive Advantage [J]. *Managerial and Decision Economics*, 2003 (24): 291 – 307.

[93] Gereffi G., Humphrey J., Sturgeon T. The Governance of Global Value Chains [J]. *Review of International Political Economy*, 2005, 12 (1): 78 – 104.

[94] Giuliani E., Bell M. The Micro-determinants of Meso-level Learning and Innovation: Evidence from a Chilean Wine Cluster [J]. *Research Policy*, 2005 (1): 47 – 68.

[95] Helfat C. E., Peteraf M. A. The Dynamic Resource-based View: Capability Life Cycles [J]. *Strategic Management Journal*, 2003 (24): 997 – 1010.

[96] Hildegunn K. Nordás, Dorothée Rouzet. The Impact of Services Trade Restrictiveness on Trade Flows [J]. *Journal of The World Economy*, 2017, 40 (6): 1155 – 1183.

[97] Humphrey J., Schmitz H. How does Insertion in Global Value Chains Affect Upgrading in Industrial Clusters? [J]. *Regional Studies, Taylor & Francis Journals*, 2002, 36 (9): 1017 – 1027.

[98] Kamien M. I., Schwartz N. L. Uncertain Entry and Excess Capacity [J]. *American Economic Review*, 1972, 62 (5): 918 – 927.

[99] Koopman R., Powers W. M., Wang Z., et al. Give Credit Where Credit Is Due: Tracing Value Added in Global Production Chains [R]. *NBER Working Paper* No. 16426, 2010.

[100] Krugman P. R. Import Protection as Export Promotion: International Competition in the Presence of Oligopoly and Economies of Scale [C]. in H. Kierzkowski, ed., *Monopolistic Competition and International Trade*, Oxford Clarendon Press, 1984.

[101] Krugman P. R. Scale Economics, Product Differentiation, and the Pattern of Trade [J]. *American Economic Review*, 1980, 70 (5): 950 – 959.

[102] Lampon J. F., Gonzalezbenito J. M. International Relocation of Production plants in

MNEs: Is the enemy in our camp? [J]. *Papers in Regional Science*, 2015, 94 (1): 127 – 139.

[103] Lanz R. , Maurer A. Services and Global Value Chains: Servicification of Manufacturing and Services Networks [J]. *Journal of International Commerce, Economics and Policy*, 2015, 6 (3): 1550014.

[104] Mankiw N. G. , Winston M. D. Free Entry and Social Inefficiency [J]. *RAND Journal of Economics*, 1986, 17 (1): 48 – 58.

[105] Melitz M. J. The Impact of Trade on Intra-Industry Reallocations and Aggregate Industry Productivity [J]. *Econometrica*, 2003, 71 (6): 1695 – 1725.

[106] Nijdam M. H. , DeLangen P. W. Leader Firms in the Dutch Maritime Cluster [A]. *The 43rd European Congress of the Regional Science Association* [C]. Finland: Jyvakyla, 2003.

[107] Owen-Smith J. , Powell W. W. Knowledge Networks as Channels and Conduits: The Effects of Spillovers in the Boston Biotechnology Community [J]. *Organization Science*, 2004, 15 (1): 5 – 21.

[108] Saloner G. , Shepard A. , Podolny J. *Strategic Management* [M]. John Wiley and Sons, Inc. , 2001.

[109] Salop S. C. Monopolistic Competition with Outside Goods [J]. *The Bell Journal of Economics*, 1979, 10 (1): 141 – 156.

[110] Saxenian A. *Regional Advantage: Culture and Competition in Silicon Valley and Route* 128 [M]. Cambridge, MA: Harvard University Press, 1994.

[111] Wang Z. , Wei S. J. , Zhu K. F. Characterizing Global Value Chains: Production Length and Upstreamness [R]. *NBER Working Paper*, 2017.

[112] Wang Z. , Wei S. J. , Zhu K. F. Quantifying International Production Sharing at the Bilateral and Sector Level [R]. *NBER Working Paper*, 2013.